VERLAG ANTJE
KUNSTMANN

Oliver Bullough

DER WELT ZU DIENSTEN

Wie Großbritannien zum Butler von Oligarchen, Kleptokraten, Steuerhinterziehern und Verbrechern wurde

Aus dem Englischen von
Rita Gravert und Sigrid Schmid

Verlag Antje Kunstmann

Titel der Originalausgabe: »Butler to the World – How Britain became the servant of tycoons, tax dodgers, kleptocrats and criminals«
Die Originalausgabe erschien bei Macmillan, London 2022
Umschlaggestaltung: Heidi Sorg und Christof Leistl
Typografie und Satz: frese-werkstatt.de
Druck und Bindung: Pustet, Regensburg
ISBN 978-3-95614-537-7

INHALTSVERZEICHNIS

KAPITEL 1
DAS BUTLERGESCHÄFT

VOR EIN PAAR JAHREN fragte ein US-amerikanischer Akademiker an, ob ich mich mit ihm auf einen Kaffee treffen wolle. Sein Name war Andrew. Er recherchierte chinesische Geldanlagen und wollte von mir etwas über Vermögenswerte von Chinesen in London wissen und darüber, wie die britische Regierung sicherstellte, dass die Eigentümer ihren Besitz legal erworben hatten. Ich bekomme gelegentlich derartige Anfragen, weil ich Stadtführer bei den London Kleptocracy Tours bin, einer Rundfahrt zu den Immobilien in den Londoner Stadtteilen Knightsbridge und Belgravia, die Oligarchen gehören, und ich helfe gern, wenn ich kann.

Wir trafen uns in einem Café im ersten Stock einer Buchhandlung in einem recht stattlichen Gebäude am Trafalgar Square. Um einen Streit beizulegen, hatten ukrainische Oligarchen das Gebäude im Jahr 2016 untereinander getauscht, so wie mein Sohn nach einem Streit auf dem Spielplatz einem Freund eine seltene Fußballkarte gibt. Ein witziger Zufall angesichts des Themas, das Andrew und ich besprechen wollten.

Andrew kam gut vorbereitet zu unserem Treffen und hatte eine Checkliste, die er abarbeiten wollte. Offensichtlich wollte er von mir Namen hören von Leuten, mit denen er sonst noch reden konnte. Welche Strafverfolgungsbehörde ging in erster Linie gegen chinesische Geldwäsche vor? Mit wem konnte er bei dieser Behörde am besten sprechen? Welche Staatsanwälte hatten die besten Fälle vor Gericht gebracht? Wer hatte die effektivsten Nachforschungen dazu durchgeführt, wie viel chinesisches Geld im Vereinigten Königreich kursierte und in was dieses Geld vor allem angelegt wurde? Welche Politiker wussten am besten über dieses Thema Bescheid, und wie organisierten sie sich?

Wegen der gemeinsamen Sprache glauben US-Amerikaner und Briten oft, ihre Länder seien sich ähnlicher, als sie es in Wirklichkeit sind. Das geht mir leider genauso. Wenn ich in den USA recherchiere, bin ich immer erstaunt, wie bereitwillig Amtsträger sich mit mir treffen und über ihre Arbeit sprechen. Ich rufe sie ohne Empfehlung an, und doch vertrauen sie mir, dass ich die Details unserer Gespräche vertraulich behandle. Gerichtsakten sind leicht zugänglich und Staatsanwälte bereit, darüber zu reden. Den Politikern scheint es tatsächlich wichtig zu sein, ihre Arbeit einer breiteren Öffentlichkeit nahezubringen, was dazu führt, dass sie sich gerne mit Autoren wie mir unterhalten. US-amerikanische Journalisten beschweren sich über ihre Arbeitsbedingungen wie alle Journalisten überall, aber wenn man als Europäer in den USA über Wirtschaftskriminalität recherchiert, fühlt man sich wie ein Kind im Spielwarenladen.

Andrew musste jedoch feststellen, dass die Überraschung in umgekehrter Richtung nicht ganz so erfreulich war. Er hatte wohl gehofft, dass ich ihm ein paar Kontakte vermitteln würde zu den entsprechenden Leuten in Großbritannien, wie ich sie bei meinen Besuchen in Miami, Washington, San Francisco und New York ohne große Probleme gefunden hatte. Vielleicht befürchtete er auch, dass ich ihm keinen Einblick in mein Adressbuch gewähren würde, aber er schien gar nicht auf die Idee gekommen zu sein, dass ich gar kein Adressbuch hatte, in das er hätte schauen können; dass die Kontaktleute, die er suchte, gar nicht existierten.

Es gab keine konzertierten Maßnahmen der Strafverfolgungsbehörden gegen chinesische Geldwäsche. Ich sagte Andrew, es gäbe im Grunde keine Ermittler, die mit ihm sprechen könnten. Es gab praktisch keine Strafverfolgung, sodass er sich auch nicht über deren Stand informieren konnte, und es wurde auch so gut wie nicht nachgeforscht, wohin die Gelder fließen, wie sie dorthin gelangen, oder auch nur, wie viel Geld überhaupt im Umlauf ist.

Er probierte es mit immer neuen Fragen aus verschiedenen Richtungen, als glaube er, er müsse nur das richtige Passwort finden, um die Tür öffnen zu können, hinter der sich die britischen Vollzugsorgane verbargen. Wo war die Entsprechung der International Corruption Squad des FBI? Wer machte die Arbeit der Kleptokratie-Taskforce im US-Justizministerium? Was war mit den Homeland Security Investigations; gab es in Großbritannien etwas Entsprechendes? Trugen britische Staatsanwälte Beweismaterial zusammen, wie man es im Southern District in New York tat? Konnte es für jemanden zum Karrieresprungbrett werden, wenn er einen großen chinesischen Geldwäschering zu Fall brachte? Welche parlamentarische Untersuchungskommission beschäftigte sich mit dem Thema? Irgendjemand musste es doch wohl tun! Während er sprach, sah ich die Situation zunehmend mit seinen Augen und gewann so eine Perspektive, die mir völlig neu war.

Das Problem war, dass er immer neue Passwörter ausprobieren konnte, bis die Felswände von selbst zusammenfielen, ohne dass es das Geringste brachte: Es gab keine Schatzhöhle, die sich ihm hätte öffnen können. Wenn er herausfinden wollte, wie viel chinesisches Geld nach Großbritannien floss, wer es bewegte und was damit gekauft wurde, musste er die Arbeit selbst machen und dabei ganz von vorn anfangen. Andrew war nach London gekommen, um herauszufinden, wie Großbritannien illegale Finanzgeschäfte bekämpfte, und musste feststellen, dass es gar nicht geschah. Ganz im Gegenteil.

Natürlich hilft nicht nur Großbritannien chinesischen Kleptokraten und Kriminellen bei der Geldwäsche. Das Schattenbanksystem, dessen sich chinesische Kriminelle bedienen, ist von Natur aus grenzübergreifend. Es überschreitet Ländergrenzen und erhält seine Macht und seine Widerstandsfähigkeit gerade dadurch, dass es nicht auf einen bestimmten Ort angewiesen ist: Wenn es in einem Land zu ungemütlich wird, dann zieht das Geld mühelos in ein anderes Land weiter, das toleranter ist. Und das System wächst pausenlos, weil Anwälte, Buchhalter und andere Akteure Politiker überreden, ihnen zu ermöglichen, an Geldbewegungen zu verdienen. Entsprechendes findet man in Dubai, Sydney, Liechtenstein und Curaçao ebenso wie in der Schweiz oder in New York. Vor allem aber gibt es das in London.

Im Gespräch mit Andrew fiel mir außerdem auf, dass Großbritannien sehr viel stärker in diese Art von Geschäften eingebunden ist als all diese anderen Orte. Finanzbetrug *geschieht* im Vereinigten Königreich nicht einfach; er wurde hier jahrzehntelang durch konzertierte Bemühungen gefördert. Das ist nur schwer zu begreifen, weil es dem öffentlichen Image Großbritanniens so sehr widerspricht: als das Land von Harry Potter, Königin Elizabeth II. und Downton Abbey; als Ort, der durch Ironie, Tradition und ein gehaltvolles Frühstück definiert wird. Kriminelle Banker sind vulgär, und wenn Großbritannien eines bekanntermaßen nicht ist, dann vulgär. Aber die Fakten sprechen eine andere Sprache. So schlimm die anderen Länder auch sein mögen, Großbritannien ist seit Jahrzehnten schlimmer. Es fungiert als gigantisches Schlupfloch, das die Regelungen anderer Länder unterläuft, Steuersätze drückt, Regulierungen außer Kraft setzt und das Geld ausländischer Krimineller wäscht.

Großbritannien stellt nicht nur keine Untersuchungen gegen die Gauner an, es hilft ihnen sogar noch. Vor allem bewegt und investiert das Land das Geld dieser Gauner natürlich, aber das ist nur der Anfang: Großbritannien bildet ihre Kinder aus, kümmert sich um ihre Rechtsstreitigkeiten, erleichtert ihnen den Eintritt in die High Society der Welt, verbirgt ihre Verbrechen und vermeidet grundsätzlich, dass sie die Konsequenzen ihres Handelns tragen müssen. All das wusste ich auch vorher schon, aber ich hatte es nie als ein zusammengehöriges Phänomen betrachtet. Erst durch Andrews Fragen kristallisierte sich das Bild heraus.

»Großbritannien ist wie ein Butler«, versuchte ich schließlich für uns beide zu erklären, was geschah. »Wenn jemand reich ist, ganz egal, ob er Chinese, Russe oder was auch immer ist, und er will, dass etwas getan oder versteckt oder gekauft wird, dann kümmert sich Großbritannien für ihn darum. Wir sind keine Polizisten, wie ihr drüben in Amerika, wir sind Butler, der Welt zu Diensten. Deswegen werden die Probleme, über die wir gesprochen haben, hier nicht untersucht – das gehört nicht zu den Aufgaben eines Butlers.«

Er sah mich einige Augenblicke lang an, als überlege er, ob ich das ernst meinte.

»Wie lange geht das schon so?«, fragte er schließlich, und ich musste über die Antwort nicht lange nachdenken. Sie war plötzlich offensichtlich.

»Es begann in den 1950er-Jahren. Wir brauchten ein neues Geschäftsmodell, nachdem die Vereinigten Staaten die Rolle als Supermacht der Welt übernommen hatte, und das ist dabei rausgekommen.«

Danach war unser Gespräch rasch beendet, und Andrew ging in Richtung Parlamentsgebäude, wahrscheinlich in der Hoffnung, dort mit jemandem sprechen zu können, der weniger deprimierende Informationen hatte, aber ich blieb sitzen und bestellte noch einen Kaffee. Großbritannien als Butler zu sehen war mir noch nicht in den Sinn gekommen, aber je länger ich darüber nachdachte, umso passender erschien es mir. Butler zeichnen sich durch alles aus, was in Großbritannien besonders geschätzt wird – gute Manieren, Einfallsreichtum, Zurückhaltung –, aber in Form der Unterwürfigkeit eines Dieners, nicht als Noblesse eines Herrn.

Nachdem ich diese Theorie aufgestellt hatte, wollte ich sie in der realen Welt überprüfen, stieß dabei aber sofort auf ein Problem: Ich war noch nie einem Butler begegnet; ich musste also erst einmal einen suchen, was mir nicht besonders schwierig erschien. Britische Butler sind der Goldstandard weltweit, und in Großbritannien boomte die Ausbildung von Menschen als Butler für die Oligarchen der Welt. Ich vereinbarte also einen Gesprächstermin in einer Butlerschule. Wenige Tage später saß ich in einem Kurs für Blumenarrangement in einem Keller nahe Covent Garden. Eine Blumenexpertin mittleren Alters mit Pferdegesicht brachte einer Gruppe zukünftiger Butler aus vier Kontinenten bei, wie man ein Landhaus mit den Früchten eines englischen Gartens dekoriert. Unterstützt wurde sie von einer Anzahl jüngerer Pendants ihrer selbst, die mit Gartenscheren herumwieselten.

Jede Woche durchlief eine neue Gruppe diesen Keller; wie war es möglich, dass nach ihrem Abschluss Nachfrage nach den Diensten all dieser Menschen bestand? »Das ist doch wohl offensichtlich«, antwortete eine dunkelhaarige Kanadierin, die langstielige Blumen zu einem Gitter verwob. »Jeder, der es sich leisten kann, will seinen eigenen

Jeeves.« Wenn ich eine Cartoonfigur gewesen wäre, dann hätte in diesem Moment eine Glühbirne über meinem Kopf aufgeleuchtet. Diese Branche, in der Großbritannien weltweit führend war, existierte, um Probleme für ihre Kunden diskret und profitabel zu lösen, so wie der Butler Jeeves es in den Geschichten von P. G. Wodehouse für Bertie Wooster tat. Ich wollte mehr von diesen Auszubildenden wissen und beschloss, ihnen zu folgen, wenn sie in die Häuser der Superreichen einzogen, um herauszufinden, was als Nächstes geschah.

Leider kam es anders. Der Leiter des Ausbildungszentrums hatte mich wohl gegoogelt und herausgefunden, dass ich über Wirtschaftskriminalität schrieb und nicht etwa über die Arbeit von Hausangestellten. Daraufhin war er deutlich weniger bereit, mir bei Recherchen über sein Gewerbe zu helfen, und ich verlor den Zugang zu echten Butlern. Ich ließ mich daher von den Worten der kanadischen Butlerin *in spe* inspirieren und wandte mich dem Werk von P. G. Wodehouse zu, der die vielen Geschichten über den Gentleman Bertie Wooster und seinen treuen Diener Reginald Jeeves verfasst hatte.

Wodehouse beschreibt Jeeves als beruhigende Präsenz, einen Mann mit unendlichem Scharfsinn, der Wooster und seinen Freunden aus so mancher Bredouille hilft, ob es um eine törichte Verlobung mit einem unpassenden Mädchen geht, eine ältliche Verwandte ihre finanzielle Unterstützung zurückzieht, eine rivalisierende Familie einen Koch abwerben will oder einer der Herren ein Diamantcollier gestohlen hat, um Spielschulden zu begleichen, die er als illegaler Buchmacher angehäuft hat. Dank Wodehouse' einzigartiger, federleichter Prosa kommt alles sehr amüsant daher, kann aber auch überraschend gemein sein.

In *Without the Option* wird beispielsweise einer von Berties Freunden verhaftet, weil er einen Polizisten geschlagen hat, und es besteht die Gefahr, dass seine wohlhabende Tante sich von ihm abwendet, wenn sie es herausfindet. Nach einigen Turbulenzen gelingt es Jeeves, der Zugriff auf Geheiminformationen der Polizei hat, alles zum Guten zu wenden. So wie Wodehouse es schreibt, ist alles furchtbar witzig, aber man könnte es problemlos so umformulieren, dass Bertie Woosters Butler in einem völlig anderen Licht erscheint. Wenn man sich auf

Jeeves' Taten statt auf sein schmeichelndes, sanftes Auftreten konzentriert, bekommt man das äußerst düstere Bild eines Söldners, jemand, der gegen Bezahlung die Probleme anderer löst.

»Um Himmels willen, Jeeves! Sie haben ihn doch nicht etwa bestochen?«

»O nein, Sir. Aber er hatte letzte Woche Geburtstag, und da habe ich ihm ein kleines Geschenk überreicht.«

Das ist natürlich sehr amüsant, aber ich habe ukrainische Anwälte darüber reden hören, wie sie knifflige Rechtsstreitigkeiten mithilfe eines »kleinen Geschenks« beigelegt haben, und so wie sie es sagten, klang es nie witzig. Wenn man hinter Jeeves' makellose Erscheinung, seinen gebildeten Akzent und die Mark-Aurel-Zitate blickt, sieht man keinen Butler mehr, sondern einen Consigliere, einen hochrangigen Ratgeber in einer Mafia-Familie. Die Bestechung von Polizeibeamten ist noch das geringste seiner Talente; bei einer Gelegenheit schlägt er einen Polizisten k.o., bei einer anderen bringt er einen Faschisten zum Schweigen, indem er ihm androht, die Quelle seines geheimen Reichtums zu enthüllen. Mit seiner Intelligenz könnte Jeeves in fast jedem Bereich erfolgreich sein, aber er beschränkt sich darauf, den Superreichen dabei zu helfen, den Konsequenzen für ihr Handeln zu entgehen, und verdient dabei – über sein eigentliches Gehalt hinaus – ganz ordentlich an ihren Trinkgeldern.

In den letzten Jahren wurde in Großbritannien darüber gestritten, wer uns repräsentieren soll und, als Konsequenz daraus, auf wen wir stolz sein sollten. Dank einer Statue in Oxford hat der Imperialist Cecil Rhodes die größte Aufmerksamkeit auf sich gezogen, aber er war nur der Erste. Nachdem Black-Lives-Matter-Aktivisten eine Statue des Sklavenhändlers Edward Colston in den Hafen von Bristol geworfen hatten, stellten rechtsextreme Aktivisten Wachen an den Statuen von Winston Churchill, Robert Peel und anderen lange verstorbenen Politikern auf. Die BBC hat eine Statue von George Orwell vor der Senderzentrale aufgestellt, um an ein anderes Großbritannien zu erinnern, ein Land des Skeptizismus und der modernen Werte, obwohl das einen Streit darüber auslöste, ob Orwell nicht zu linkspolitisch gewesen sei. Ganz ähnlich stritten Kolumnisten von konkurrierenden Zeitungen, nachdem die Frauenrechtlerin Millicent Fawcett als erste Frau im Parliament Square verewigt worden war, ob sie diese Auszeichnung verdiente. Und das geht nicht nur bei Statuen so. Alle paar Jahre druckt die Bank of England ein neues Gesicht auf ihre Banknoten, und jedes Mal löst das eine Diskussion darüber aus, wer wir sind. Bei den Personen, für die Gedenkbriefmarken aufgelegt werden, ist es genauso. Das alles ist ziemlich anstrengend.

Augenscheinlich sind die Briten sehr geteilter Meinung darüber, welcher ihrer Vorfahren man gedenken sollte, aber in einer Sache sind sie sich offensichtlich einig: welche Art Mensch es wert ist, dass man sich an ihn erinnert. All diese Menschen – ob Frauenrechtlerin, Imperialist oder Sozialist – hinterließen ihre Spuren in der Welt, ob sie nun Südafrika eroberten oder für die Abschaffung der Sklaverei kämpften. Großbritannien sieht sich gern als Ort, der weiß, was er will, und der sich nicht fürchtet, auch allein dafür zu kämpfen.

Doch dieses Selbstbild passt immer weniger zum Verhalten Großbritanniens in den letzten Jahrzehnten, in denen es sich sehr viel mehr darauf konzentriert hat, für andere zu erreichen, was sie wollten, und dabei gut zu verdienen, als seine eigene Vision einer besseren Welt zu präsentieren. Wenn Diktatoren irgendwo auf der Welt ihr Geld verstecken wollen, wenden sie sich an Großbritannien. Wenn Oligarchen ihre Weste weißwaschen wollen, kommen sie nach Großbritannien.

Das meine ich, wenn ich sage, dass sich Großbritannien wie ein Butler verhält: jemand, der gegen Geld alles ermöglicht, ein Vollstrecker gegen Barzahlung, der die Realität dessen, was er tut, hinter kauzigen Traditionen, literarischen Anspielungen, makellos geschneiderten Anzügen, Verweisen auf den Zweiten Weltkrieg und Arroganz versteckt. Aber wenn Großbritannien ein Butler ist, für wen arbeitet es dann? Wer sind die heutigen Entsprechungen der Flaneure und Salonlöwen, in deren Namen Jeeves Polizisten angriff, silberne Raritäten stahl und die perfekte Dinnerbekleidung bereitlegte? Diese Frage möchte ich in diesem Buch beantworten.

Eines lässt sich auf jeden Fall jetzt schon feststellen: Während Jeeves' Kunden dümmliche Herren der Gesellschaft waren, gehören die Kunden Großbritanniens zu den übelsten Menschen, die es gibt; und die Schwierigkeiten, aus denen sie befreit werden müssen, sind alles andere als amüsant. Ihre Opfer im echten Leben verlieren weit mehr, als Großbritannien gewinnt. Folglich wird die Geschichte, die ich zu erzählen habe, nicht annähernd so witzig wie die von Mr. Wodehouse. Tatsächlich könnte diese Angelegenheit nicht ernster sein.

Ich werde in den folgenden Kapiteln einige sehr große Zahlen nennen. Hunderte von Milliarden Pfund werden jedes Jahr über das britische Bankensystem gewaschen. Dabei handelt es sich um Geld, das Menschen gestohlen wurde, die es dringend brauchen, mit dem die Gehälter von Krankenpfleger*innen oder Lehrer*innen bezahlt oder Straßen und Stromleitungen gebaut werden sollten. Stattdessen landete das Geld dank der Diskretion und der Fertigkeiten des Butlers Großbritannien auf den Offshore-Konten von korrupten Politikern oder betrügerischen Geschäftsleuten. Wenn man von 1 auf 100 Milliarden Pfund zählen wollte, würde man, bei einem Pfund pro Sekunde, mehr als 3000 Jahre dafür brauchen. Man hätte um die Zeit des Trojanischen Krieges anfangen müssen, um jetzt ungefähr bei 100 Milliarden angelangt zu sein.

Aber Großbritannien hilft Kleptokraten nicht nur dabei, das Geld beiseitezuschaffen, sondern es bietet ihnen auch gleich einen Ort, an dem sie es ausgeben können. Zu Beginn der COVID-Krise, als alle internationalen Reisen gestoppt wurden, standen wohlhabende Nigerianer plötzlich vor dem Problem, dass sie nicht mehr zu ihren Ärzten konnten, die alle in London ihre Praxen hatten. Dass die nigerianische Elite Zugang zur weltbesten Gesundheitsversorgung hat, sorgt schon lange für Wut bei ihren ärmeren Landsleuten, die keine andere Wahl haben, als unterfinanzierte und überlastete Kliniken aufzusuchen, wenn sie krank sind. Vor der Wahl versprechen Politiker regelmäßig, daran etwas zu ändern, tun dann aber nichts, sondern fliegen selbst lieber ins Ausland. Im Jahr 2019 beliefen sich die Gesundheitsausgaben der nigerianischen Regierung auf gerade einmal elf US-Dollar pro Person, was etwa einem Achtel dessen entspricht, was die Weltbank empfiehlt, um den grundlegenden Bedarf zu decken. Die medizinischen Einrichtungen in Nigeria verfallen, Medikamente sind nicht verfügbar und viele junge Ärzte wandern nach ihrem Abschluss einfach aus. Großbritannien bietet in der Gesundheitsversorgung ebenso wie bei Rechtsangelegenheiten, im Bankwesen und vielem anderen eine Luxusalternative für die Eliten anderer Länder, die die Systeme in ihren eigenen Ländern ruinieren und sich an ihnen bereichern, statt zu regieren.

»In Nigeria gibt es zwei Gesundheitssysteme. Wer kein Geld hat, geht zu Priestern und Imamen und betet dort um ein Wunder«, berichtete mir der nigerianische Romanautor und Essayist Okey Ndibe. »Wer einen Haufen Geld hat und politisch gut vernetzt ist, fliegt ins Ausland und erhält dort eine gute Behandlung. Wenn die Reichen krank werden, lassen sie sich gern per Flugzeug nach Großbritannien bringen.«

Mit Großbritannien meine ich nicht nur das Vereinigte Königreich, sondern auch die Überseegebiete, die eigene Parlamente haben, denen aber die Regierung in London politisch übergeordnet ist. Dank ihnen kann Großbritannien nicht nur wohlhabenden Ausländern seine Butlerdienste anbieten, sondern auch reichen Briten und ihren Unternehmen. Mit demselben Trick, mit dem vermögende Nigerianer ihre Landsleute ausbeuten, können auch britische Glücksspielanbieter ihr Unternehmen in Gibraltar anmelden und Geld aus dem Vereinigten Königreich absaugen. In Großbritannien gibt es also auch Opfer, unter ihnen Hunderte junger Männer und Frauen, die nach Angeboten dieser problematischen Unternehmen süchtig wurden und sich in der Folge das Leben nahmen.

Wenn man als Butler denkt, schließt das Mitgefühl für jene, die weniger Glück haben als man selbst, aus. Solidarität gibt es in der Welt von P. G. Wodehouse nicht; Jeeves hilft jenen, die sich seine Dienste leisten können; alle anderen müssen allein klarkommen. Wodehouse ist sich dieser Ironie durchaus bewusst und macht sich in einer Szene sogar darüber lustig, in der Jeeves einer Familie von Revolutionären – die durch eine Reihe unwahrscheinlicher Wendungen in der Handlung in Woosters luxuriösem Apartment zu Abend essen – ein reichliches Mahl serviert.

»Wissen Sie, was Sie sind, mein Junge? Sie sind ein Relikt eines explodierten Feudalsystems«, sagt ein Revolutionär zu Jeeves.

»Sehr wohl, Sir«, antwortet dieser.

Das ist erst der Anfang. Es gibt noch viele wohlhabende Klienten da draußen, denen Großbritannien mit Rat und Tat zur Seite stehen kann, und noch viele junge Universitätsabsolventen, die in ihre Dienste gelockt werden können, was unweigerlich dazu führt, dass sich die Qualität der Dienstleistungen für alle anderen im Land verschlechtert. Inzwischen ist es für intelligente und gut vernetzte Briten so profitabel, als Butler zu fungieren, dass immer mehr begabte Landeskinder lieber das Familiengeschäft übernehmen, als etwas Konstruktiveres oder Selbstloseres zu tun.

Schon jetzt leiden die britischen Gerichte darunter, warnen Richter, dass die besten Juristen ungern auf die hohen Honorare von Oligarchen verzichten und Richter werden. »Wenn es unserer Profession nicht mehr gelingt, die klügsten und besten Juristen als Richter zu gewinnen, dann wird der Ruf unserer Rechtsprechung, die für ihre äußerst hochwertige Entscheidungsfindung bekannt ist, bald darunter leiden. Es wird eine sich selbst erfüllende Prophezeiung werden«, sagte ein Richter in einer Rede 2018. Das ist ein starkes Argument, aber es trifft nur zu, wenn Juristen sich selbst als Teil einer größeren Gemeinschaft begreifen. Wenn sie sich selbst als Individuen sehen, die das Beste für die Menschen erreichen wollen, die sie bezahlen – also als Butler –, dann gibt es keinen Grund, warum sie sich um die langfristigen Aussichten der Institutionen des Landes kümmern sollten. Sie sind noch nicht einmal für einen Job auf Großbritannien angewiesen. Rührige Anwälte haben in Dubai und Kasachstan Schiedsgerichte eingerichtet, an denen englisches Recht angewendet und britische Anwälte beschäftigt werden, um die Bemühungen der lokalen Regierungen zu unterstützen, die ihr eigenes Finanzsystem aufbauen wollen.

Briten ärgern sich vielleicht, wenn sie diese Kritik lesen. Natürlich ist nicht alles an Großbritannien verdorben – walisisches Rugby, schottische Literatur, englische Universitäten machen die Welt definitiv zu einem besseren Ort. Das Land, das die Pubs erfunden hat, kann nicht völlig schlecht sein. Nicht alle Einwohner des Landes sind so amoralisch, dass sie Geld von jedem annehmen würden, und natürlich spricht vieles mehr für das Land als nur seine Butlerbranche. Aber in den folgenden Kapiteln werden zwei Punkte hoffentlich deutlich: Erstens, dass der Trend erschreckend weit verbreitet ist, sehr viel weiter, als man vielleicht denkt; und zweitens, dass ein Großteil der nationalen Elite sich dem Dienst für die Interessen der Reichen und Mächtigen verschrieben hat, völlig unabhängig davon, wer diese Leute sind und was für Interessen sie haben. So viel typisch Britisches an Großbritannien, auf das die Briten so stolz sind – die Geschichte, die Traditionen, der Humor und die Institutionen –, sind für die Eliten des Landes zu einem Kostüm geworden, das sie tragen, wenn sie die Welt nach neuen Klienten absuchen.

Für ein einziges Buch ist es ein riesiges Thema; ein umfassender Bericht würde Dutzende Bände dieser Größe füllen. Auch die Recherche zu diesem Thema war während des Lockdowns kompliziert. Normalerweise reise ich viel, wenn ich für ein Buch recherchiere, was zu vielen glücklichen Zufällen führt. Allerdings haben sich neue Recherchemethoden als überraschend fruchtbar erwiesen und mich zu Skandalen geführt, von deren Existenz ich nichts geahnt hatte. Bei meiner Geschichte über den Butler Britannien habe ich mich auf bestimmte Details konzentriert und sie ausführlich besprochen. Einzelne Aspekte des Verhaltens Großbritanniens in den letzten 70 Jahren stehen für ein sehr viel größeres Ganzes.

In den Monaten und Jahren nach der Entscheidung des Vereinigten Königreichs im Jahr 2016, die Europäische Union zu verlassen, gab es große Sorge darüber, welche Art von Land Großbritannien sein sollte, ohne dass – soweit ich sehen konnte – groß darüber diskutiert wurde, welche Art von Land es tatsächlich war. Das war einer der Gründe für mich, dieses Buch zu schreiben. Damals fühlte sich der Brexit wie eine Krise an, auf die man reagieren musste, aber seither wurde sie von der sehr viel schwerwiegenderen COVID-19-Krise überschattet. Die Pandemie hat in vielen Ländern Spannungen offengelegt, aber das Vereinigte Königreich – mit seiner überproportional hohen Sterberate und holpernden Reaktion der Regierung – besonders hart getroffen. Das verstärkte noch die Notwendigkeit einer Diagnose, was in Großbritannien schiefläuft. Ich hoffe, dass britische Politiker, nachdem diese Krise vorüber ist, daraus ihre Lehren ziehen und daran arbeiten werden, ein neues Land zu formen, das nicht in jeder Situation eine Gelegenheit zum Geldverdienen sieht und sich nicht so bereitwillig dafür hergibt, die Aktivitäten, die ich in diesem Buch beschreibe, zu ermöglichen, sondern das sich mehr wie das Land der Helden benimmt, die es angeblich so bewundert.

Das ist keine unrealistische Hoffnung. In manchen Jahren beschleunigt sich der Lauf der Geschichte, und Gesellschaften erleben Transformationen, für die es normalerweise Jahrzehnte braucht. Das ist bekannt, weil eine ebensolche Krise die Butlerkarriere Großbritanniens begründet hat, als meine Eltern noch jung waren und ich noch nicht einmal als Gedanke existierte.

KAPITEL 2
SONNE, SAND, KANAL

IM FRÜHJAHR 2020 wollte ich *eine* Reise auf keinen Fall absagen – und ich war besonders traurig, dass sie nicht stattfinden konnte, nachdem COVID-19 sich zu einem Problem ausgewachsen hatte, das man nicht länger ignorieren konnte. Diese Reise war für den 29. März angesetzt und hätte mich in den Nordosten Englands führen sollen, nach Sunderland.

An dem Tag sollte die Suez Veterans' Association ihre Vereinsflagge feierlich außer Dienst stellen – also die Fahne ein letztes Mal niederholen, weil zu wenige Veteranen übrig waren, um sie weiterhin zu benutzen – und ihre Tätigkeit für immer beenden. Es wäre der letzte Akt in der Geschichte dieser wenig beachteten, ziemlich übellaunigen und spendablen Gruppe von Veteranen gewesen, die alle in britischen Militärbasen am Suezkanal gedient hatten. Leider machte zwei Wochen vor dem Termin die rasche Ausbreitung von COVID-19 einen totalen Lockdown unvermeidbar, und die Geschäftsführung des Vereins musste den wenigen überlebenden Veteranen (und mir) mitteilen, dass die Veranstaltung wegen des Risikos für die Teilnehmer durch das Coronavirus auf unbestimmte Zeit verschoben wurde. Außerhalb der SVA fiel das kaum jemandem auf, was durchaus passend war, denn die Gruppe war auch vorher kaum von irgendjemandem, der etwas zu sagen hatte, beachtet worden.

Die allgemeine Gleichgültigkeit gegenüber dem Ende der Organisation ist schon verwunderlich, wenn man bedenkt, wie wichtig diese Truppen einmal für das Vereinigte Königreich waren und für wie lange. Die Ingenieure, die Mitte des 19. Jahrhunderts den Suezkanal angelegt hatten, waren Franzosen gewesen, aber dieser dünne Wasserstreifen zwischen dem Mittelmeer und dem Roten Meer war für die Briten immer schon bedeutsam gewesen, weil er das Mutterland mit Indien und anderen Besitzungen in Asien verband. Als der ägyptischen Regierung im Jahr 1875 das Geld ausging, kaufte der britische Staat deren Anteile auf und wurde so zum größten Anteilseigner des Kanals. Der britische Einfluss nahm zu, was den Ägyptern verständlicherweise missfiel und dazu führte, dass ein Jahrzehnt später eine Revolte ausbrach. Britische Truppen schlugen den Aufstand nieder und besetzten am Ende das ganze Land. Ägypten war formal nie eine Kolonie, aber es war das Hinterland des Kanals, daher konnten die Verwalter des Empire nicht zulassen, dass es sich selbst regierte. Das Land hatte immer noch einen Khedive – der Ägypten theoretisch im Namen des osmanischen Sultans regierte – und Minister, aber in Wirklichkeit lag die Macht in den Händen des britischen Generalkonsuls Evelyn Baring, erster Earl von Cromer und Spross der Bankierdynastie. Seine Macht und die seines Nachfolgers wurde durch die Präsenz von Hunderttausenden Soldaten, Seeleuten und Piloten garantiert, die dem Empire in den folgenden 80 Jahren in Ägypten dienten.

Die Suez Veterans' Association repräsentierte die letzte Generation dieser Männer und Frauen, jene, die in den Jahren nach dem Zweiten Weltkrieg ihren Militärdienst geleistet hatten. Als die Mitglieder noch jung genug waren, hatte der Verein Reisen nach Ägypten organisiert und er gab einmal im Quartal einen Newsletter heraus, dem man den bösen Humor anmerkte, mit dem sich die Squaddies und Erks – wie ihre Pendants bei der Royal Air Force (RAF) genannt werden – die langen Abende auf den abgelegenen Militärbasen vertrieben. (»Dieser Offizier könnte weit kommen – je früher er losgeht, umso besser.«)

Vor mir auf dem Schreibtisch liegt ein Stapel dieser Newsletter. Die Schwarz-Weiß-Bilder darin wurden in den 1940ern aufgenommen und zeigen schlanke junge Männer, umgeben von Sand und Stacheldraht, die in die Kamera grinsen, selbstsicher und sorglos. Es gibt aber auch Farbfotos derselben Männer Jahrzehnte später: weißhaarig, untersetzt, in blauen Jacketts, marschieren sie oder werden in Rollstühlen geschoben, legen Mohnblumen an Gedenkstätten nieder, gebeugt von Alter und Erinnerungen. In einem der ersten Rundbriefe ruft der Herausgeber die Veteranen auf, ihm ihre Erinnerungen zu schreiben: »Über das Leben der gewöhnlichen Soldaten in der Kanalzone wurde nur sehr wenig geschrieben. Jetzt ist eure Chance, das zu ändern. Ich bin sicher, dass wir alle lebhafte Erinnerungen an einzelne Ereignisse in der Kanalzone haben – witzige, erschreckende, unglaubliche. Feldverpflegung, die erste Wache, Paraden, ein typischer Arbeitstag und so weiter. Nehmt Stift und Papier zur Hand und erzählt uns davon.«

Manche Geschichten der Veteranen waren witzig – ein Mann hatte seinen Kommandeur festgenommen, weil der aus dem Fenster geklettert war, um »dem Ruf der Natur zu folgen«, und ihn in Unterhosen abgeführt. Manche waren berührend – ein anderer Mann hatte auf einer Militärbasis geheiratet und fragte nun, ob sich jemand an die Zeremonie erinnerte. Andere Briefe riefen unerbittlich in Erinnerung, warum die Soldaten tatsächlich dort gewesen waren, wobei es bei manchen Themen jahrelange Briefwechsel gab, bei denen immer mehr Details an kaum erinnerte Ereignisse zutage kamen – der Mord an einer Nonne; ein Zusammenstoß mit der Zivilbevölkerung; einem Soldaten, der Torwart im Regimentsteam war, wurden die Hoden weggeschossen; ein Wachtposten eröffnete das Feuer auf ein Ruderboot, das nicht anhielt, als es dazu aufgefordert wurde, und erschoss dann die Ruderer, als diese bereits über Bord gegangen waren.

Ein Name, der in den Newslettern regelmäßig auftaucht, ist Jeff Malone, ein Mann aus Yorkshire, der die Rundbriefe herausgab und oft über die 31 Monate schrieb, die er als Mechaniker für die RAF in Ägypten verbracht hatte. Zusammen ergeben seine Artikel eine Mini-Autobiografie, die mit seiner Abreise von den Docks in Liverpool im Jahr 1953 beginnt. »Ich habe oft Filmaufnahmen von den Truppen gesehen, die zum Burenkrieg oder in andere Krisengebiete aufbrachen. Dort spielt immer eine Blaskapelle, Flaggen werden geschwenkt und die Menge jubelt ihnen zu. An jenem trüben Oktobertag waren die einzigen Menschen, die uns vorbeifahren sahen, jene, die auf den Bus warteten«, schrieb er. Den Soldaten in der Kanalzone war von Anfang an klar, dass sich keiner in der Heimat um sie scherte.

Über Politik – etwa die Frage, ob die Briten überhaupt in Ägypten hätten sein sollen – wurde in den Newslettern nur wenig diskutiert, aber das ständige Elend mit den kleineren Unruhen ist Anzeichen genug, dass die Situation mehr als unbefriedigend war. Das britische Empire hätte auf der Höhe seiner Macht niemals Demütigungen toleriert, wie Malone sie in seinen Artikeln beschreibt – ständig wurden Vorräte geklaut, ägyptische Zivilisten warfen mit Ziegelsteinen nach patrouillierenden Soldaten, die Infrastruktur brach zusammen. Das Ende des Empires nahte, und die Soldaten hatten den Auftrag, dieses Ende so würdevoll wie möglich aussehen zu lassen. Malone erlebte aus erster Hand den Fall des mächtigsten Reiches, das die Welt je gesehen hatte, und er verabscheute diese Erfahrung vom ersten bis zum letzten Tag. Er hätte Urlaub zu Hause machen können, aber er tat es nie, weil er wusste, dass er es nicht ertragen hätte, zurückzukehren, wenn er Ägypten einmal verlassen hätte.

»Ich habe fast drei Jahre in Ägypten verbracht und ich hatte es satt. Die gesamte britische Militärpräsenz in der Kanalzone brach zusammen«, schrieb er über seine letzte Abreise aus Ägypten per Truppenschiff. »Als die Lichter des Hafens hinter uns verschwanden, fühlte ich Euphorie in mir aufsteigen. Ich fühlte mich federleicht. Etwas Ähnliches habe ich nur drei oder vier Mal in meinem ganzen Leben gespürt.«

Seine Berichte faszinierten mich, weil ich vorher kaum etwas über die britische Militärpräsenz in Ägypten gehört hatte. Ich habe einen Universitätsabschluss in Geschichte, aber die einzige Kolonie, mit der ich mich dort je beschäftigt habe, war Irland – und das auch nur, weil ich einen irischen Dozenten hatte. Ich bezweifle, dass auch nur einer von zehn Briten überhaupt weiß, dass ihr Land Ägypten beherrscht oder den Suezkanal besessen hat, oder was das britische Militär den Ägyptern angetan hat, damit es so blieb.

Die jüngsten Debatten über die Statue von Cecil Rhodes an der Universität Oxford haben zwar einige Diskussionen über das frühere Vorgehen des Empire ausgelöst, aber dennoch scheint der Eindruck recht verbreitet zu sein, dass es sich dabei um ein mehr oder weniger mildtätiges viktorianisches Eingreifen gehandelt hatte, bei dem es darum ging, anderen Völkern die englische Sprache beizubringen, die Sklaverei abzuschaffen und dafür zu sorgen, dass die Züge pünktlich fuhren. Die Wahrheit sieht anders aus: Beim Empire ging es um Profit und darum, alles auszuradieren, was dem Profit im Weg stand. Im Gegensatz zu den Kolonialreichen anderer europäischer Länder verdienten die Briten ihr Geld dabei durch Handel statt durch Steuern von Kleinbauern, sodass die Briten weiter und schneller expandieren konnten als alle anderen, ohne in den eroberten Ländern komplexe Verwaltungsstrukturen aufbauen zu müssen. Dadurch wurde das Empire so riesig.

Auf seinem Höhepunkt kontrollierte das britische Empire fast ein Viertel der Landmasse der Erde und einen ähnlichen Anteil der Weltbevölkerung. Die »weißen Dominions« Australien, Neuseeland und Kanada, mit ihrem erheblichen Anteil an Siedlern in der Bevölkerung, waren selbstverwaltet, aber zutiefst loyal gegenüber dem Mutterland und jederzeit bereit, ihm auszuhelfen, wenn nötig. Das diktatorisch regierte Indien war die bedeutendste Kolonie, weil es Soldaten und einen riesigen Markt für britische Waren stellte. Kleinere Kolonien waren über alle Kontinente verteilt: Kenia, Guyana, Malaya, Zypern. Irgendwo im britischen Empire war immer gerade Teatime. Und das ist immer noch untertrieben, was das Ausmaß britischer Dominanz auf dem Globus betrifft. Großbritannien war der größte Raufbold der Klasse, und was es anordnete, galt. Die Mechanismen in Recht, Handel und Finanzen, die für dieses Empire geschaffen wurden – das Sterling-System –, wurden bald von der ganzen Welt eingesetzt. Viele Teile Chinas und Südamerikas wurden so stark von britischen Investitionen beherrscht, dass sie nur dem Namen nach keine Kolonien waren; alle anderen nutzten britische Schiffe für den Handel untereinander, britische Banken, um ihre geschäftlichen Aktivitäten zu finanzieren, und britische Versicherungen für das Risikomanagement.

Durch all das wurde Großbritannien außergewöhnlich reich. Unmittelbar vor dem Ersten Weltkrieg übertraf der Wert der überseeischen Vermögenswerte britischer Investoren die gesamte inländische Wirtschaftsleistung. Doch dann kamen die Weltkriege, in denen das Land seine gesamten Investitionen für Waffen, Uniformen und Soldatensold ausgab. Anfang der 1950er-Jahre war Großbritanniens Nettovermögen in Übersee in den negativen Bereich gerutscht, und das Land war praktisch pleite. London schuldete den Kolonien, ehemaligen Kolonien und Dominions so viel Geld, dass es genau darauf achten musste, wofür Mittel ausgegeben wurden, damit die Währung nicht vollständig kollabierte. Das Blatt wendete sich erstaunlich schnell: In Jahrhunderten sorgsam angesammelte Reserven waren in wenigen Jahren ausgegeben. Aus dem Bankier der Welt war ein Bettler geworden; die Weltwährung schleppte sich von einer Krise zur nächsten.

»Wir haben ein altes Familienunternehmen geerbt, das profitabel und solide war«, schrieb der Finanzminister Harold Macmillan in einem Brief an Premierminister Anthony Eden auf dem Höhepunkt der Krise. »Das Problem ist nur, dass die Verbindlichkeiten viermal so hoch sind wie die Vermögenswerte.«

Indien erklärte im Jahr 1947 seine Unabhängigkeit, und mit einem Federstrich war die dominante Machtposition der Briten in Asien ausgelöscht. Burma, Ceylon und Malaya folgten innerhalb von zehn Jahren. Auch in den afrikanischen Kolonien gab es Unabhängigkeitsbestrebungen. Regierungsvertreter in Whitehall mussten einsehen, dass sie keine andere Wahl hatten, als das Empire so würdevoll wie möglich zu liquidieren, doch die britische Regierung wollte auf keinen Fall den Eindruck erwecken, Großbritannien mache sich fluchtartig aus den verbliebenen Besitzungen davon. In den Jahren nach der Unabhängigkeit Indiens bedeutete das, dass sie das einzig ihnen verbleibende geopolitische Pfund unbedingt halten musste: den Suezkanal.

Solange die Briten die Wasserstraße kontrollierten, konnten britische Strategen davon träumen, ihre Macht nach Süden in den Indischen Ozean, in den Nahen Osten und gen Norden in die Sowjetunion projizieren, ihren Feinden den Kanal verweigern und so deren Handel stören zu können. So konnte Großbritannien nicht als einfache europäische Macht abgetan werden, wenn es einen solchen Schatz im Portfolio hatte. »Wenn wir den Suezkanal, die Schlagader der Schifffahrtswege der Welt und des Empires, nicht halten können, was können wir dann überhaupt noch halten?«, fragte der Verfasser eines Berichts für die Regierung über die Zukunft des Kanals. Als das Parlament mit der Aussicht konfrontiert wurde, dass man die Kontrolle über den Kanal an die Ägypter würde abtreten müssen, murmelten Abgeordnete etwas von »Appeasement«, ein verpöntes Wort seit dem unrühmlichen und katastrophalen Versuch, Adolf Hitler in München 1938 zu beschwichtigen, indem man ihm einen Teil der Tschechoslowakei anbot. Winston Churchill soll daraufhin gesagt haben: »Ich wusste gar nicht, dass München am Nil liegt.«

Diese Parallele war in mehrfacher Hinsicht problematisch, nicht zuletzt deswegen, weil es zwischen dem Anliegen der Ägypter, ihr Land von einer Fremdherrschaft zu befreien, und Hitlers Annexion des Sudetenlands keinerlei Ähnlichkeiten gab. Wenn jemand in dieser Geschichte der Aggressor war, dann Großbritannien. Aus militärischer Sicht war der größte Denkfehler der Regierung jedoch eher praktischer Natur und lag im Kanal selbst begründet, der lang und dünn ist und somit die längste Verteidigungslinie hat, die physikalisch möglich ist.

Britische Militärbasen zogen sich das Westufer des Kanals entlang, oft umgeben von Wüste, mit verwundbaren Kommunikationslinien und demoralisierter Besatzung. Wenn die Ägypter die Briten nicht dort haben wollten, was so war, dann hatten sie reichlich Möglichkeiten, dies zum Ausdruck zu bringen. Deswegen erzählen viele Briefe an den SVA-Newsletter von Scharmützeln, Aufständen und Problemen. Alle 80 000 dort stationierten Soldaten – das sind etwas mehr als in der gesamten britischen Armee heute dienen – waren vor allem mit Selbstverteidigung beschäftigt. (»Ihre Anwesenheit dort macht es erst notwendig, dass sie da sind«, witzelte ein Vertreter des Außenministeriums.) Und nach dem Militärputsch in Ägypten 1952, der durch die Wut der Bevölkerung über das Verhalten der Briten ausgelöst worden war, weigerten sich Zivilisten, weiterhin für die Militärbasen zu arbeiten, was die Aufgabe der Soldaten zusätzlich erschwerte.

»Es war furchtbar. Die Ägypter warfen alle Jobs im Lager hin, und jetzt mussten britische Militärangehörige, von denen es ohnehin zu wenige gab und die auch so schon am Limit waren, diese Arbeiten verrichten. So grässliche Sachen wie die Latrinen zu reinigen, Schweinefutter wegzubringen, in der Wäscherei oder in der Kantine zu arbeiten, machten nun Leute, die solche Örtlichkeiten bisher bestenfalls als Nutzer kannten«, schrieb ein Ex-Pilot, der von 1951 bis 1952 in der Kanalzone gedient hatte. »Suez war ein schrecklicher Ort, und die Ägypter bereiteten uns dort unten die Hölle.«

Nach zwei Jahren dieser Hölle vereinbarten die beiden Länder 1954, dass die Briten die Kanalzone innerhalb von 20 Monaten verlassen würden. Formell behielt sich Großbritannien das Recht vor, im Falle »eines Angriffs durch eine dritte Macht« auf die Militärbasen zurückzukehren, aber das war eine höfliche Fiktion, damit die Briten bei ihrem Rückzug aus einer weiteren Besitzung ihr Gesicht wahren konnten. Ein SVA-Korrespondent schrieb: »Auch dem dümmsten Soldaten war klar, dass die Ägypter die Basen plündern würden, sobald wir abgezogen waren, und dass wir nur mit dem Gewehr in der Hand zurückkehren konnten.« Und tatsächlich verstaatlichte der selbstbewusste neue Staatsführer Ägyptens – Gamal Abdel Nasser – den Suezkanal, sobald die Evakuierung abgeschlossen war und ihn niemand mehr davon abhalten konnte. Großbritanniens großes strategisches Pfund gehörte nun den Menschen, durch deren Land es verlief.

Das war ein schwerer Schlag für das Prestige Großbritanniens, aber erst die Reaktion der Regierung in London machte aus der Niederlage eine Katastrophe. Das Problem war, dass Nasser nichts wirklich Illegales getan hatte: die Suez Canal Company war ein ägyptisches Unternehmen, das die Regierung in Kairo verstaatlichen konnte, wenn sie das wollte, nachdem sie den Anteilseignern, die – neben der britischen Regierung – vor allem Franzosen waren, einen umfassenden finanziellen Ausgleich zugesagt hatte. Das war nichts Neues. Großbritannien hatte in den Jahren nach dem Zweiten Weltkrieg alles Mögliche verstaatlicht, von der Bank of England bis zu den Kohleminen. Auch in Frankreich waren die wichtigsten französischen Unternehmen in dieser Zeit in Staatsbesitz übergegangen. Mit der Verstaatlichung einer wichtigen strategischen Ressource bewegte sich Nasser genau in der Mitte des ökonomischen Mainstreams. Aber die Regierungen von Großbritannien und Frankreich waren entsetzt und suchten nach einem Vorwand für eine Intervention. Sie zogen ihre Lotsen vom Kanal ab in der Hoffnung, so den Betrieb sabotieren zu können. Sie sandten Dutzende Schiffe gleichzeitig zum Kanal, um so lange Warteschlangen zu erzeugen. Aber die Ägypter waren schlauer als gedacht und hielten den Kanal offen. Der britische Premierminister Anthony Eden steckte in der Klemme.

Eden verlor angesichts der Bedrohung für Großbritannien durch Nasser immer mehr die Nerven, so wirkt es zumindest im Rückblick. »Entweder er oder wir, das dürfen wir nicht vergessen«, sagte er. Sein Kabinettsmitglied Harold Macmillan sah das genauso. »Es ist unerlässlich, dass Nasser gedemütigt wird«, meinte er. »Wir müssen uns damit beeilen oder wir werden selbst ruiniert sein.« Nasser war zugegebenermaßen stark und populär, aber er führte ein armes Land an, das militärisch keine Bedrohung für Großbritannien darstellte. Doch für Großbritannien bestand die Gefahr nicht in einer militärischen Niederlage, sondern in der strategischen Bedeutungslosigkeit. Nasser repräsentierte einen neuen Typ des kraftvollen arabischen Anführers, der die Fantasie der Völker in den Ländern anregte, die Großbritannien immer noch beherrschte, wie Jordanien, Kuwait und dem Irak. Wenn er die Araber gegen ihre Kolonialherren aufbringen konnte, dann müssten sich die Briten noch schneller zurückziehen. Der würdevolle Niedergang des Empire würde so zur peinlichen Flucht verkommen. Auch die Franzosen, die in Algerien mit ähnlichen Problemen zu kämpfen hatten, hassten Nasser, und so heckten die beiden niedergehenden Mächte zusammen einen geheimen Plan aus, um ihn loszuwerden, indem sie die Israelis zu Hilfe riefen.

Es war ein komplexer Plan, aber im Grundsatz sah er vor, dass Israel in die Sinai-Insel einmarschierte – den Wüstenstreifen zwischen Israel und dem Kanal. Englisch-französische Truppen würden dann einschreiten, um die beiden Seiten voneinander zu trennen, als hätten sie nicht vorher schon von dem geplanten Einmarsch gewusst, und dann rein zufällig Kairo besetzen und dort eine ihnen freundlicher gesinnte Regierung einsetzen. Es war eine groteske Intrige (die vor den US-Amerikanern geheim gehalten wurde), zumal die Briten gleichzeitig einen weiteren Coup in Syrien planten (den sie den Franzosen verschwiegen), obwohl dieser Teil in sich zusammenfiel, bevor er richtig begonnen hatte. Eine Taskforce der Marine brachte britische Truppen an der ägyptischen Nordküste an Land, und damit ging es los.

»Wir landeten in Port Said. Es war chaotisch. Unser Regiment sollte einen Teil der Stadt einnehmen. Leider fehlten an unseren Gewehren die Schlagbolzen. Wir hatten Zypern überhastet verlassen. Die Gewehre waren in der Waffenkammer aus Sicherheitsgründen mit entfernten Schlagbolzen gelagert worden«, schrieb ein Korrespondent der SVA über die amphibische Operation, die im November 1956 begann. »Ich habe nie auch nur einen einzigen Schuss abgefeuert, und ich bin froh, dass es so war.«

Aus militärischer Sicht war die Aktion, trotz vieler weiterer Patzer, ein Durchmarsch. Die ägyptischen Truppen wurden aufgerieben, Hunderte Zivilisten starben, während die israelischen, französischen und britischen Invasoren nur eine Handvoll Verluste hinnehmen mussten. Politisch war sie allerdings eine Katastrophe. »Anthony, sind Sie völlig verrückt geworden?«, fragte US-Präsident Eisenhower Eden, als er von der Invasion hörte. So sahen es die meisten Verbündeten der Briten, die kaum ihren Augen trauten. Wie konnte Großbritannien für sich beanspruchen, auf der Seite der Guten zu stehen, wenn es bereit war, in einen souveränen Staat einzumarschieren, der einfach nur seine Angelegenheiten selbst regeln wollte?

Die Finanzmärkte spürten die Schwäche in der Isolierung Londons und die Spekulanten schlugen zu, verkauften britische Pfund und setzten so den Wechselkurs erheblich unter Druck. Die britische Währung wurde nicht mehr durch die Besitztümer in den überseeischen Gebieten gepuffert und die Amerikaner verweigerten ihre Hilfe und verhinderten auch, dass der Internationale Währungsfonds einschritt. Das britische Pfund stand vor dem Zusammenbruch, und die Briten zogen sich zurück.

Es war so, als hätte Bertie Wooster versucht, unabhängig von seiner Tante zu handeln, wäre dann aber zur Aufgabe gezwungen worden, als sie drohte, ihm seinen Unterhalt zu streichen. Großbritannien zog aus

Ägypten ab, erniedrigt und gedemütigt, und seine Position in der Welt war peinlich deutlich geworden – es war kein Empire mehr, sondern nur noch eine Regionalmacht, die von seinen US-amerikanischen Zahlmeistern abhängig war. Historiker diskutieren heute, ob die Suezkrise als Katalysator für den britischen Niedergang fungierte oder nur ein Anzeichen dafür war, aber für die Soldaten dort machte es keinen Unterschied. Der Feldzug wurde zum Synonym für Fiasko und gilt heute immer noch als Tiefpunkt des internationalen Prestiges Großbritanniens. Die Mitglieder der SVA verstehen sehr gut, warum sich niemand an sie erinnern will: Sie wurden besiegt, und jede Niederlage ist ein Waisenkind.

Jeff Malone, der regelmäßig für den SVA-Newsletter schrieb und langjähriger Herausgeber war, sollte bei der feierlichen Außerdienststellung der Flagge in Sunderland eine Rede halten. (»Es war der einzige Ort, der unsere Flagge haben wollte«, antwortete er auf die Frage, warum sie sich für den Nordosten für diesen Anlass entschieden hatten. »Wir haben es an ein paar schickeren Orten versucht, Canterbury etwa, aber daraus wurde nichts.«) Doch all diese Pläne mussten wegen der Pandemie auf Eis gelegt werden. Stattdessen besuchte ich ihn in seinem hübschen Bungalow in einem Vorort der Stadt Bridgnorth in Shropshire. Dort blätterte ich durch seine Newsletter-Sammlung und trank tassenweise Kaffee, den er mir servierte. Wir unterhielten uns stundenlang. Malone ist heute 85 Jahre alt, nachdenklich und witzig. In seinen Bücherregalen stapeln sich Grammatiken der Sprachen, die er gelernt hat, und an den Wänden hängen zahlreiche Fotos von seinen Kindern. Sie sind Ingenieure, wie er, und er konnte nicht verbergen, wie stolz er auf sie ist.

Wenn er über seine Zeit in Ägypten sprach, hörte man ihm aber auch nach all den Jahren immer noch die Verbitterung über das politische Versagen an, das ihn in Lebensgefahr gebracht hatte. Die Veteranen hatten die SVA zu einem Forum für jene gemacht, die diese Tortur überlebt hatten, eine Möglichkeit, um zusammenzukommen und sich gegenseitig zu unterstützen. Und der Verein hatte seinen Zweck gut erfüllt, hatte ihnen geholfen, sich ein paar besonders verstörende Erinnerungen von der Seele zu reden, schöne Erinnerungen miteinander zu teilen und dabei viel zu lachen. Malone hatte auch die Reisen in die Kanalzone organisiert, obwohl er sich 1956 – als sein Truppenschiff, die *Empire Orwell,* ihn davontrug – geschworen hatte, niemals wieder auch nur in die Nähe von Ägypten zu kommen. Er lachte, als er erzählte, dass eines der Hotels genau an derselben Stelle stand wie die Mannschaftskantine der Soldaten, und dass der Getränkeladen immer noch denselben Besitzer hatte. Aber dann wurde er ernst.

»Einmal riefen zwei alte Damen bei mir an und fragten, ob sie bei der nächsten Ägyptenreise mitkommen könnten. Ich fragte, warum sie das wollten, und sie erzählten, ihr Bruder sei dort draußen getötet worden«, berichtete er. »Der Bruder war an einer Kreuzung stationiert gewesen, mit einer Panzerfaust, Sandsäcken und allem. Ein Ägypter kam mit einer Schubkarre vorbei, als ein Rad davon abfiel. Die Karre war voller Orangen, und der Ägypter sagte: ›Pass mal kurz für mich darauf auf, während ich ein neues Rad hole. Du kannst dir auch gern eine Orange nehmen.‹ Also kam der Bruder hinter seinen Sandsäcken hervor und nahm sich zwei Orangen und es war eine Sprengfalle. Ich zeigte ihnen, wo er beerdigt war. Eines muss ich sagen: Die Gräber waren schön gepflegt.«

Er schwieg danach lange und blinzelte rasch, bevor er weitersprach: »Die Männer, die im Zweiten Weltkrieg starben, ihr Tod hatte einen Grund. Aber unsere Leute starben für nichts.«

Das Prestige der Briten verbrannte in den Feuern von Port Said und Ismailia zu Asche und hinterließ Jahrzehnte voller Trauer für jene, die bei den Kämpfen Verluste zu beklagen hatten, dauerhafte Schmach für den Premierminister, der ein extremes Risiko eingegangen war, und eine radikal veränderte Welt. Doch fast unbemerkt wurde aus der Asche etwas Neues geboren, bevor die Truppen nach Hause zurückgekehrt waren. Großbritannien war nicht mehr der größte Raufbold in der Klasse, aber es wusste immer noch eine ganze Menge darüber, wie man Druck macht, und dieses Wissen erwies sich als äußerst wertvoll. Um zu verstehen, wie das funktionierte, müssen wir Ägypten hinter uns lassen und ins Herz des sterbenden Empire reisen – in die City of London.

KAPITEL 3

EIN PRAKTISCH DENKENDES VÖLKCHEN

IN DEN SIEBZIGERJAHREN blickte der Wirtschaftsredakteur des *Guardian,* Richard Fry, auf die Jahre um die Suezkrise zurück und konnte kaum fassen, wie viel sich seither verändert hatte. Und Fry kannte sich mit Umbrüchen aus. Er wurde in Österreich geboren und arbeitete zunächst bei einer deutschen Zeitung, verlor aber seine Arbeit nach der Machtübernahme der Nazis im Jahr 1933 – er war Jude. Er emigrierte ins Vereinigte Königreich und bekam eine Stelle beim *Manchester Guardian,* wo er über den Zweiten Weltkrieg und die folgenden turbulenten Jahrzehnte berichtete.

»Am Ende der Fünfzigerjahre schienen Welthandel und Weltfinanz London abgehängt zu haben«, schrieb er. »Der allgemeine Pessimismus war so stark, dass sich manche Bankierssöhne lieber zum Landwirt ausbilden ließen.«

Ich bin selbst auf einem Bauernhof aufgewachsen, daher bin ich nicht sicher, ob das so schlecht war, aber es ist trotzdem kaum zu glauben, dass es eine Zeit gab, in der Landwirtschaft als Beruf ähnlich attraktiv war wie die Finanzwirtschaft und in der die klügsten Köpfe einer Generation erwogen, lieber Kälber großzuziehen, als in die Büros an der Themse zu strömen und Geld herumzuschieben. In den Jahren nach dem Zweiten Weltkrieg hatten alternde Männer das Sagen in der City, und einst begehrte Plätze an der Börse hatten ihren Wert verloren. Ehrgeizige junge Hochschulabsolventen entschieden sich lieber für eine Karriere in der Industrie, in der Rechtsprechung, im akademischen Bereich oder im öffentlichen Dienst. Doch Ende der Sechzigerjahre hatte sich das, so Fry, geändert.

»Heute verspricht ein Job in der City nicht nur einen schnellen Aufstieg, gute Bezahlung und einen hohen sozialen Status, sondern auch, dass man früh Verantwortung übertragen bekommt. Die Handelsbanken, die Überseebanken, die spezialisierten Finanzierungsgesellschaften und die größeren Wertpapierhändler haben so viel zu tun, dass es gut sein kann, dass ein cleverer Neuling schon in jungen Jahren eigene Entscheidungen treffen darf«, schrieb Fry. »Unternehmungsgeist und Einfallsreichtum florieren.« Was zwischen der Suezkrise und dem Ende der Sechzigerjahre geschah, war eine Wiedergeburt: Die City of London war zurück im Spiel.

Wenn Westminster der Kopf des britischen Empire war und die Royal Navy seine Muskeln, dann war die City of London sein Herz, das Geld durch die finanziellen Arterien pumpte, die in jeden Kontinent und in alle Städte der Erde reichten. Dieser Blutkreislauf – das Sterling-System – hielt das Empire mehr zusammen als alles andere. Jedes britische Pfund trug den Sauerstoff des Kapitals in jedes Unternehmen, das ihn brauchte. Aber als der Stern des Empire zu sinken begann, stockte das Herz und schlug immer langsamer. Ohne die Dividenden und Zinsen aus den britischen Besitzungen weltweit, die verkauft worden waren, um die Weltkriege zu finanzieren, und nachdem die britische Industrie von der Konkurrenz überholt worden war, floss ganz einfach nicht mehr genug Geld in die City und wieder hinaus, um das Sterling-System am Leben zu erhalten. Das Pfund Sterling blieb eine Weltwährung, der einzige Konkurrent des US-Dollars, aber wegen der riesigen britischen Staatsschulden war das Pfund konstantem Druck durch Spekulanten ausgesetzt, und nachdem das Nachkriegs-Finanzsystem den Kapitalverkehr eingeschränkt hatte, konnten die Institutionen der City keine neuen Möglichkeiten entwickeln, um darauf zu reagieren.

Das Nachkriegs-Finanzsystem, das bei einer Konferenz in Bretton Woods im Jahr 1944 erschaffen wurde, habe ich in *Land des Geldes* bereits beschrieben und werde es hier nicht wiederholen. Aber es unterschied sich stark von unserem heutigen System. Der entscheidende Unterschied zwischen damals und heute ist ein unlösbares Trilemma (wie ein Dilemma, aber mit drei statt zwei Möglichkeiten). Bei zwischenstaatlichen Finanzbeziehungen können sich die Staaten zwischen drei Optionen entscheiden: feste Wechselkurse, die Ex- und Importeure lieben, weil sie den Handel vorhersehbar machen; freier Kapitalverkehr, den Banken lieben, weil sie internationale Investitionen vereinfachen und profitabel machen; und nationale wirtschaftliche Handlungsfreiheit, die Regierungen lieben, weil sie so auf die Wünsche ihrer Wähler reagieren können. Das Trilemma entsteht daraus, dass nur zwei dieser Optionen gleichzeitig realisierbar sind. Man kann sich immer nur für zwei davon entscheiden und muss dafür die dritte opfern. Irgendjemand – Banken, Exporteure oder Regierungen – werden immer enttäuscht sein.

Bei freiem Kapitalverkehr und festen Wechselkursen hat man keine nationale wirtschaftspolitische Handlungsfreiheit, weil die Märkte übermäßige Ausgaben streng bestrafen, indem sie Kreditaufnahmen unerschwinglich teuer machen. Aus diesem Grund hatte Griechenland nach der Finanzkrise 2007/8 so große Probleme; sein Wechselkurs ist festgelegt, weil es ein Mitglied der Eurozone ist; und es kann wegen der Regeln der Europäischen Union den Kapitalverkehr nicht begrenzen; so musste es die wirtschaftspolitische Handlungsfreiheit opfern – die griechische Regierung verlor die Fähigkeit, zu tun, was sie wollte.

Für die Regierungen nach dem Zweiten Weltkrieg war das allerdings nicht akzeptabel; die Schrecken der Wirtschaftskrise der 1930er-Jahre waren noch zu frisch in Erinnerung, und die Regierungen wollten die Möglichkeit, Vollbeschäftigung zu erreichen. All dies war Teil einer Vereinbarung, zu der auch der New Deal in den Vereinigten Staaten gehörte, der Wohlfahrtsstaat im Vereinigten Königreich und ähnliche Strukturen in anderen westlichen Ländern, die alle voraussetzen, dass die Regierung den Umfang der Investitionen kontrolliert, um so die Lebensstandards zu verbessern.

Aber wenn die Regierungen auf der wirtschaftspolitischen Handlungsfreiheit bestanden, dann mussten sie sich zwischen den beiden anderen Optionen entscheiden. Würden sie freien Kapitalverkehr wählen, was den Banken gefallen würde, den Exporteuren aber nicht? Oder würden sie die Wechselkurse festlegen, was den Exporteuren gefallen, aber verhindern würde, dass Banken schnell Profit machten? Ein Großteil der Schuld an der Weltwirtschaftskrise war den Banken zugeschrieben worden – und dem »heißen Geld«, von dem man glaubte, es habe die Spekulationsblase angeheizt und dann dafür gesorgt, dass die Aktienmärkte einbrachen – daher fiel die Entscheidung nicht schwer. Die Regierungen entschieden sich für die Exporteure und gegen die Finanzhäuser. Mit den Worten jener Zeit ausgedrückt, erhielt das produktive Kapital Priorität gegenüber dem spekulativen Kapital. Der Kapitalverkehr wurde streng reglementiert, und der Wert eines Pfundes Sterling wurde auf 2,80 US-Dollar festgelegt. So konnten Unternehmen ganz einfach ihre Güter um die Welt verschicken.

Für die City of London, das Herz des Empire, waren das schlechte Nachrichten. Ohne die uneingeschränkte Möglichkeit, Pfund ins Sterling-System zu pumpen und die so erzeugten Gewinne zurückzuerhalten, verstopften die Arterien. Es war das finanzielle Äquivalent einer Arterienverkalkung. Junge Talente interessierten sich nicht mehr für die Branche, und so steckte sie in der Zeit fest, wurde von Menschen dominiert, die auf lächerliche Weise von der mutmaßlich vorwärtsdrängenden Dynamik Großbritanniens in der Nachkriegszeit abgekoppelt waren.

George Rowland Stanley Baring, der dritte Earl of Cromer, war als Gouverneur der Bank of England in der ersten Hälfte der 1960er-Jahre einer der wichtigsten dieser Menschen. Er beschrieb seine Zeit als Gouverneur und seine Karriere in der Handelsbank seiner Familie ein Jahr vor seinem Tod im Jahr 1991 in einem langen Interview, und einen Mann mit mehr Erfahrung in der Branche kann man sich kaum vorstellen. Sein Großvater väterlicherseits, der erste Earl, hatte in den 1880ern Ägypten regiert und die Men's League for Opposing Women's Suffrage geleitet, eine Organisation, die gegen das Frauenwahlrecht kämpfte. Cromers Großvater mütterlicherseits – ebenfalls ein Earl – war Generalgouverneur von Kanada und regierte danach in Indien als Vizekönig. Sein Vater, der zweite Earl, war Oberkammerherr des königlichen Haushalts und Repräsentant der britischen Regierung in der Suez Canal Company. Cromer heiratete die Tochter des Viscount Rothermere, des

Medienbarons, dem die *Daily Mail* gehörte, und er selbst war königlicher Page bei zwei Krönungen.

Und dennoch klingt es, wenn Cromer seine Zeit in Eton beschreibt, als habe er sich als Gassenkind gefühlt, das aus der privilegierten Welt ausgeschlossen wird und versucht, sich nichts anmerken zu lassen. »Sie waren immer sehr nett«, sagte er über seine Schulkameraden. »Aber ich meine, das Leben ist, ich meine, ich denke, das war schon früh im Leben klar, das bringt einem schon das Kindermädchen bei, das Leben ist nicht fair. Ich meine, es gibt immer irgendwelche Ungleichheiten. Sobald man das erkannt hat, sollte man aufhören, deswegen zu meckern – ich habe deswegen keinen Groll empfunden. Ich meine, ich wollte nicht auf Schloss Chatsworth leben.«

Sein Interview ist Teil eines Zeitzeugenprojekts namens *City Lives,* bei dem fast alle bedeutsamen Männer befragt wurden, die bei der Wiedergeburt der Finanzbranche in der City of London dabei waren. Auffallend ist ihr einheitlicher kultureller Hintergrund. Sie alle waren wohlhabende Männer aus dem Süden Englands, die Privatschulen besucht hatten, wenn nicht Eton, dann Harrow. Wer in Winchester zur Schule gegangen war, galt bereits als mutiger Nonkonformist. In dieser kleinen Welt bekamen winzige Unterschiede im gesellschaftlichen Status übermäßige Bedeutung. Cameron Cobbold, der die Bank of England vor Cromer geleitet hatte, wird von einem Historiker als »eindeutig etonischer Etonier« beschrieben, und wenn man sich die Interviews dieser Männer angehört und die Transkripte ihrer Reden gelesen hat, weiß man genau, was er meint. Cromer war Erbe eines Earls, dessen Vater die Termine des Königs organisierte, und konnte sich als solcher nur zu den weniger Glücklichen der Welt zählen, weil er nie tatsächlich unglückliche Menschen getroffen hatte. Und dieser Mann leitete die Zentralbank Großbritanniens.

Diese Schicht, zu der er gehörte, hatte keine Ahnung vom Leben ihrer Mitbürger; sie kannten sich alle seit ihrer Kindheit und hatten gemeinsame Angewohnheiten und Spleens, die jeden von außen ausschlossen. Dazu gehörte die absichtliche Indifferenz des englischen Gentlemans: Etwas »peinlich« zu nennen war die größte Beleidigung.

Bezeichnenderweise sprachen sich die Insider alle mit Vornamen an, Außenstehende aber mit Nachnamen – was sich in Briefen und Dokumenten in den Archiven der City nachlesen lässt. »Jene, die als Fußvolk galten, wurden ihr ganzes Leben lang mit dem Nachnamen angesprochen und arbeiteten sich nach oben. Sie waren die Quartiermeister der Geschäftswelt im Gegensatz zu den Offiziersanwärtern«, erinnerte sich John Barkshire, ein an Privatschulen ausgebildeter Grande der City, der Jahre nach dieser Zeit den Handel mit Termingeschäften mitbegründete und von dem wir später noch mehr hören werden.

Das führte dazu, dass den Insidern – jenen Männern, die als »Charles« oder »Louis« angesprochen wurden statt als »Smith« oder »Perkins« – fast alles verziehen wurde. Eines Abends zu Beginn seiner Karriere fand Barkshire auf dem Heimweg nach der Arbeit in seiner Jackentasche einen Scheck über fünf Millionen Pfund (»eine Menge Geld 1956«), den er vergessen hatte abzuliefern. »Das war ein scheußlicher Moment, und ich ging davon aus, dass ich am nächsten Morgen gefeuert werden würde, aber mir passierte nichts.«

Leider gibt es keine entsprechenden Interviews mit Menschen, die mit dem Nachnamen angesprochen wurden, und so haben wir keine Ahnung, wie sie über die gesellschaftliche Spaltung im Herzen ihrer Welt dachten, aber diese Berichte erinnern stark an das, was Jeff Malone über seine Offiziere am Suezkanal sagte. Als ich ihn fragte, ob er die traditionelle Beschreibung von britischen Soldaten als Löwen, die von Eseln angeführt werden, für zutreffend hielt, lachte er und schüttelte den Kopf. »Wir waren vielleicht Löwen, aber wir wurden von Schuljungen aus einer Privatschule angeführt«, sagte er und erzählte dann von einer Militärbasis, auf der er gearbeitet hatte. »Wir waren dort 50 oder 60 Leute, die alle möglichen Fahrzeuge repariert haben. Unser befehlshabender Offizier hatte sein Büro direkt unterm Dach, und solange ich dort war, kam er da kein einziges Mal herunter in die Werkstatt, er sagte nie ein Wort zu irgendeinem von uns, was ich ein wenig seltsam fand. Okay, er hatte keine Ahnung von Technik, aber trotzdem.«

Malone hätte vielleicht genügend Gesprächsthemen mit einem ehemaligen Privatschüler gefunden; er war klug und gebildet, hatte ein umfangreiches Wissen über die Welt und ist bis zum heutigen Tag neugierig geblieben. Aber er fand es nie heraus, weil seine Offiziere sich nie mit ihm abgaben und er immer mit dem Nachnamen angesprochen wurde – wie ein Diener oder ein jüngerer Mitschüler, was für einen Eton-Abgänger damals wohl auf dasselbe hinauslief. An den Schaltern der finanziellen Macht saßen im Nachkriegs-Großbritannien dieselben Männer wie vor dem Krieg: die auf Privatschulen erzogenen Kinder von auf Privatschulen erzogenen Vätern, was ihre Fähigkeit, die Welt zu verstehen, extrem einschränkte.

In der akademischen Literatur wird viel über die philosophischen Spaltungen in jener Zeit diskutiert. Offensichtlich war in der Zeit des Kalten Kriegs die Aufteilung zwischen Kommunismus und Kapitalismus. Innerhalb des Kommunismus gab es Meinungsverschiedenheiten, die schließlich zur Abspaltung des chinesischen Kommunismus vom sowjetischen führten. Und innerhalb des Kapitalismus gab es die Unterstützer der aufstrebenden Chicagoer Schule des Neoliberalismus und jene, die an den älteren keynesianischen Grundsätzen festhielten, die die wirtschaftliche Erholung von der Weltwirtschaftskrise geprägt hatten. Je mehr Zeit ich mit der kleinen Clique verbrachte, die die City beherrschte, umso klarer wurde mir, dass man sie völlig missverstand, wenn man sie durch eine philosophische Brille betrachtete. Sie existierten auf einer völlig anderen Ebene und hätten die Arbeiten von Friedrich Hayek ebenso abgelehnt wie jene von John Maynard Keynes oder – Gott bewahre! – Karl Marx.

Sie verabscheuten Wirtschaftswissenschaftler und wie diese die Welt analysierten, und nichts schätzten sie mehr als den »gesunden Menschenverstand«, abgesehen vielleicht von »nüchternem« oder »praktischem« Denken und Handeln. Sie hatten selbst nie eine Universität besucht und misstrauten jedem mit einem Universitätsabschluss. In der Bank of England war der Kreis sogar noch kleiner. Alle Direktoren der Bank stammten aus dem Bankensektor, nicht etwa aus anderen Teilen der Finanzwelt – Versicherungen, Aktien- oder Rohstoffhandel, zum Beispiel –, aber nicht nur das, sie stammten alle aus demselben Bereich des Bankwesens. Für die normalen Leute waren die wichtigsten

Banken die Giro-Banken, die Filialen überall im Land hatten und denen die Leute und Unternehmen ihr Geld anvertrauten. Die Aristokraten der City machten sich die Hände jedoch nicht mit derart schäbigen Geschäften schmutzig, und erst in den 1980er-Jahren wurde jemand zum Leiter der Bank of England bestimmt, der nicht aus einer Handelsbank kam.

Handelsbanker verspürten offenbar keinerlei Neigung zu hinterfragen, ob ihre exklusiven gesellschaftlichen Kreise, ihre privilegierte Erziehung und Karriere in einem kleinen Bereich der Finanzbranche, die ausschließlich Geschäfte mit Unternehmen machte, nicht mit Menschen, ob all das ihre Weltsicht gefärbt haben könnte. Sie glaubten wirklich, ihre Ansichten seien nicht politisch, sondern beruhten rein auf dem »gesunden Menschenverstand«. Ihre Sicht sei – so dachten sie – die natürliche Sicht jedes Menschen, der verstand, wie die Welt funktionierte, was implizierte, dass jeder, der anderer Meinung war, entweder ein Narr oder ein Gauner sein musste und daher ignoriert werden konnte.

»Ich machte am Montag meine Aufwartung beim neuen Schatzkanzler«, erzählte Cromer von seinem ersten Zusammentreffen als Direktor der Bank of England mit James Callaghan, nachdem die Labourpartei die Parlamentswahlen 1964 gewonnen hatte. »Und ich sagte ihm, völlig zutreffend, dass ich mich nicht in die Politik einmischen würde, und das habe ich auch nicht getan. Und dass ich es für meine Aufgabe hielt, dem Land zu dienen und der jeweils amtierenden Regierung, aber in dieser Reihenfolge, was einen bedeutsamen Unterschied ausmacht.«

Die Institution, der er vorstand, die Bank of England, sollte bei den Veränderungen, die über die City hereinbrachen, eine zentrale Rolle spielen. Sie war von der Labour-Regierung nach dem Krieg verstaatlicht worden im Rahmen der Reformen, die Cromer als »sozialistischen Nonsens nach dem Krieg« bezeichnete, und in deren Folge auch der National Health Service entstand und Großbritannien der NATO beitrat. Formal war der Direktor der Bank der Regierung verantwortlich, aber in der Realität änderte sich nach der Verstaatlichung gar nichts: Der Direktor verantwortete sich immer noch gegenüber seinen Standesgenossen und nicht gegenüber einer breiten Wählerschaft. Entsprechend war die

Bank eine Insel viktorianischer Fülle im Meer der Mangelwirtschaft der Nachkriegszeit.

Der einflussreiche, linke Wirtschaftswissenschaftler Andrew Shonfield schrieb 1958 in einem Buch:

> Im Gegensatz zum öffentlichen Dienst sind hier weder die Anzahl der Mitarbeiter noch die Höhe der Gehälter begrenzt. Der Öffentlichkeit gegenüber wird keinerlei Rechenschaft über die Ausgaben der Bank abgelegt, weil alles aus Geschäftseinnahmen bezahlt wird. Man spürt die Atmosphäre von Freiheit und Leichtigkeit, sobald man das Bankgebäude betritt. Der Kontrast zum Finanzministerium in der Great George Street, wo die Mitarbeiter immer noch nach dem Gebot extremer Sparsamkeit leben – und womöglich auch noch bei Kerzenlicht arbeiten, um überhaupt etwas tun zu können –, ist überwältigend. Wenn man durch die unnatürlich hohe Tür der Bank tritt, die in die Festungswand zur Threadneedle Street eingelassen ist, und die riesige Vorhalle betritt, fallen einem sofort die vielen Boten in pinkfarbenen Gehröcken und Zylindern auf, die in respektvoller Wartehaltung bereitstehen.
>
> ... Die Bank verfügt über mehr Mitarbeiter, um die Arbeit zu erledigen, und hat ein ausgefeilteres Ablagesystem als das Finanzministerium; die Büros sind viel besser und ebenso die restliche Ausstattung. Das einzige sichtbare Handicap der Bank ist ihre Unfähigkeit, einen Mitarbeiterstab aus klugen jungen Männern von den Universitäten aufzubauen. Aber das liegt vielleicht daran, dass das nicht ernsthaft versucht wird ... der harte Kern der Leitungsebene besteht immer noch aus Absolventen von Privatschulen, nicht von Universitäten. Tatsächlich unterscheiden sich diese Männer deutlich von den ausgezeichneten Universitätsabsolventen, die für das Finanzministerium rekrutiert werden.

Laut Shonfield waren die Direktoren der Bank grundsätzlich nicht einverstanden mit der wirtschaftlichen Richtung, die der Rest der Welt eingeschlagen hatte, vor allem nicht damit, dass dem produktiven Kapital

Vorrang vor dem spekulativen Kapital eingeräumt wurde. Sie glaubten an eine andere Lösung für das Trilemma, mit dem alle Regierungen konfrontiert sind, die sich in der Weltwirtschaft engagieren wollen. Die Direktoren wollten die Beschränkungen auf den Kapitalverkehr beseitigen und so den freien Handel zurückbringen, von dem Großbritannien im 19. Jahrhundert profitiert hatte. Der Wechselkurs von Pfund und Dollar sollte festgeschrieben bleiben, und damit würde die Regierung unvermeidlich die wirtschaftspolitische Handlungsfreiheit verlieren, die sie brauchte, um Vollbeschäftigung zu erreichen, Sozialwohnungen zu errichten und die Gesundheitsdienste zu erweitern – wie es heute in Griechenland der Fall ist. Dies sei, schrieb Shonfield, »die indirekte Wiederbehauptung der politischen Macht durch die Wohlhabenden – keine Geschäftsleute oder Menschen, die in irgendeiner Weise aktiv waren, sondern einfach Menschen mit Besitz –, die die Nachkriegsrevolution in Großbritannien zu verhindern suchte«.

Shonfield wusste genau, worüber er schrieb, und er kannte die Gesellschaftsschicht, die er beschrieb. Während der Recherchen für sein Buch arbeitete er als Auslandsredakteur für die *Financial Times,* das Hausblatt der City of London. Er hatte im Zweiten Weltkrieg in der Royal Artillery und als Nachrichtenoffizier gedient, nach seiner Ausbildung in St. Paul's, einer angesehenen Privatschule in London, und dem ebenso elitären Magdalen College in Oxford. Sein Akzent war so gepflegt, wie er nur sein konnte. Aber sein intellektuelles Beharren darauf, dass die Bank of England die Nation repräsentieren sollte, der sie gehörte, nicht nur die City, in die sie eingebettet war, gefiel den Direktoren der Bank ganz und gar nicht. In einem bissigen internen Rundschreiben nannte ihn der stellvertretende Direktor Humphrey Mynors »Andrew Shonfëld«, und das genügte offenbar, um klarzustellen, dass seine Ansichten es nicht wert waren, angehört zu werden. Denn was wusste ein Jude schon darüber, wie England geführt werden sollte?

Das Skurrile an all dem ist, dass die Bank dem Land gehörte. Daher konnte die Regierung ihr doch sicherlich einfach befehlen, was sie zu tun hatte, jeden Direktor, der sich den Regierungsanweisungen widersetzte, ersetzen und sie zwingen, Wirtschaftswissenschaftler einzustellen, um ihren Horizont zu erweitern? Tatsächlich hatte es verschiedentlich Versuche in diese Richtung gegeben, bei denen Gewerkschafter zu Direktoren ernannt wurden, aber scheinbar wollte keine Regierung einen Showdown mit der gesamten City riskieren. Die Leitung der Bank blieb in den Händen einer Elite aus Handelsbankern und damit auch die Kontrolle über das Finanzsystem des Landes.

Cromer erzählte, in den Sechzigerjahren habe, während einer heraufziehenden Finanzkrise, ein Beamter des Finanzministeriums ihm Anweisungen erteilt, was er tun solle. »Und ich sagte zu ihm: ›Schau mal, William, wenn du wirklich eine Krise auslösen willst, dann kannst du deine Anordnung gern aussprechen. Wenn du das tust, werden alle wissen, dass sie von dir kommt. Ich werde zurücktreten und mit mir auch alle Direktoren der Bank of England, und dann wirst du eine erstklassige Finanzkrise erleben. Hältst du es wirklich für klug, wenn du das tust?‹ Und er antwortete: ›Nun, ich werde wohl darüber nachdenken müssen.‹« Die Anordnung kam nie, und die Bank tat weiterhin, was sie seit ihrer Gründung im 17. Jahrhundert als Privatbank, die sich um die Staatsschulden kümmerte, getan hatte. Sie besaß Macht ohne Verantwortlichkeit.

Die Bank of England regulierte die City, auch wenn man herzlich wenig davon merkte. Außer durch die Devisenkontrolle, die beschränkte, wie viel Geld man außer Landes schaffen konnte, und die bei Kriegsausbruch 1939 eingeführt worden war, wurden die Finanzinstitute hauptsächlich durch sanften Druck in die »richtige Richtung« gelenkt. Wenn die Direktoren der Bank der Meinung waren, dass zu viel Geld im Umlauf war und die Wirtschaft Gefahr lief, zu überhitzen, dann schrieben sie an die Banken, es sei ein »Akt der Kooperation«, wenn sie die Kreditvergabe einschränkten. Die Chefs der großen Banken kamen gelegentlich auf eine Tasse Tee vorbei, und der Direktor machte ihnen dann Vorschläge, die sie in aller Regel auch umsetzten. Das Wort eines Chaps, also eines Mannes seines Standes, galt. Die Direktoren gaben nicht gern direkte Anweisungen, wie Barkshire sich erinnerte, als er ein paar Finanztricks beschrieb, die er erfunden hatte, um die Kontrollen der Bank zu umgehen.

»Wenn sie gesagt hätten: ›Hey, John, mach das bitte nicht‹, dann hätte ich es nicht gemacht. Wenn sie damals, als wir die Swapgeschäfte durchgezogen haben, gesagt hätten: ›Hey, macht das bitte nicht‹, dann hätten wir es nicht gemacht«, erinnerte er sich. »Sie sagten aber: ›Uns gefällt das nicht; ihr zerstört das System.‹ Und wir sagten dann so etwas wie: ›Verbietet ihr es uns?‹ Und sie sagten dann: ›Vermutlich nicht.‹«

Chaps schreiben also anderen Chaps nicht vor, wie sie sich verhalten sollen, und in aller Regel muss man es den meisten Chaps auch gar nicht sagen. Leider sind manche Chaps aber Cads, also Schurken, die ein riesiges Schlupfloch erschufen, durch die alle hindurchmarschieren konnten, die sich lieber bereicherten, als zu tun, was sie tun sollten. Und das bringt uns schließlich zu dem Augenblick, in dem sich die City of London neu erfand. Es begann ganz klein, aber von diesem Punkt an veränderte eine winzige Gruppe privilegierter Engländer zunächst Großbritannien und dann die ganze Welt.

Alles begann mit zwei Banken im Jahr 1955. Die erste war die Midland, eine kleine Bank, die in einem Teufelskreis gefangen war. Sie konnte im Wettbewerb mit den Giro-Banken, die überall präsent waren, keine Einlagen anwerben. Ohne Einlagen hatte die Bank aber nicht die Ressourcen, um Kredite zu vergeben. Ohne Kreditvergabe verdiente sie kein Geld. Ohne Geld konnte sie nicht expandieren und groß genug werden, um Einlagen anzuwerben. Die andere Bank war die Moscow Narodny, eine sowjetische Bank mit Sitz in London, die sich um die Dollardepots der UdSSR kümmerte, die außerhalb der Vereinigten Staaten aufbewahrt wurden, damit sie bei internationalen Spannungen nicht eingefroren werden konnten. Wenn die Midland diese Dollars hätte kaufen können, hätte sie damit ihre Aktivitäten finanzieren können, aber das durfte sie wegen der Einschränkungen des Kapitalverkehrs nicht.

Dann kam der clevere Teil: Irgendjemand bei der Midland kam auf die Idee, dass die Bank die Dollars gar nicht *kaufen* musste; sie könnte sie sich einfach *leihen*. Das Endergebnis war dasselbe – die Bank hatte Dollars, mit denen sie Pfund kaufen konnte, mit denen sie ihre Aktivitäten finanzieren konnte –, aber die Details unterschieden sich. Es war so, als miete man ein Auto, statt es zu kaufen: Man kann immer noch überall damit hinfahren, aber weil das Auto jemand anderem gehört, vermeidet man alle Einschränkungen bezüglich des Besitzes von Autos.

Und welchen Vorteil hatte die Moscow Narodny (MNB) davon? Wenn die Russen diese Dollars an eine US-amerikanische Bank verliehen, dann beschränkte eine US-Regelung, die sogenannte Regulation Q, den Zinssatz, den sie dafür erheben konnte, auf ein Prozent. Aber die Midland in London würde alles bezahlen, was für sie noch Gewinn brachte, und in der Praxis verdiente die MNB so das Doppelte. Das klingt nach nicht viel, aber mit dieser seltsamen Idee umging die Midland die Grenzen ihrer Aktivitäten in Großbritannien und die MNB die US-Beschränkungen. Finanzchirurgen in der City of London hatten am Herzen des Sterling-Systems operiert und einen Bypass um eine Blockade gelegt, die verhinderte, dass Kapital unbeschränkt in die britische Wirtschaft floss und dass die Midland Geld verdiente.

Für die Bank of England war das gefährlich nahe an schurkenhaftem Verhalten, und so lud ein Vertreter der Bank einen leitenden Manager der Midland zu einer Tasse Tee ein und vermittelte ihm mit leicht hochgezogener Augenbraue eine Art »Warnsignal«. Aber man war ja die City, und so wies er Midland nicht direkt an, den Bypass, den sie gelegt hatte, wieder zu entfernen, und da die Midland über diesen Bypass deutlich günstiger an Geld kam als ihre Konkurrenten, sah die Bank keinen Grund, damit aufzuhören. Das Problem war, dass die Midland nichts wirklich Illegales machte. Sie verstieß vielleicht gegen den Geist des Gesetzes, aber nicht gegen den Wortlaut, wie ein Vertreter der Bank of England einräumte: »Man kann einer Londoner Bank unmöglich sagen, dass sie Dollareinlagen zwar annehmen, sich aber nicht aktiv besorgen darf.« Die Bank of England konnte Banker nicht zwingen, sich an freiwillige Beschränkungen zu halten. Das wäre der Fauxpas schlechthin: »peinlich«.

Dann kam 1956 die Suezkrise, der anhaltende Konflikt um die Verstaatlichung des Kanals, die Landungen in Ägypten von See und aus der Luft, die Währungsspekulation mit dem Pfund Sterling und die Erkenntnis der britischen Regierung, dass sie ohne Unterstützung der US-Amerikaner den Wert des Pfundes gegenüber dem Dollar nicht auf dem Fixwert von 2,80 US-Dollar halten konnte. In den langen Wochen jenes Herbstes gab das Land seine Dollars für Pfund aus, um die Währung zu stützen, aber die Angriffe ließen nicht nach, und der Dollarvorrat schmolz dahin. Wenn das Pfund nicht gestützt werden konnte, dann würde das gesamte Sterling-System, das – so verhärtet es auch sein mochte – den Blutkreislauf der verbliebenen Mitglieder des britischen Empire und vieler Ex-Kolonien darstellte, das ihnen den Handel untereinander ermöglichte und ihre Aktivitäten finanzierte, mit ihm zusammenbrechen. Eine Weltwirtschaft ohne Sterling-System hatte es noch nie gegeben, und führende Funktionäre befürchteten ernsthaft, dass der Verlust dieses Kreislaufsystems die Volkswirtschaften von dem finanziellen Sauerstoff abschneiden könnte, den sie zum Überleben brauchten, dass die Welt dann in unzusammenhängende Organe zerfallen würde, die ums Überleben kämpfen müssten.

»Wenn das Pfund Sterling denselben Weg geht wie etwa der französische Franc, dann wird die Welt, so wird häufig geäußert, entweder in den Dollarblock oder in die Hände der Bolschewiken fallen«, sagte George Bolton, ein Executive Director der Bank of England in einer Rede 1956. »Die unmittelbaren Folgen wären Chaos und Anarchie, und wenn die Götter uns nicht besonders wohlgesinnt sind, wird die Zivilisation, so wie wir sie kennen, in einem großen Teil der Welt zusammenbrechen.«

Aus heutiger Sicht mag das etwas absurd klingen, weil wir wissen, dass das Pfund Sterling tatsächlich dem französischen Franc gefolgt ist und die Zivilisation kaum Notiz davon genommen hat, aber Bolton sprach mit dem Gewicht seiner Erfahrung. Er hatte dazu beigetragen, die Bank of England durch die Schrecken der 1930er-Jahre und des Krieges zu führen; er war ein Direktor beim Internationalen Währungsfonds gewesen. Und selbst die kleinste Möglichkeit, die Zivilisation könnte komplett zusammenbrechen, lässt Politiker aufhorchen. Die Regierung hatte nun zwei Möglichkeiten: Sie konnte entweder die Invasion in Ägypten fortsetzen, Großbritanniens strategische Position militärisch halten und das Ende von allem riskieren, oder sie konnte das Suez-

Abenteuer aufgeben und den letzten Rest des guten Rufes des Pfund Sterling bewahren (und die Zivilisation retten).

Regierungsvertreter bemühten sich um eine dritte Möglichkeit und baten die USA um Hilfe, aber die Generalversammlung der Vereinten Nationen hatte den Abzug der anglofranzösischen Truppen aus Ägypten gefordert, und Washington informierte Großbritannien, die Briten könnten keine Unterstützung erwarten, bevor sie der Forderung Folge geleistet hatten. In einem verzweifelten Versuch, die Katastrophe zu verhindern, rationierte Großbritannien das Benzin und versprach den Amerikanern, dass es seine Truppen abziehen würde. »Das Wort eines Engländers gilt«, versicherte der britische Botschafter, als die Amerikaner einen Stichtag für den Abzug forderten. Aber den Amerikanern reichte das Wort der Briten allein nicht, und schließlich versprach London den vollständigen Truppenabzug innerhalb von 14 Tagen. Im Gegenzug versprachen die Amerikaner, den Briten so viel Geld zu leihen, wie sie brauchten. Das Pfund Sterling war gerettet, aber zu einem hohen Preis für das britische Ansehen, die britische Wirtschaft und auch – wie sich ein oder zwei Jahrzehnte später herausstellen sollte – für die Vereinigten Staaten und die Welt insgesamt.

In einem verzweifelten Versuch, das Pfund zu stützen, hatte die Bank of England ihren Leitzins von fünf auf sieben Prozent erhöht, und das britische Finanzministerium führte weitere Einschränkungen für die internationale Handelsfinanzierung mit Pfund Sterling ein. Dank dieser Beschränkungen schleppte sich das Pfund noch weiter, aber sie zögerten das Unvermeidliche im Hinblick auf die geopolitische Situation nur hinaus. Für die Handelsbanken der City hatten diese Beschränkungen aber existenzielle Bedeutung. Die Arterien, die vom Herzen wegführten, waren jetzt nicht mehr nur ein bisschen verstopft, sondern komplett dicht. Die Handelsbanken hatten sich für die Finanzierung des Handels auf das Pfund gestützt und brauchten nun eine neue Finanzierungsquelle, wenn sie im Geschäft bleiben wollten. An diesem Punkt verbreitete sich die seltsame kleine Idee der Midland Bank, aber mit einer kleinen Änderung. Die Midland hatte sich Dollars geliehen, um damit Pfund zu kaufen, mit denen sie im Land selbst Kredite vergab. Die

Handelsbanken ließen den zweiten Teil einfach weg – für sie war das Pfund tot – und liehen sich Dollars, um einfach Geschäfte zu machen. Dies war der Moment, der alles veränderte.

Die Bank of England war darauf fixiert gewesen, das Sterling-System zu verteidigen, aus der Überzeugung heraus, dass es keinen anderen Weg gab, als das Pfund Sterling als Weltwährung zu stützen. Aus diesem Grund hatte die Bank ihren kostbaren Dollarvorrat aufgebraucht, um Pfund zu kaufen, aber die Banker sollten bald herausfinden, dass sie den Schwerpunkt auf die falsche Seite des Sterling-Systems gelegt hatte. Entscheidend war nicht das Pfund Sterling, sondern das System. Nicht das Blut war entscheidend, sondern die Röhren, durch die es floss. Wenn sie Dollars in die verhärteten Arterien transfundierten, verschwanden die Blockaden, und das Leben spendende Kapital floss wieder in die Weltwirtschaft; London fühlte sich wieder jung, und die City hatte – rein zufällig – eines der folgenreichsten Finanzinstrumente des 20. Jahrhunderts erfunden: den Eurodollar.

Eine ganz ähnliche Geschichte habe ich bereits in *Land des Geldes,* meinem früheren Buch über Finanzbetrug, über die Eurobonds erzählt, die ebenfalls entscheidend für den Aufstieg der Kleptokratie waren. Eine kleine ausgegrenzte britische Bank entdeckte eine Kapitalquelle – bei den Eurodollars waren es die Midland Bank und die Sowjetunion; bei den Eurobonds die Warburg Bank und die Schweiz – und erschuf einen neuen Geschäftszweig, der die Welt veränderte. Doch da hören die Gemeinsamkeiten schon auf. Eurobonds waren ein Einzelhandelsmarkt, der es Steuerhinterziehern, Kleptokraten und dem einen oder anderen Flüchtling erlaubte, illegale Gelder vor der Regierung zu verstecken. Eurodollar waren weit bedeutender. Durch diesen Großhandelsmarkt konnten Banken sich ohne Einschränkungen Geld besorgen. Eurobonds sind leicht zu verstehen – sie sind geheimer Besitz, der von einem Stück Papier garantiert wird –, aber Eurodollar sind sehr viel komplizierter. Seit ihrem Auftauchen stellen sie Wirtschaftswissenschaftler vor Rätsel.

Einer der ersten Ökonomen, der versuchte, sie zu verstehen, war Geoffrey Bell, der mich in seine herrschaftliche Wohnung im vierten

Stock eines Gebäudes in Holland Park im Westen Londons einlud. Er hat heute einen leichten amerikanischen Akzent, weil er jahrzehntelang in den Vereinigten Staaten gelebt hat, aber er kommt ursprünglich aus Grimsby, einer kleinen Fischerstadt an der Humber-Mündung im Nordosten von Lincolnshire. Er studierte an einer örtlichen technischen Hochschule und danach an der London School of Economics, bevor er zum Finanzministerium ging. Dort machte er es sich zur Aufgabe, diesen neuen Markt zu verstehen, was schwierig war, weil die Bank of England alles daransetzte, das zu verhindern. Er stand für alles, was die Banker verabscheuten: Er war clever, belesen, aus der Arbeiterklasse, provinziell, ein Außenstehender, der sich in ihre Angelegenheiten einmischte.

»Ich erinnere mich an den Snobismus in der Bank of England und in der City auch ganz allgemein ... In jenen Tagen war sie ganz sicher keine Festung der Demokratie, um es vorsichtig auszudrücken«, erzählte er mir. »Die leitenden Mitarbeiter ließen keinen Zweifel an ihrer Position, und die unteren Ränge wussten sich unterzuordnen. Ich erinnere mich noch gut, dass ich aus den Arbeitstagungen der City ausgeschlossen wurde. Man schloss mich aus der City aus. Ich war auf mich allein gestellt.«

Bell führte einen Großteil seiner Recherchen durch, als er vorübergehend für die US-Zentralbank – die Federal Reserve – arbeitete, und im Archiv der Bank of England finden sich seine Briefe an die Threadneedle Street, in denen er um Informationen über den Eurodollar-Markt ersuchte und die deutlich machen, auf welche Schwierigkeiten er bei seinen Recherchen stieß. »Lieber John, ich wünsche Ihnen ein frohes neues Jahr und freue mich darauf, Sie in diesem Sommer zu sehen«, schrieb er im Begleitschreiben zu einem Artikel, den er für eine wissenschaftliche Veröffentlichung verfasst hatte. Der Brief war mit »Geoffrey« unterschrieben. Ein Bankmitarbeiter hat den Artikel kommentiert und ihn dabei – ausnahmslos – »Bell« genannt. Im folgenden Brief versuchte er es noch einmal (»Lieber John«, unterzeichnet mit »Geoffrey«) und bat um die Erlaubnis, eine Abhandlung zu veröffentlichen, was zum Austausch von mehreren internen Memos führte. Dass er hartnäckig als

»Geoffrey« unterschrieb, hat etwas Heroisches, aber für die englischen Banker blieb er stets »Bell«, und in einer internen Notiz wurde seine Anfrage als »peinlich« bezeichnet. »Mir scheint es ungebührlich, dass jemand aus dem Finanzministerium die Erlaubnis erhalten sollte, Artikel für Zeitschriften zu verfassen«, schrieb ein Banker hochnäsig in einer handschriftlichen Anmerkung zu einem von Bells Dokumenten. »Man könnte dann glauben, er sei fachkundig.« Die Antwort auf die Anfrage (»Lieber Bell«) enthielt keinerlei nützliche Informationen.

Da verwundert es kaum, dass er in den Vereinigten Staaten blieb, wo er mit Ökonomen vom Kaliber eines Paul Volcker und Alan Greenspan zusammenarbeitete, die später beide Vorsitzende der Federal Reserve wurden. »Ich lernte sie alle kennen, weil sie nicht so versnobt waren«, erinnerte sich Bell. »Vorher war mir nicht klar gewesen, was man mit Recherchen erreichen konnte.«

Er hätte die Weigerung der Bank of England, ihm Informationen zu geben, nicht persönlich nehmen sollen; so erging es fast jedem. Hunderte von Bankern horteten ihre Geheimnisse und ließen die Regierung weitgehend im Dunkeln über den boomenden neuen Geschäftszweig. Im Archiv der Bank finden sich jede Menge Anweisungen, Vertretern der Regierung keine Informationen zu geben, aber sie drangen dennoch irgendwann nach draußen, woraufhin Wirtschaftswissenschaftler sich daranmachten, den neuen Markt zu analysieren und nachzuvollziehen, was dort vor sich ging. Das war keine leichte Aufgabe.

Das Grundproblem, vor dem sie standen – und, Achtung!, hier wird es verwirrend – war, dass Eurodollars gleichzeitig Dollars und keine Dollars waren. Sie waren insofern Dollars, dass man mit ihnen Dinge kaufen konnte, wie man es mit normalen Dollars machen würde; aber sie waren insofern keine Dollars, als man von den Beschränkungen, die für normale Dollars galten, nicht beeinträchtigt wurde, wenn man Eurodollars nutzte. Es gab keine Einschränkungen, wie viel Zinsen man für sie verlangen konnte oder wie viele von ihnen man zwischen Ländern hin- und herbewegen durfte. Wie bestimmte Partikel in der Quantenphysik waren Eurodollars gleichzeitig US-Währung und keine US-Währung, obwohl in ihrem Fall die Wellenform nicht kollabierte, wenn man sie beobachtete, sondern wenn man entschied, was man mit ihnen anfangen wollte.

Vor ein paar Jahren habe ich von einem Bauern in Irland gelesen, dessen Landbesitz in den 1960ern auf der Grenze zwischen der Republik Irland und Nordirland lag. Er ließ direkt auf der Grenze einen Treibstofftank mit zwei Anschlüssen errichten, einen auf jeder Seite der Grenze. Dann füllte er Treibstoff auf der Seite, wo er billiger war, in den Tank hinein und zapfte ihn auf der anderen Seite wieder ab, um ihn dort teuer zu verkaufen. Sein Treibstoff war gleichzeitig britisch und irisch und wurde erst zum einen oder anderen, wenn es für ihn vorteilhaft war, eine Entscheidung zu treffen. Bei Eurodollars war das ähnlich, nur mit weniger Arbeit und mehr Profit.

Wenn man sich die Vitalität und Stärke der US-Wirtschaft zunutze machen wollte, dann waren sie Dollars; wenn man die Beschränkungen durch die US-Regierung vermeiden wollte, waren sie es nicht. Sie konnten nur durch die praktisch denkenden Männer in der City of London erfunden werden und nicht durch die Theoretiker an den Universitäten, denn sie ergaben keinen Sinn. Über Hunderte Jahre hatte Geld etwas bedeutet, eine bestimmte Menge kostbaren Metalls, die durch eine bestimmte Zentralbank garantiert wurde, und die Regierungen setzten alles daran, damit es so blieb. Im Jahr 1956 bekam man für einen Dollar 0,03 Feinunzen Gold, gesetzlich garantiert durch die Federal Reserve. Bei den Eurodollars war das allerdings nicht mehr der Fall: Geld war so viel wert, wie jemand dafür zu zahlen bereit war, eine Absicherung gab es nicht. Wenn eine Bank in London mehr bezahlte, als die US-Regierung erlaubte, immer her damit; wenn nicht, war beim Kauf Vorsicht geboten.

Dies war ein frühes Beispiel für »Finanzinnovationen«, wie die verwirrenden Methoden später genannt wurden, die in der City und an der Wall Street entwickelt wurden, um Geld profitabler zu bewegen. Instinktiv heißen wir Innovationen gut, weil sie uns neue Medikamente bringen, neue Maschinen und neue Ideen. Doch man sollte sich fragen, was Finanzinnovationen eigentlich genau sind. Im Gegensatz zu Innovationen, die uns beispielsweise das iPhone oder Antibiotika gebracht haben, erschaffen Finanzinnovationen keine neuen Nischen in der natürlichen Welt oder finden bessere Methoden, wie man existierende Materialien nutzen kann. Im Grunde geht es im Finanzwesen immer nur um eines: Man nimmt Geld von Menschen, die es haben, aber nicht brauchen, und gibt es Menschen, die es brauchen und nicht haben, und kassiert für seine Mühen eine Gebühr. Regierungen bemühen sich, diesen Vorgang zu regulieren und die Gelder in Bereiche zu lenken, die ihnen wichtig sind, und Finanzinstitute bemühen sich, diese Regulierungen zu vermeiden, damit sie die Gelder direkt dahin steuern können, wo die höchsten Gebühren bezahlt werden. Finanzinnovationen sind also künstliche Wege, um künstliche Regeln auszunutzen, die für das künstliche Ding namens Geld gelten, und normalerweise zielen sie darauf ab, Diskrepanzen zwischen den Regulierungen in verschiedenen Ländern zu finden. Es ist schlau, aber es trägt nichts zur Summe menschlicher Leistungen bei.

Und so funktionierte es auch bei den Eurodollars. Die Banker entdeckten eine Diskrepanz zwischen den Vereinigten Staaten und dem Vereinigten Königreich und handelten entsprechend. Indem sie sich in London niederließen, umgingen sie die US-Beschränkungen hinsichtlich der Höhe der Zinsen, die sie bezahlen konnten; indem sie Dollars verwendeten, umgingen sie die britischen Beschränkungen hinsichtlich der Höhe des Geldbetrags, den sie bewegen konnten. Dass der Markt sich in London bildete, war keineswegs unvermeidlich, denn dieselbe Dynamik hätte sich fast überall abspielen können. Tatsächlich gab es kleinere Versionen auch in anderen europäischen Ländern wie Frankreich, Deutschland und der Schweiz. Die Schweizer, Franzosen und Deutschen würgten ihren Markt allerdings schon in der Entstehung ab, weil sie schon früh erkannten, welches Risiko er für die Finanzstabilität darstellte. Der entscheidende Vorteil von London war, dass die Bank of England ein solches Vorgehen nicht für notwendig erachtete. Wenn sie schon die Welt nicht mehr selbst beherrschen konnte, dann wollte sie wenigstens jenen dienen, die es taten, ganz egal, wer es war.

Im Jahr 1963 fragte der Handelsbankier Charles Hambro bei der Bank of England schriftlich an, ob er in diesen neuen Markt, bezüglich dessen er offensichtlich Bedenken hatte, einsteigen solle. Ein Mitarbeiter der Bank versicherte ihm (Hambro war in Eton ausgebildet worden, daher begann der Brief mit »Lieber Charles«), dass es keinerlei Anlass zur Sorge gebe. »Das ist ein Beispiel par excellence für die Art von Handel, die London sowohl gut als auch profitabel durchführen sollte«, stand in dem Brief. Danach folgt, soweit mir bekannt ist, die erste Erwähnung des Glaubenssatzes, nach dem die City seither weitgehend lebt: »Wenn wir den Handel jetzt stoppen, dann verlagert sich der Markt in andere Zentren mit einem entsprechenden Verdienstverlust für London.« Das ist die beste Entschuldigung für schlechtes Benehmen überhaupt: Wenn ich es nicht mache, dann macht es ein anderer.

In der Öffentlichkeit hatten die Banker allerdings eine andere Erklärung dafür, warum sie es für eine gute Idee hielten, die Kontrollmechanismen zum Geldverkehr zwischen Ländern zu unterlaufen und die Lösung für das Trilemma, die am Ende des Zweiten Weltkriegs eingeführt worden war, zunichtezumachen. George Bolton, der nach dem Zusammenbruch des Sterling-Systems die Apokalypse vorhergesehen hatte, änderte seine Meinung umgehend, nachdem er die Bank of England verlassen hatte. In der Handelsbank BOLSA (Bank of London und South America) ließ er seine Mitarbeiter enthusiastisch um Dollareinlagen werben, um damit den Handel zu finanzieren, und betonte bei jeder Gelegenheit, dass Eurodollars nicht nur für ihn selbst profitabel, sondern auch förderlich für die ganze Welt seien.

In einer Rede Anfang 1961 behauptete er, eine Ausweitung der Kapitalströme würde die Spannungen im Kalten Krieg beruhigen helfen. »Neben den wirtschaftlichen Vorteilen würden sich als Folge auch die Spannungen und das Misstrauen verringern«, sagte er. »Ich plädiere daher sehr dafür, dass wir alle, vor allem die Vereinigten Staaten, uns darauf konzentrieren sollten, den Handel mit diesen Ländern auszuweiten, was auch bedeutet, dass man ihnen mittel- oder langfristige Kredite zu akzeptablen Bedingungen anbietet.« Nur wenige Tage zuvor hatte er die Bemühungen der Regierung kritisiert, das Kapital innerhalb von Grenzen einzusperren, auch wenn das für den Wohlstand im Land förderlich war. »Dabei wird die Verantwortung Europas gegenüber den unterentwickelten Ländern ignoriert«, sagte er. Offenbar hatte diese neue

Idee aus der City of London die Macht, gleichzeitig Armut zu lindern und Frieden zu schaffen, und sollte daher gefördert werden. Wenn sie nebenbei den Londoner Banken erlaubte, Gewinne auf Kosten ihrer US-amerikanischen Kollegen zu machen, die sich immer noch an die Regelungen der US-Regierung halten mussten, umso besser.

»Bei der Bank of England waren nur wenige Mitarbeiter intellektuell neugierig. Sie waren schon etwas älter und eher der Typ leitender Angestellter als strategische Denker. Sie waren dem aufkeimenden Dollarmarkt gegenüber milde eingestellt«, erinnerte sich David Walker, damals Leiter der Abteilung für Devisenkontrolle beim britischen Finanzministerium, als wir uns in seiner Wohnung in Kensington unterhielten. »Wenn man sagte: ›Ist das nicht eine gute Sache für das Königreich und nehmen wir damit nicht den Amerikanern die Butter vom Brot?‹, dann sah das niemand wirklich so. Ich vielleicht ein bisschen, und Geoffrey Bell bestimmt auch, aber die meiste Zeit nahmen wir es einfach als selbstverständlich hin. Es war eine sehr, sehr gute Sache für die City of London.«

Das Problem war, dass für Beamte wie Walker, deren Aufgabe es war, die Beschränkungen auf den Kapitalverkehr durchzusetzen, die Lösung zu dem Trilemma, die nach dem Zweiten Weltkrieg geschaffen wurde, aus der Perspektive des Tagesgeschäfts recht lästig war. Ja, mit etwas Abstand betrachtet war sie eine gute Sache und die demokratische Begründung war fundiert, aber was war, wenn ein Unternehmen in mehr als einem Land Geschäfte machen wollte? All diese Regulierungen verhinderten, dass ein multinationaler Konzern Kapital zwischen den Ländern bewegen konnte, und das war teuer, was wiederum die Gewinne schmälerte. Britische Beamte standen hinter den demokratischen Argumenten für einen kontrollierten Kapitalverkehr, aber sie wollten auch, dass Shell Oil erfolgreich war, und diese beiden Prioritäten gegeneinander abzuwägen, war schwierig.

Bei den US-amerikanischen Beamten war es genauso. Sie wollten vielleicht, dass sich alle Dollartransaktionen in New York abspielten, aber auch für US-Unternehmen war es nützlich, wenn sie irgendwo Gelder für internationale Geschäfte auftreiben konnten, wo es nicht so viele Beschränkungen gab wie im US-Inland. Das ist wohl auch der Grund, warum die US-Regierung keinen Druck auf ihre britischen Kollegen ausübte, den Handel mit Eurodollars zu unterbinden. »Zwar hat der kontinentale Dollarmarkt die Bedeutung von New York als internationalem Kreditzentrum etwas geschmälert, aber er hat die Bedeutung des Dollars als internationale Währung aufgewertet«, schrieben zwei Analysten der Federal Reserve im Jahr 1960 in einem ersten Versuch der US-Regierung, zu durchdringen, was vor sich ging. Sie nahmen die Sache aber nicht sehr ernst, und im Weißen Haus erfuhr man erst drei Jahre später überhaupt etwas davon.

Als auch andere Banken auf den Zug aufsprangen, war die Midland schnell nur noch ein kleines Licht auf dem Eurodollar-Markt. Vor der Suezkrise hatte sie die Hälfte des Marktes beherrscht, doch ihr Anteil war 1962 auf nur noch drei Prozent gesunken, nachdem auch US-amerikanische, japanische und andere britische Banken die Vorzüge des billigen unbeschränkten Geldes erkannt hatten. Nur die Fantasie setzte den Möglichkeiten Grenzen, was man damit anfangen konnte, weil es den unbehinderten Handel auf die ganze Welt ausdehnte. »Auf dem Eurodollar-Markt gibt es keine Politik«, sagte Oscar Altman, stellvertretender Direktor des Internationalen Währungsfonds im Jahr 1964. Die Kubakrise war kaum ein Jahr her, aber kapitalistische und kommunistische Banken hängten sich gleichermaßen an den neuen Blutkreislauf der City of London, waren dort sicher vor den Einschränkungen durch den Kalten Krieg.

Etwa um die Zeit der Kubakrise merkten die ersten US-amerikanischen Journalisten, was vor sich ging. Laut der *New York Times* war der Markt im Juli 1962 zwischen zwei und fünf Milliarden US-Dollar wert, und all dieses Geld zirkulierte jenseits des US-Finanzsystems. »Dass die US-amerikanischen Behörden in einer solchen Situation verärgert waren, ist verständlich. Die gesamte Operation findet unerreichbar für die Gesetze und Regulierungen der Vereinigten Staaten statt«, schrieb die Zeitung. Die US-amerikanischen Banken beteiligten sich aus einem einfachen Grund an diesem Markt: Er war profitabel. Ein leitender Banker äußerte gegenüber der Zeitung im Jahr 1965 einen Satz für die Ewigkeit:

»Man kann nicht erwarten, dass die Menschen tugendhaft bleiben, wenn die Versuchung zu groß wird.«

Im Jahr 1967 war der Markt 13 Milliarden US-Dollar wert, und die US-Regierung war zunehmend besorgt, was dieser rastlose Dollarpool für die Stabilität der heimischen Wirtschaft bedeutete. Das Problem war, dass die Banker die Eurodollars immer dorthin steuerten, wo sie die größten Gewinne abwarfen. Wenn ein Land also die Zinssätze senkte, um die eigene Wirtschaft anzukurbeln, dann verkauften die Banker ihre Devisen und suchten anderswo nach besseren Verzinsungen. Das schwächte die Währung, was die Regierung zwang, in den Markt einzugreifen, um sie zu schützen, oder die Zinssätze wieder zu erhöhen. Dieselbe Dynamik funktionierte auch in der anderen Richtung. Wenn ein Land die Zinssätze erhöhte, um die Wirtschaftsentwicklung zu beruhigen oder die Inflation einzudämmen, dann strömten Eurodollars dorthin, stärkten die Währung und zwangen die Regierung, die Zinssätze wieder zu senken. Die Eurodollars verketteten alle nationalen Geldmärkte miteinander zu einem einzigen riesigen Markt, in dem das Geld in mächtigen Wellen umherschwappte und Regierungen stürzen konnte. Das schränkte die Handlungsfreiheit der Regierungen ein und untergrub ihre Autonomie, die sie so entschieden verteidigt hatten.

Wenn die US-Regierung auf schnelle Preissteigerungen reagierte, indem sie die verfügbare Geldmenge begrenzte, liehen sich große Banken ganz einfach Eurodollars in London, schickten sie an ihre Zentrale in New York und umgingen so die Beschränkungen. Im Jahr 1969 dachte die Federal Reserve offen darüber nach, auch für Eurodollars entsprechende Beschränkungen einzuführen, wie sie für alle Dollars galten. Wenn der Dollar zur Weltwährung wurde, dann musste die Fed zur Weltzentralbank werden. »Ein Geist ist aus der Flasche entwichen und in wenigen Jahren zu einer enormen Größe herangewachsen. Er hat keine Staatszugehörigkeit, schuldet niemandem Loyalität und durchstreift die Welt auf der Suche nach dem größten finanziellen Vorteil. Er ist extrem nützlich. Aber seine unkontrollierten Kapriolen können die guten Absichten von unbedeutenderen Wesen, wie etwa Mitarbeitern der Zentralbanken, durchkreuzen«, schrieb die *New York Times* im April

1969 ironisch. »Der Geist aus der Flasche ist der Eurodollar, ein strammer Riese, deutlich mehr als 20 Milliarden Dollar schwer, rätselhaft für den Laien und auch für Fachleute verwirrend.«

Normalerweise sind neue Regulierungen praktisch eingeführt, wenn Vertreter von Zentralbanken laut über sie nachdenken, aber dieses Mal funktionierte es nicht. Die Banker wussten sehr genau, dass die Federal Reserve ihren Willen in London nicht durchsetzen konnte, selbst wenn sie es wollte. Im Dezember schrieb die *New York Times,* das Marktvolumen habe 40 Milliarden US-Dollar überschritten. Wie der Zauberlehrling, der seinen Besen verhexte, damit er ihm Wasser holte, konnten die Zentralbanken die Geister, die sie gerufen hatten, nicht mehr aufhalten; je mehr sie es versuchten, umso höher stieg das Wasser.

Im Jahr 1971 führte der US-Kongress eine Anhörung zu dem Problem durch, bei der der Vizepräsident von Chase Manhattan, Eugene Birnbaum, das Problem gut auf den Punkt brachte: »Ausländische, auf US-Dollar lautende Kredite, die früher den regulatorischen Vorgaben oder der Überprüfung durch die US-Wertpapier- und Börsenaufsicht, die Federal Reserve oder die US-Bankenaufsicht unterlagen, befinden sich heute außerhalb des Zuständigkeitsbereichs dieser Institutionen«, sagte er. »Die britischen Aufsichtsbehörden sind sich bewusst, dass jeder Versuch, Regulierungen einzuführen oder diese Kreditvergaben in ausländischer Währung an Bedingungen zu knüpfen, dieses florierende Geschäft an andere Orte vertreiben würde.« Wenn eines dieser beiden Länder versuchte, diesen wilden Markt per Regulierung einzuhegen, erhöhten sie dadurch nur den Profit für das andere Land. Je strenger die Kontrollen für Benzin in Irland waren, umso mehr Gewinn machte der Bauer, wenn er Benzin aus dem Vereinigten Königreich abzapfte und umgekehrt.

Leslie O'Brien war Cromers Nachfolger als Direktor der Bank of England. Er reiste im Jahr 1971 in die Vereinigten Staaten, um die Amerikaner zu beruhigen, London sei durchaus in der Lage, auf ihr Geld aufzupassen. Zu diesem Anlass hielt er eine Rede vor dem Bankers' Club of Chicago, in der er die Geschichte des Eurodollar-Marktes rekapitulierte, wobei er weitgehend im Passiv sprach. Er vermied jede Andeutung, die

Bank habe die umwälzenden Veränderungen gutgeheißen, durch die die Vereinigten Staaten die Kontrolle über Dollar-Transaktionen weitgehend verloren hatten; so wie er es erzählte, war es einfach passiert, wie das Wetter. Und wie beim Wetter gab es nichts, was man dagegen unternehmen konnte, außer, in bessere Kleidung oder vielleicht einen Regenschirm zu investieren.

Er sagte: »Wenn wir versuchen würden, die Probleme der internationalen Schuldenregulierung zu lösen, indem wir den Eurodollar-Markt durch Gesetze aus der Existenz drängen, gäbe es zwei Erkenntnisse. Entweder wäre der Versuch weitgehend ineffektiv, weil der Eurodollar-Markt ganz einfach in ein weniger stark reguliertes Zentrum weiterziehen würde; oder die Auswirkungen würden schnell zunichtegemacht, weil andere Mechanismen an ihre Stelle treten würden.«

Und da haben wir das zweite Argument, mit dem die City of London erklärt, warum sie keine Regulierungen eingeführt hat. Das erste Argument war, dass, wenn die Banker hier es nicht machen, es jemand anderes tun wird. Und das zweite Argument, das sich elegant ins erste einfügt, ist, dass es keinen Sinn ergibt, sich ein schlechtes Benehmen zu verkneifen, solange es nicht auch alle anderen tun, weil man dadurch nichts erreicht. Wenn ich das Geld nicht stehle, dann wird es jemand anderes tun; und es ändert nichts, wenn ich damit aufhöre, solange es nicht auch alle anderen tun. Gemeinsam besiegelten diese beiden Argumente das Schicksal des Bretton-Woods-Systems für einen kontrollierten Kapitalverkehr.

Fünf Monate später war US-Präsident Richard Nixon so verärgert darüber, dass er die Inflation nicht eindämmen konnte, indem er den Bargeldumlauf beschränkte, dass er die Goldbindung des US-Dollars aufgab. Von da an war der Dollar so viel wert, wie jemand dafür zu zahlen bereit war. Alle Dollars wurden zu Eurodollars, und die Banker bekamen ihre Wunschlösung für das Trilemma. Bei freiem Kapitalverkehr konnten sie Geld verdienen, wo immer sich eine Investitionsgelegenheit bot, und über ihre Niederlassungen in London konnten die US-Banken jedem Kontrollversuch entkommen.

Zum Entsetzen der alten City-Elite hatten bis Ende der 1960er-Jahre mehr als 100 ausländische Banken Zweigstellen in London eröffnet. Das war so ganz und gar nicht geplant gewesen. Die alten Banker der City hatten diesen Buchhaltertrick erfunden, um selbst zusätzliches Geld zu verdienen, aber nun hatten sich Außenstehende in dieses Geschäft hineingedrängelt, die die alten Eton-Absolventen ins Abseits schoben. »Ich sage gar nicht, dass ihr System nicht gut für die US-Amerikaner wäre, in Amerika, ich finde nur, dass es hier nicht sehr gut ist«, erklärte Cromer in jenem Interview gegen Ende seines Lebens. »In früheren Zeiten war man einfach sehr viel besser darüber informiert, was vor sich ging, weil es ein kleinerer Kreis war, denke ich, und die Leute nicht ganz so sehr an dem interessiert waren, was die Amerikaner den ›quick buck‹ nennen, das schnelle Geld.«

Natürlich merkten die Amerikaner, dass ihre Banken den Atlantik überquerten und ein immer größerer Teil des Geschäfts sich nach London verlagerte. Daher kopierten sie in den 1980ern die laxe Regulierung der Briten, um so die Geschäfte wieder zurück ins Land zu locken, gaben Regulation Q auf – die Begrenzung der Zinsraten, die den Eurodollar-Markt ursprünglich befeuert hatte – und erschufen die »International Banking Facilities«, die den unregulierten Ansatz der Briten kopierten. Davon getroffen lockerten die Briten im Jahr 1987 ihre Regulierungen noch weiter und beseitigten in einem historischen Akt der Deregulierung, der als »Big Bang«, »Urknall«, bezeichnet wurde, jahrhundertealte Vorschriften und Kontrollen. Im Jahr 1999 beseitigten die Amerikaner ihrerseits weitere Regulierungen und erlaubten nun auf verschiedene Finanzaktivitäten spezialisierten Instituten, sich zu riesigen Konzernen zusammenzuschließen. Es war ein deregulatorisches Wettrüsten, bei dem die Briten und Amerikaner abwechselnd ihre Vorschriften lockerten, um die Geschäfte in ihre eigenen Finanzzentren zu ziehen.

Die meisten Historiker schreiben die Entscheidungen, die Architektur des Wohlfahrtsstaats und des New Deals abzubauen, Margaret Thatcher und Ronald Reagan – und ihren Nachfolgern – sowie ihrer gemeinsamen konservativen Einstellung zu, und natürlich war das wichtig. Aber genauso wichtig war die Tatsache, dass sie in einer Spirale gefangen waren, bei der sie Regulierungen lockern mussten, um zu verhindern, dass ihr Finanzsektor auf die andere Seite des Atlantiks verschwand. Das war so, als versuchten Irland und Großbritannien den Bauern zu besänftigen, indem sie ihre Benzinsteuern senkten und die Beschränkungen in der Landwirtschaft abbauten, und dabei immer wieder feststellen mussten, dass die andere Seite noch einen Schritt weiter gehen konnte. Für den Bauern macht es keinerlei Unterschied, welche Seite ihm und seinem Benzin bessere Bedingungen bietet, denn er verdient auf jeden Fall Geld. Bei den Finanzinstituten war es genauso. New York und London verschmolzen zu einem einzigen Markt – den man vielleicht NY-LON nennen könnte –, auf dem US-amerikanisches Geld ein britisches System füllte, sodass keine der beiden Regierungen es beaufsichtigen konnte und es keinerlei demokratische Kontrolle über die Vermögen gab. Die Banken verlagerten ihre Aktivitäten ganz einfach auf die Seite des Atlantiks, auf der es jeweils profitabler war.

»Die Euromärkte lösten eine ›transatlantische regulatorische Rückkopplungsschleife‹ aus, die die transatlantischen Regulationssysteme destabilisierte«, schreibt der Wirtschaftshistoriker Jeremy Green über den Eurodollar. »Viele deregulatorische Schritte in Großbritannien und den Vereinigten Staaten aus der ideologischen Transformationsphase der ›neoliberalen Ära‹ hatten ihre Wurzeln in den 1960ern.«

Die Briten klagen oft, die Amerikaner hätten die City of London gekapert, und das Vereinigte Königreich habe als Folge daraus seine Autonomie eingebüßt. Und tatsächlich wurden alle alten Handelsbanken übernommen, und die Institutionen der City, die den Eurodollar-Markt begründet haben – BOLSA, Hambros, Barings und sogar die Midland –, sind nicht mehr unabhängig. Zum ersten Mal, seit die Italiener im Mittelalter den Finanzmarkt dominierten, ist die Finanzelite Großbritanniens im Wesentlichen international und nicht mehr automatisch dem Land verpflichtet, in dem sich ihre Büros befinden. Aber auch in der anderen Richtung gab es einen Verlust an Autonomie, auch wenn darüber viel weniger gesprochen wird. Das US-Finanzministerium hat die Aufsicht über die eigenen Banken verloren, als sie in die City of London zogen. Beide Regierungen hatten das Nachsehen, als die Finanzinstitute sich ihrer Kontrolle entzogen.

Von Regulierungen und Aufsicht befreit, weckte die Finanzbranche nun das Interesse von immer mehr »cleveren Newcomern« von den Universitäten, über deren Rückkehr in die City sich Fry in den 1960ern so gefreut hatte. Mehr als ein Fünftel der britischen Hochschulabsolventen der letzten Jahre arbeitet heute im Bank- und Finanzwesen, dreimal so viele wie in der verarbeitenden Industrie, wo mehr als zwei Millionen Menschen arbeiten. Jeder, der in den letzten 30 Jahren an einer Universität im Vereinigten Königreich studiert hat, erinnert sich an die Anwerber aus der City, die zu den Karrierebörsen kamen und höhere Gehälter versprachen als jede andere Branche. Die Welt braucht viele Butler, um all das Geld herumzuschieben.

In einer Rede im Jahr 1962 blickte der ehemalige US-Außenminister Dean Acheson auf die Suez-Schmach und den Niedergang des britischen Weltreiches zurück und sagte dabei versehentlich etwas, das Folgen haben sollte: »Großbritannien hat ein Weltreich verloren und noch keine neue Rolle gefunden.« Dieser Satz löste in Großbritannien eine Welle der Entrüstung aus, die heute immer noch nachklingt, aber er lag falsch. Großbritannien hatte ein Weltreich verloren, aber die neue Rolle war bereits gefunden: als amoralischer Diener jedweden Vermögens. Dabei nutzte es die Fertigkeiten, die es im Lauf der Jahrhunderte beim Aufbau seines Weltreichs erworben hatte, um den Eigentümern dieses Vermögens dabei zu helfen, niemandem Rechenschaft ablegen zu müssen außer sich selbst. Und die Auswirkungen merkt man überall. Ich schreibe diesen Satz nach neun Monaten COVID-19-Krise, und gerade habe ich einen Bericht des Wirtschaftsprüfergiganten PwC und des Bankriesen UBS gelesen, in dem steht, dass zwischen April und Juli 2020 die 2189 Milliardäre der Welt ihren gesammelten Besitz um 2,2 Billionen US-Dollar vermehrt haben.

Der Bericht fragt, wie die Welt darauf reagieren solle, vor allem, nachdem die Regierungen vor den riesigen Defiziten standen, die die Pandemie in ihre Volkswirtschaften geschlagen hatte, während die Staatsausgaben rasant angestiegen waren. Im Bericht steht, es wäre nicht effektiv, die Milliardäre zu besteuern, die ihr Geld dann einfach aus dem Einflussbereich der nationalen Steuerbehörden schaffen würden. Stattdessen sollten die Regierungen zulassen, dass die Inflation stieg und die Ersparnisse aller anderen Menschen wegschmolz, weil man an dieses Geld herankam. Den Menschen, die zu arm sind, um zu vermeiden, dass sie zur Kasse gebeten werden, die Kosten der Gesellschaft aufzubürden, ist inzwischen die Standardlösung für alle Probleme, und diese Logik verdanken wir dem Eurodollar. Wenn Geld überall hinfließen kann, dann müssen die Regierungen seine Eigentümer gut behandeln. Das ist die Konsequenz der Entscheidung, die die Bank of England nach der Suezkrise traf und die britischen Handelsbanken ermöglichte, Vermögen von demokratischen Kontrollen zu befreien, und wir alle müssen damit leben.

Das sollte eigentlich niemanden überraschen. Der Ökonom Shonfield, dessen Ansichten Vertreter der Bank of England in den 1950ern nicht ernst nahmen, weil er Jude war, hatte die Folgen eines unkontrollierten Kapitalverkehrs zwischen Ländern bereits vorhergesagt, bevor er Wirklichkeit wurde. Länder müssten dann miteinander darum konkurrieren, dieses ungebundene Kapital anzuziehen, was bedeutete, dass die Eigentümer sich aussuchen konnten, wessen Einflussbereich sie für ihre Geschäfte bevorzugten. »Das setzt gleichzeitig den Möglichkeiten der Regierung bei der Steuererhebung, den Staatsausgaben, der Verstaatlichung und anderen wichtigen politischen Themen enge Grenzen«, schrieb er. Das neutralisiert die Demokratie, und zwar nicht nur im Vereinigten Königreich. Wenn Regierungen die Kontrolle über ihre Finanzsysteme verlieren, sind sie nicht mehr Herr im eigenen Land.

Der britische Butler hatte den Banken die Freiheit geschenkt, Profite zu machen, die ihnen vorher verwehrt worden waren. Aber wie bei Jeeves, wenn er erfolgreich die jüngsten Verwicklungen seines Gentlemans gelöst hat, ist das nicht das Ende der Geschichte. Es gibt immer ein weiteres Problem, das gelöst werden muss, und neues Geld, das man damit verdienen kann. Einem Butler geht die Arbeit niemals aus.

KAPITEL 4
POSTKOLONIALER SCHOCK

NACHDEM MICHAEL RIEGELS sein Staatsexamen bestanden hatte, hätte er problemlos in die meisten Londoner Anwaltsbüros spazieren können. Intelligent, wortgewandt und mit einem Abschluss in Oxford (sowie einer Sportauszeichnung) war er ein Mann, der sich nahtlos in das britische Establishment eingefügt hätte. Doch er hatte andere Pläne. Er wollte heim nach Ostafrika. Heute ist Riegels über achtzig: Aufrechter Gang, weiße Haare, rosige Wangen, schlank, mit einer Adlernase. Obwohl er bis auf seine Studienjahre in Oxford und seine Zeit am Londoner Gray's Inn kaum zwei Jahre seines Lebens in England verbracht hat, sind sein Akzent und sein Auftreten durch und durch englisch. Er ist ein Mann des Empire. Geboren in Tanganjika, ging er in Kenia zur Schule und hegte keinerlei Absichten, je an einem anderen Ort zu leben. »Ich hatte nie vor, in Großbritannien zu bleiben«, erzählte er mir.

Zunächst suchte er in Nairobi nach einem Job, nahm aber irgendwann ein Angebot in Daressalam an, was nicht sehr viel schlechter war. »Tanganjika war so was wie der arme Verwandte«, erinnerte er sich. »Wir waren immer ein bisschen kleiner als Kenia, hatten aber Klasse. Bei uns gab es alle möglichen Vereine, Sport-, Motorrad- und Automobilklubs sowie Amateurtheatergruppen, und sie wurden großzügig unterstützt.«

Das war 1961. Riegels kam gerade rechtzeitig zur Unabhängigkeit Tanganjikas zurück, als Prinz Philip eingeflogen wurde, um dabei zuzusehen, wie der Union Jack ein letztes Mal eingeholt und die grün-schwarz-goldene Flagge der frisch in die Unabhängigkeit entlassenen

Nation gehisst wurde. Für Afrika war es eine außergewöhnliche Zeit. Binnen eines Jahrzehnts löste sich das britische Herrschaftsgebiet in Dutzende Einzelstaaten auf, doch das alltägliche Leben wandelte sich viel langsamer, als man angesichts des politischen Aufruhrs meinen sollte, vor allem für einen Rechtsanwalt. Scheidungen, Geschäftsstreitigkeiten und Autounfälle ereigneten sich weiterhin, unabhängig davon, wer das Land regierte. Riegels hatte jede Menge Arbeit und sein Leben in dem unabhängigen Staat war nicht viel anders als in dem Kolonialstaat, in dem er aufgewachsen war.

Doch nach und nach wurden die Auswirkungen der Unabhängigkeit immer deutlicher. Der neue Staatspräsident von Tanganjika, Julius Nyerere, war entschlossen, die vielen Ungleichheiten im Land zu glätten, darunter auch die krasse Ungleichheit zwischen People of Colour und Weißen in der Wirtschaft. Während Weiße nach wie vor die hoch qualifizierten Berufe dominierten, wurde der Handel vor allem von Asiaten kontrolliert. Die Schwarzen Afrikaner hingegen – die überwältigende Mehrheit des Landes – kamen als Arbeiter und Bauern nur mit Mühe über die Runden. Nyerere wollte alle Menschen gleich behandeln, doch er war auch entschlossen, der Mehrheit der Bevölkerung zu Wohlstand zu verhelfen und ihr die Kontrolle über ihr eigenes Schicksal zu ermöglichen.

»Er war ein ehemaliger Lehrer und wurde immer nur der Lehrer genannt: *Mwalimu*. Niemand hat je an seiner Integrität gezweifelt. Er lebte sehr bescheiden, so war er einfach«, sagte Riegels. »Aber er war auch ein Träumer und ein großer Anhänger des kommunistischen Grundprinzips, dass alle gemeinsam anpacken müssen. Seine Regierung hatte dieses Motto *ujamaa*, was so viel heißt wie Gemeinschaftlichkeit. Und sie hat jede Menge Kooperativen gegründet. Die Bauern hier in der Gegend hatten ihre Ernte vorher immer an indische Mittelsmänner verkauft, aber Nyerere sagte: ›Das wollen wir nicht mehr. Ihr gebt eure Ernte an die Kooperativen ab und die werden sie verkaufen.‹ [Aber] Das hat hinten und vorne nicht funktioniert, die Ernte ist draußen verrottet und es herrschte viel Korruption.«

Es war die Zeit des Kalten Krieges, als sich die Welt in Kommunisten und Kapitalisten aufteilte. Zunächst sah alles danach aus, als würde Nyerere mit dem Westen auf freundschaftlichem Fuß bleiben. Bei einem Staatsbesuch in Washington D.C. im Jahr 1963 verglich John F. Kennedy ihn mit George Washington, dem Gründervater seiner eigenen Nation. Doch die strengen Prinzipien des Lehrers kollidierten zunehmend mit der reflexartigen Bevormundung des Westens gegenüber den ehemaligen Kolonien: Wegen seines freundschaftlichen Verhältnisses zu Ostdeutschland wandte sich Westdeutschland von ihm ab, mit Großbritannien brach er, nachdem die Briten die rebellischen Rassisten in Rhodesien nicht zur Raison brachten, und mit den USA verscherzte er es sich wegen eines augenscheinlich ziemlich grotesken Missverständnisses, bei dem es um den symbolischen Gebrauch des Wortes »Munition« ging, was zur gegenseitigen Ausweisung von Diplomaten führte. Außerdem gewährte er militanten Kolonialrebellen aus dem Kongo und Mosambik Unterschlupf, womit er sich bei Belgien und Portugal unbeliebt machte.

Auch bei innenpolitischen Belangen blieb er seinen Prinzipien treu. Nach einem Aufstand löste er die gesamte Armee auf und erneuerte sie von Grund auf. Als Studenten in Daressalam gegen den Wehrdienst protestierten und weil sie auf ihr Einkommen nach ihrem Universitätsabschluss 40 Prozent Steuern zahlen mussten, ließ er die Hälfte von ihnen der Uni verweisen. Er verstaatlichte Banken, was das Land vom Londoner Geldmarkt ausschloss, beraubte dadurch Unternehmen des Bargeldes, das sie brauchten, um weiterhin überleben zu können, und verschlimmerte die Wirtschaftskrise, die durch die niedrigen Preise von Hauptexportgütern des Landes wie Kaffee ausgelöst wurde. Obwohl er Streiks verbieten ließ, legten Arbeiter angesichts der immer katastrophaleren wirtschaftlichen Lage dennoch ihre Arbeit nieder und Zehntausende wurden entlassen.

Obwohl Nyerere kein Freund der Sowjetunion war, näherte er sich in den 1960er-Jahren zunehmend den chinesischen Machthabern an, was Riegels und die im Land verbliebenen Briten beunruhigte. Wenn das Land vorhatte, sich nach maoistischen Grundsätzen auszurichten, dann wollten sie definitiv nicht in Tanganjika – nach der Wiedervereinigung mit der Nation Sansibar 1964 in Tansania umbenannt – bleiben. Also suchten sie zunehmend nach Wegen, sich abzusichern.

Diese Entwicklung war in der gesamten dekolonisierten Welt zu beobachten, nicht nur in den ehemaligen britischen Kolonien, sondern auch den französischen, belgischen, portugiesischen, niederländischen und anderen. Ein Sprichwort lautet, dass, wer Privilegien gewohnt ist, Gleichberechtigung als Unterdrückung empfindet. Genauso reagierten die Europäer auf die Umwälzungen, die über ganz Afrika und Asien schwappten. Daran gewöhnt, dass die Gesellschaft nach ihren Interessen gestaltet wird, fiel es ihnen schwer zu akzeptieren, auf einmal von Menschen regiert zu werden, die sie einst unterworfen hatten, und Steuern an die neuen Staaten zahlen zu müssen. Also begannen sie, ihre Vermögenswerte außer Landes zu schleusen. Zeitgenössische Beobachter nannten dieses Geld »Funk Money« (»funk« im Sinne von »Angst«, nicht die Musikrichtung).

Das entwickelte sich jedoch nicht aus dem Nichts heraus. Genau wie die Kolonialisten nach einem Ausweg für ihr Geld suchten, sahen die Bankiers des Butlers Britannien ihre Nöte voraus, glitten lautlos in den Raum, hüstelten leise und warteten höflich, bis sie bemerkt wurden. »Es gibt eine offenkundige Nachfrage der dort ansässigen Menschen, Vorkehrungen gegenüber künftigen Gesetzen ihres Landes zu treffen«, sagte ein Bankier der Investmentbank Kleinwort Benson mit Sitz in London in den 1960er-Jahren. Will meinen: Um sie bei Laune zu halten, muss ich als Butler einen Weg finden, wie ich meinen Klienten helfen kann, präventiv das Gesetz zu brechen.

»Und wenn ich wüsste, wie man sich um die Einkommenssteuer drücken kann, dann wäre ich sogar ein reicher Mann. Du hast nicht zufällig eine Idee, wie man sich um die Einkommenssteuer drücken kann, Bertie?«, fragt Bertie Woosters Freund Claude »Catsmeat« Potter-Pirbright.

»Leider nicht. Und ich bezweifle, ob Jeeves eine hat«, antwortet Wooster.

Die Historikerin Vanessa Ogle hat eine »niedrige weiße Steuermoral« als wichtige Antriebskraft des Kapitalflusses aus den ehemaligen

Kolonien identifiziert. Mit anderen Worten: Kolonialisten zahlen nicht gern Steuern. In den meisten Kolonien wurden die Verwaltungskosten lange Zeit allein von der unterworfenen Bevölkerung und durch Hafenzölle gedeckt, wodurch europäische Siedler komfortabel und günstig leben konnten. Weiße Einwohner waren es nicht gewohnt, Zahlungen für die Unterstützung ihrer Regierung leisten zu müssen, und hätten es gern dabei belassen. Doch sie waren auch nicht bereit, die hohen Einkommenssteuern zu zahlen, die damals in Europa und Nordamerika erhoben wurden.

Doch zum Glück schlüpften Londoner Bankiers unverzüglich in ihre Rolle als Butler und waren gerne bereit, dem Funk Money zu Diensten zu sein. Sie schufen zweckdienliche Finanzprodukte, die es den Eigentümern erlaubten, ihr Vermögen in Jersey, auf den Bahamas oder in der Schweiz zu parken und dennoch in seinen Genuss zu kommen. »Schon seit einiger Zeit haben wir das Gefühl, dass Anlageinstrumente für Menschen eingerichtet werden sollten, die auf den Westindischen Inseln, in der Mittelmeerregion, Afrika und dem Nahen Osten leben und britischer Herkunft sind oder ihre finanziellen Arrangements über London abwickeln, ohne jedoch von der britischen Einkommenssteuer oder Erbschaftssteuer behelligt zu werden«, bemerkte ein Bankier von Hambros im Jahr 1963. Will meinen: Sie brauchen Hilfe bei der Steuerhinterziehung.

Das Funk Money hat zur Entstehung einer ganz eigenen Realität beigetragen. Da das Geld aus den ehemaligen Kolonien floss, wurden die dort ansässigen Banken schwächer, was zu finanzieller Instabilität führte. Die Kunden sorgten sich um die Solvenz ihrer Bank und schafften noch mehr Geld außer Landes. Ein Teufelskreis. Um ihre Wirtschaft wieder zu stärken, reagierten die Regierungen der ehemaligen Kolonien mit immer strengeren Kontrollen des Kapitalflusses, was jedoch lediglich zu noch mehr Anspannung führte und jedem hohe Summen einbrachte, der der besitzenden Klasse dabei half, die Kontrollen zu umschiffen. Je schwerwiegender das Problem, desto mehr verdient der Butler an der Lösung.

»Da es mit der Wirtschaft rasant den Bach hinunterging, wurden die

Devisenkontrollen immer weiter verschärft. Als wir das Land verließen, durfte man nur noch alle drei Jahre ausländische Währungen im Wert von 150 Pfund überweisen«, erinnerte sich Riegels, der inzwischen verheiratet und Vater seines ersten Kindes war. »Wir wollten unsere Kinder in Übersee ausbilden lassen, konnten es aber nicht, weil man nicht an die Devisen herankam. Man musste alle ausländischen Vermögenswerte bei der Bank of Tanzania angeben, und die kaufte sie für wertlose Schillinge ab. Das hat natürlich keiner gemacht, also haben alle ihr Vermögen im Ausland versteckt und gehofft, dass niemand es je herausfindet. Dafür wurden schwere Strafen verhängt.«

Da die tansanischen Schillinge in Übersee kaum Wert hatten, gingen die Importe zurück, was den Lebensstil der Familie Riegels bereits beim Frühstück von Grund auf veränderte (kenianische Händler verkauften keinen Schinken und keine Milch mehr an Tansanier, weil diese keine Hartwährung hatten, um sie zu bezahlen). Aus dem gleichen Grund verschwanden auch westliche Produkte wie Fahrräder von Raleigh oder Rasierklingen von Gillette aus den von Asiaten geführten Läden. Und schon bald verschwanden die Läden selbst, da ihre Eigentümer nichts mehr zu verkaufen hatten. Als er auf einer Geschäftsreise durch Beirut kam, entdeckte Riegels eine Geldwechselstube, die sich damit brüstete, jegliche Währung umzutauschen. Also versuchte er seine andernfalls wertlosen Banknoten zu verkaufen: »Ich bin da voller Hoffnung mit meinen tansanischen Schillingen angekommen, aber der Mann am Stand sagte nur: ›Nein, nein, nein, die wollen wir nicht.‹ Das waren harte Zeiten, damals kurz nach der Verstaatlichung, als alles auseinanderbrach«, erzählte er.

Doch es waren nicht nur die finanziellen Umstände, die Michael Riegels außer Landes trieben. Der junge Flügel der Regierungspartei hatte eine Kampagne gegen den Einfluss des Westens in der tansanischen Gesellschaft begonnen. Dabei zielten sie nicht nur auf Haarglätter und Miniröcke, sondern die Zeitungen druckten dauernd Leitartikel, in denen Geschäftsleuten und Anwälten vorgeworfen wurde, mit den Kolonialisten gemeinsame Sache zu machen.

Wenn man bedenkt, was Nyereres chinesische Wohltäter zur gleichen Zeit taten, lag die Vermutung nahe, dass Tansania eine kulturelle Revolution bevorstehen könnte, genau wie Mao Zedong sie in China losgetreten hatte: mit Millionen Festnahmen und ritualisierter, öffentlicher Selbstkritik der Intellektuellen und der Bourgeoise. Riegels war sowohl gebildet als auch Teil der Bourgeoise und erhielt als Anwalt Einblicke, wie sich das tansanische Rechtssystem zunehmend politisierte. Darum hegte er keinerlei Hoffnungen, dass ihm im Falle einer Festnahme Gerechtigkeit widerfahren würde. »In einem Fall haben wir einen Mandanten vertreten, dem die versuchte Bestechung eines Regierungsmitglieds vorgeworfen wurde. Auf sein Drängen hin haben wir einen bekannten Londoner Anwalt gebeten, den Fall zu übernehmen, doch kurz nach seiner Ankunft in Tansania wurde ihm der Beschluss seiner Ausweisung zugestellt. Den wollte er vor Gericht anfechten, aber nach einer langen Diskussion mit dem vorsitzenden Richter entschuldigte sich der und meinte, er müsse die Angelegenheit zuerst mit dem Innenminister besprechen«, erzählte Riegels. »Unser erfahrener Anwalt lief leicht rot an und stammelte: ›Aber, aber das dürfen Sie nicht. Dies ist eine Rechtsangelegenheit. Sie sind der vorsitzende Richter. Sie sollten Ihre Entscheidungen allein auf Grundlage des geltenden Rechts treffen.‹ Hat ihm leider nicht geholfen. Nachdem der Richter die Sache mit dem Innenminister besprochen hatte, kehrte er ins Gericht zurück und sagte: ›Ihr Antrag wurde abgelehnt.‹ Der Anwalt verließ das Land noch mit dem nächsten Flieger.«

Mit jedem Tag, an dem Riegels morgens das Haus verließ, wurde er besorgter, dass er seine Frau und seinen Sohn zum letzten Mal sah. »Michael sagte immer: ›Wenn ich bis um sieben Uhr nicht zu Hause bin, nimm den Jungen und mach, dass du fortkommst. Ich treffe dich dann im Haus deiner Eltern.‹ Meine Eltern waren damals schon zurück nach England gegangen«, erzählte mir Norma Riegels.

Und so beschlossen sie nach fast einem Jahrzehnt der Unabhängigkeit, das Land zu verlassen. Sie verkauften ihr Haus in Daressalam, übergaben den Erlös jemandem, der zu Schwarzmarktpreisen Schillinge gegen Pfund tauschte, und gingen zurück nach England. Das war im Jahr 1971. Norma hatte Großbritannien mit sechs Jahren verlassen und kannte das Land, in das sie nun zogen, kaum besser als Michael. Doch wenn sie auf Stabilität gehofft hatten, dann wurden sie enttäuscht.

Tatsächlich hätten sie in der gesamten zweiten Hälfte des 20. Jahrhunderts wohl kaum einen schlechteren Zeitpunkt wählen können, um nach Hause zurückzukehren. Die Inflation war auf einem Höchststand und ließ das wenige Ersparte, das ihnen nach dem Geldwechsel geblieben war, in Windeseile dahinschmelzen. Überall brodelten Arbeiterunruhen, weil die Arbeiter versuchten, ihre Löhne angesichts des kollabierenden Pfunds hoch zu halten. Damit im Land nicht das Licht ausging, hatte die Regierung Strom und Benzin rationiert. »Wir hassten alles dort und bekamen noch ein Kind«, sagte Norma lachend. Damals fanden sie es jedoch überhaupt nicht lustig. Sie mussten ihre Verwandten um Hilfe bitten und sorgten sich, was nur aus ihnen werden sollte.

Eines Abends trafen sie einen Freund aus Tansania auf ein paar Drinks. Er hatte Daressalam verlassen, nachdem sein Unternehmen verstaatlicht worden war, und machte Urlaub in England. Er hörte sich ihre Sorgen eine Zeit lang an und fragte Michael dann, ob er es sich vorstellen könnte, für die Kanzlei zu arbeiten, die sein Unternehmen beriet. Sie suchten einen neuen Partner. Doch dafür müssten sie England verlassen. Käme das infrage?

Natürlich. Michael Riegels stieg unverzüglich in ein Flugzeug, um sich ein Bild von der Lage zu machen. »Michael hat sich dort kurz umgesehen, war begeistert und hat gesagt: ›Wir gehen‹«, erzählte Norma Riegels. Nach 21 langen Monaten in England packten sie nun also erneut ihr gesamtes Hab und Gut zusammen und zogen an einen Ort in der Karibik, von dem weder sie noch kaum einer ihrer Bekannten je gehört hatte: auf die Britischen Jungferninseln. »Als wir aus Tansania hierherzogen, kam es uns vor, als wären wir gestorben und im Himmel gelandet«, erinnerte sich Michael Riegels. »Es war so schön. Und mal was anderes, nicht von allen Seiten zu hören, du wärst ein widerliches imperialistisches Schwein, was nach einer Weile ziemlich ermüdend wird.«

Es sollte eine schicksalsträchtige Entscheidung sein, nicht nur für sie und für die BJI, sondern für die ganze Welt. Großbritanniens Nebenerwerbszweig als Butler war dabei, einen weiteren Schritt in Richtung Haupterwerb zu tun.

Bei den Britischen Jungferninseln handelt es sich um eine malerische Ansammlung von rund 50 von Korallenriffen und weißen Stränden gesäumten Buckeln, die sich aus dem Karibischen Meer erheben. Die größte Insel Tortola ist steil wie ein Drachenrücken und mit stacheliger Vegetation gespickt. Sie beherbergt einen Großteil der Bevölkerung sowie die Hauptstadt Road Town, die bei der Ankunft der Familie Riegels lediglich ein Dorf war, heute jedoch ein lang gestreckter, flach bebauter Ballungsraum ist, der sich vom Hafen aus entlang des schmalen Landstreifens zwischen See und Hang erstreckt. Christoph Kolumbus benannte die Inseln auf seiner zweiten Reise nach Amerika im Jahr 1493 zu Ehren der heiligen Ursula und ihren 11 000 Jungfrauen, einer Gruppe (hoffentlich mythischer) Märtyrerinnen, die in Köln im 4. Jahrhundert n. Chr. in Massen von den Hunnen enthauptet wurden. Im Gegensatz zu den anderen Inseln, die Kolumbus auf diesen frühen Reisen aufsuchte, mangelte es den Britischen Jungferninseln an den nötigen Ressourcen, um das europäische Interesse zu wecken. Die Riegels hatten aus gutem Grund noch nie von ihnen gehört: Die Inseln waren extrem arm und auf geradezu spektakuläre Weise unbedeutend. Großbritannien nahm sie im späten 17. Jahrhundert in Besitz, hauptsächlich jedoch, um anderen – in diesem Fall den Niederlanden – zuvorzukommen.

»Es gibt keinen rückständigeren Ort im gesamten britischen Kolonialreich«, schrieb der frühere Gouverneur der Londoner Karibikbesitzungen in den späten 1940er-Jahren. Eine gewichtige Aussage, wenn man bedenkt, wie groß und weitläufig das Empire zu jener Zeit war. Und 25 Jahre später hatte sich daran nicht viel geändert.

Genau wie die anderen kolonialen Besitzungen in der Karibik, ob britisch oder nicht, waren die Jungferninseln einst Zuckerinseln gewesen, auf denen afrikanische Sklaven in der Sonne geschuftet hatten, um einer kleinen Schicht weißer Plantagenbesitzer – die »Plantokratie«, wie die Leute in der Gegend sie nennen – ein Leben in schattiger Bequemlichkeit zu ermöglichen. Doch im Gegensatz zu Großbritanniens anderen Besitzungen in der Karibik waren die Plantagen auf den Jungferninseln nach der Abschaffung der Sklaverei im Jahr 1833 nicht mehr rentabel. Nach und nach wurden sie wieder zu Buschland, die Plantokraten zogen fort und die ehemaligen Sklaven wurden sich selbst überlassen. Im späten 19. Jahrhundert betrug die Gesamtbevölkerung auf den Inseln weniger als 5000 Menschen. Fast alle von ihnen waren Kleinbauern, die Rinder im Buschland hielten und Feldfrüchte für den eigenen Bedarf anbauten. »Zu Pferde kann man dort hinlänglich fortkommen, doch die Straßen sind zu schmalen Pfaden verkommen«, schrieb ein Kolonialbeamter. »Extreme Armut ist weit verbreitet und die Regierung hat keinerlei Aussicht, über Steuereinnahmen irgendwelche Erträge einzutreiben, um sie auszubessern.«

Die Situation wurde dadurch erschwert, dass die BJI so weit weg von allen anderen britischen Überseegebieten lagen. Sie hatten keinerlei strategischen oder wirtschaftlichen Wert und handelten überwiegend mit der anderen Hälfte des Jungferninselarchipels, die bis 1917 zu Dänemark gehörte und dann von den USA gekauft wurde, damit die Inseln nicht den Deutschen in die Hände fielen. Im Gegensatz zu den Britischen Jungferninseln waren die Amerikanischen Jungferninseln vergleichsweise wohlhabend und bevölkerungsreich. Sie importierten Rindfleisch von den BJI und verkauften ihnen Kurzwaren, Lebensmittel, Taue und so gut wie alles andere, was sie brauchten. Jeder auf den BJI hatte Verwandte auf den Amerikanischen Jungferninseln, die lediglich eine kurze Bootsfahrt entfernt lagen, jedoch grundverschiedene Staaten waren, was den Handel erschwerte.

»Jedes Mal, wenn eines dieser kleinen Boote mit seiner Ladung nach St. Thomas fährt, muss sein Bootsführer siebzehn verschiedene Schriftstücke ausfüllen, die die US-Regierung vorschreibt, genau die gleichen wie der Kapitän der *Queen Mary* oder eines beliebigen anderen Schiffes, das in den New Yorker Hafen einfährt«, notierte ein Besucher. Da die meisten Skipper dieser kleinen Segelboote Analphabeten waren und sich nicht mit diesen bürokratischen Hindernissen herumschlagen konnten, florierte der Schmuggel. Dadurch schrumpften die wenigen Steuereinnahmen, auf die die Verwaltung der Britischen Jungferninseln hoffen durfte, noch weiter. In den 1950er-Jahren erwirtschaftete die Kolonie die Hälfte ihrer Einkünfte aus dem Verkauf von Briefmarken an die weltweiten Briefmarkensammler. Da blieb nicht viel zum Leben. Die Ortsansässigen nutzten den US-Dollar als Währung und ignorierten die Versuche der Regierung, sie zu kontrollieren, weitestgehend. »Auf den ersten Blick sind die einzigen offensichtlich britischen Elemente der Union Jack, der über den Regierungsgebäuden weht, und der charmante britische Colonel, der dort der oberste Regierungsvertreter ist«, notierte ein Gelehrter der Universität Chicago, der die Inseln in den frühen 1950er-Jahren besuchte.

Im Gegenzug nahm England von den Inseln beinahe so wenig Notiz wie die Menschen dort von der britischen Regierung. Bei den seltenen Gelegenheiten, wenn sie von Parlamentsmitgliedern in Westminster erwähnt wurden, gab es stets einen Witzbold, der die zweifelhafte Geschichte eines Regierungsministers zum Besten gab, der auf die Frage hin, wo die Jungferninseln lägen, gewitzelt hatte, sie müssten »weit entfernt von der Isle of Man« sein. Ein Plan, eine der Inseln in ein Hotelresort zu verwandeln, schlug fehl. Im Jahr 1964 schlug ein Abgeordneter vor, Großbritannien solle die Inseln vielleicht einfach Amerika überlassen, doch auch dazu kam es nicht.

»Als wir hergekommen sind, war es ein ziemlich verschlafenes Nest«, erinnerte sich Michael Riegels, der drei Monate lang für einen in Cambridge ausgebildeten Anwalt namens Neville Westwood arbeitete, bevor er als Partner in dessen Kanzlei einstieg. Westwood war sechs Jahre zuvor auf die Inseln ausgewandert. »Wir sind so vor uns hin gedümpelt, haben Haftpflichtfälle und andere Kleinigkeiten bearbeitet. Und es gab jede Menge Landstreitigkeiten – der Baum gehört mir, nicht dir, solche Sachen.«

Der Moment, in dem alles anders wurde, kam irgendwann im Sommer 1976. Wann genau weiß niemand mehr so recht, da seine Bedeutung erst im Nachhinein offenbar wurde. Doch Michaels und Normas Sohn Colin blickte drei Jahrzehnte später in einem Artikel darauf zurück: Offene Bürofenster, Papierstapel auf den Schreibtischen, Deckenventilatoren drehen sich träge in der schweren tropischen Luft und das

Telefon mit Wählscheibe klingelt schrill. Am Apparat ist Paul Butler, ein Anwalt der New Yorker Kanzlei Shearman and Sterling, der nach englischen Sprechern sucht.

Auf ihrer Jagd nach Offshore-Profiten hatten die amerikanischen Bankiers nicht beim Eurodollar-Markt haltgemacht, sondern noch etwas herausgefunden: Wenn US-Aktiengesellschaften ihre Geschäfte über hundertprozentige Tochtergesellschaften in Curaçao – eine der niederländischen Karibikinseln – abwickelten, konnten sie dank eines großzügigen Doppelbesteuerungsabkommens zwischen den USA und den Niederlanden lästige Bestimmungen und Steuern umgehen.

Doppelbesteuerungsabkommen sind für die globalisierte Wirtschaft von zentraler Bedeutung, da sie sicherstellen, dass ein Unternehmen, das in mehr als einem Land operiert, nicht zweimal auf denselben Gewinn besteuert wird. Das System hat allerdings einen Haken: Wenn ein Land den Steuersatz des anderen unterbietet, können Unternehmen, die ihren Sitz im ersten Land haben, die Beträge, die sie in die Staatskassen des zweiten zahlen müssen, beträchtlich reduzieren. Dennoch spielen große Länder dieses Spiel für gewöhnlich nicht mit, da sie mehr an Steuergeldern verlieren als aus wirtschaftlicher Aktivität gewinnen würden. Kleinere Territorien hingegen sehen die Sache anders. Sie haben ohnehin kaum Steuereinnahmen zu verlieren, und die neuen Unternehmen, die sie durch die niedrigen Steuersätze anziehen, versprechen ihnen mehr Einnahmen durch Gebühren und wirtschaftliche Aktivität als sie an Steuern verlieren. Diese Länder werden heutzutage als Steueroasen verstanden und bezeichnet, doch damals, in den 1970er-Jahren, waren sie ein völlig neues Phänomen, das von den Unternehmen genüsslich erkundet wurde.

Curaçao, eine der ABC-Inseln direkt vor der Küste Venezuelas, die sich schon lange auf Schmuggel und Ölraffinerie spezialisiert hatte, war eines der ersten karibischen Territorien, das verstand, welch hübsche Gewinne sich erzielen ließen, wenn man das System auf diese Weise ausnutzte. Doch da gab es ein Problem: Curaçao war Teil der Niederlande, und auch wenn Niederländer für gewöhnlich ausgezeichnet Englisch sprechen, sind sie immer noch Niederländer. Das bedeutet, sie verfassen rechtliche Dokumente auf Niederländisch, halten Gerichtsverhandlungen auf Niederländisch ab und unterliegen dem Civil Law, was aus der Perspektive eines amerikanischen Anwalts alles ziemlich lästig ist.

Aus diesem Grund durchkämmte Paul Butler die Karibik nach englischsprachigen Rechtsräumen, die dem Common Law und Steuerabkommen unterlagen, die dieselben Schlupflöcher boten, ohne sich jedoch um Übersetzer bemühen zu müssen. Es ist nicht festgehalten, an wie vielen Orten er es versuchte, bis er auf die Britischen Jungferninseln stieß. Doch als er sie endlich aufstöberte, hatte er Riesenglück: Nicht nur hatte er in Riegels und Westwood zwei kompetente, fähige und hart arbeitende Anwälte gefunden, sondern sie waren auch noch hocherfreut, so viele Unternehmen einzutragen, wie er wollte. Aber nein, ich danke *Ihnen*, Jeeves.

»Sie brauchten jemanden, der Fernschreiben beantworten und Rechtsgutachten erstellen konnte. Und das an Weihnachten, und zwar auf der Stelle«, erzählte Michael Riegels lachend.

»An Heiligabend, um genau zu sein«, ergänzte Norma Riegels trocken.

»Meine Frau hat gedroht, nie wieder ein Wort mit mir zu wechseln. Diese Leute wollten etwas und wir konnten es anbieten. Wahrscheinlich waren wir auch viel billiger. Wir haben nie Unsummen verlangt.«

Wenn ein Unternehmen als durch die BJI »verwaltet und kontrolliert« galt, was bedeutete, dass die Mehrheit seiner Geschäftsführer dort wohnhaft sein musste, selbst wenn es vollständiges Eigentum einer amerikanischen Aktiengesellschaft war, dann konnte es das Doppelsteuerungsabkommen zwischen den USA und den Britischen Jungferninseln zu seinem Vorteil nutzen. Dadurch umging es nicht nur die amerikanische Körperschaftssteuer, die zu jener Zeit 50 Prozent betrug, sondern verringerte zudem seine Steuern auf Exportdividenden und -einkommen von 30 Prozent auf 15 Prozent. Wenn also Gewinn, der in den USA erwirtschaftet wurde, an ein Unternehmen mit Sitz auf den Britischen Jungferninseln ausgezahlt wurde, statt in der Heimat zu bleiben, dann fiel der amerikanische Steuersatz von 50 auf 15 Prozent. Und das war erst der Anfang. »Es ging nicht nur um Steuervorteile, sondern um die Umgehung von Regularien und darum, den Leuten das Leben einfacher zu gestalten«, kommentierte Michael Riegels.

Es handelte sich im Grunde um die gleiche Dynamik wie die, die den Eurodollar-Markt nach London verlagert hatte. Die US-Regierung hatte ihrer Finanzwirtschaft lästige Restriktionen auferlegt, um die unkontrollierbaren Spekulationen zu vermeiden, die in den Jahren vor dem Zweiten Weltkrieg zur Wirtschaftskrise geführt hatten, und hohe Steuern erhoben, um einen großzügigen Staat möglich zu machen. Aus diesem Grund waren amerikanische Banker und Anwälte stets auf der Suche nach Schlupflöchern, um diese Restriktionen zu umgehen und Steuern zu sparen, und sie waren bereit, denjenigen, die ihnen dabei halfen, gutes Geld zu zahlen. An dieser Stelle kam Michael Riegels ins Spiel. Und zwar nicht nur zu seinem eigenen Glück, sondern zu dem der Britischen Jungferninseln insgesamt.

In den 1970er-Jahren bereitete Großbritannien seine verbliebenen karibischen Kolonien auf die Unabhängigkeit vor, was unter anderem eine stufenweise Steigerung ihrer Autonomie beinhaltete. Die Lokalpolitiker gewöhnten sich zunehmend daran, ihre Angelegenheiten selbst zu regeln. Und obwohl die Britischen Jungferninseln noch nicht unabhängig und nach wie vor Teil des fähigen Butlers Britannien sind, folgten sie zu jener Zeit dem gleichen Kurs wie die übrigen Überseegebiete. In den 1970er-Jahren gab England also immer mehr politische Macht an die Inseln ab, und im Jahr 1977 übernahm ein gewählter Rat die Kontrolle über die Finanzen der BJI, die zuvor noch in den Händen des von London gesandten Gouverneurs gelegen hatten. Ein ebenso wichtiger wie frustrierender Moment für die Inseln, denn ihre gewählten Vertreter besaßen fast kein Geld, über das sie hätten verfügen können. Sie hatten kaum Steuer- oder Zolleinnahmen und kaum Möglichkeiten, mehr zu erheben. Die Einkünfte der Inseln waren sehr begrenzt und demnach auch ihre Möglichkeiten, diese neue Macht auszuspielen.

Doch dann kam Riegels. Jedes Mal, wenn er ein Unternehmen eintrug, musste er eine Verwaltungsgebühr zahlen und das erhöhte wie durch Zauberhand die Geldmenge, die in die Kassen floss. Es war fast ein bisschen so, als wäre die Insel plötzlich auf Ölvorkommen gestoßen, nur ohne das schmutzige Geschäft, auf einmal Schächte bohren oder klebrige Flüssigkeiten transportieren zu müssen.

Genau wie beim Eurodollar-Markt hatten die USA anfangs keine allzu großen Einwände gegen diese Form der Steuerhinterziehung. Regierungsbeamte hatten erkannt, dass die lästigen Bestimmungen, die in der New-Deal-Ära als Antwort auf die Weltwirtschaftskrise eingeführt worden waren, es Unternehmen erschwerte, Kapital zu generieren, und wenn es der Wirtschaft diente, waren sie bereit, ein paar Offshore-Tricksereien hinzunehmen. Doch als das Tröpfeln der Offshore-Geschäfte zu einer wahren Flut heranwuchs, begannen sie sich Sorgen zu machen, was sie alles mit sich reißen würde. Besonders unverblümt beschrieb Pete Stark, ein Kongressabgeordneter aus Kalifornien, die Kooperation von Aktiengesellschaften und Offshore-Verwaltungsgebieten, um Steuern entgegen der US-Interessen zu minimieren. Er beklagte die künstlichen Steuervermeidungsstrategien, die von amerikanischen Anwaltskanzleien geschaffen und verkauft wurden und oft Unternehmen nutzten, die auf Michael Riegels' Schreibtisch geboren wurden, und nannte die Länder »Niedrigsteuerländer« und »Steuergrätschen«.

US-Politiker hörten ihn und stellten eine Jungferninsel-Delegation zusammen, um das Doppelbesteuerungsabkommen zu diskutieren. Ursprünglich wollten sie ein neues aushandeln, doch im Jahr 1982 wurde das Abkommen kurzerhand völlig außer Kraft gesetzt. »Damals haben die USA uns den Stecker gezogen«, erinnerte sich Norma Riegels. »Die Geschäfte liefen blendend. Ich weiß noch, wie wir gefeiert haben, weil wir am Ende eines Monats 50 Unternehmen registriert hatten.«

»Wir waren ein bisschen verärgert, aber mit Uncle Sam diskutiert man nicht«, sagte Michael.

Für die Anwälte und die Regierung der Britischen Jungferninseln brach eine sorgenvolle Zeit an. Die Einnahmen aus den Briefkastenfirmen waren inzwischen so weit gestiegen, dass sie das gesamte Bildungsbudget der Inseln abdeckten. Dieses Geld zu verlieren würde die Inseln um Jahre zurückwerfen. Was konnten sie tun? »Der damalige Premier, der Ministerpräsident namens Lavity Stoutt, sagte: ›Chaps‹ – er drückte sich immer sehr englisch aus –, ›Chaps, wir müssen etwas unternehmen‹«, erinnerte sich Michael.

Doch zum Glück hatte Paul Butler, der New Yorker Anwalt mit dem ungeheuer passenden Namen, der Riegels zuerst kontaktiert hatte, bereits einen Plan ausgeheckt. Könnten die Inseln nicht einfach ein Gesetz entwerfen, das eine völlig neue Form der Firmengründung erlaubte? Zwar würden sie nicht mehr unter das Doppelbesteuerungsabkommen fallen, doch clever konzipiert konnte eine Briefkastenfirma nach wie vor ein mächtiges Werkzeug für seine reichen Klienten sein, auf ihrer Jagd, ihren Beitrag zur Gesellschaft zu unterschlagen. Butler warf ein paar Ideen zusammen, die er hauptsächlich den Gesetzgebungen in Panama und Delaware entlehnt hatte, und faxte sie nach Road Town. Dort machte sich Lewis Hunte, der kürzlich auf den Inseln einberufene Generalstaatsanwalt, daran, seine Notizen in britische Rechtssprache zu übersetzen, und legte sie dann den Anwälten zur Durchsicht vor.

Wir sind Klagen gewohnt, dass Lobbyisten unangemessenen Zugang zu legislativen Prozessen erhalten und dass Regierungen einen Kuhhandel mit Unternehmen betreiben, um deren Interessen unterzubringen. Doch das war hier nicht der Fall. Als dieses neue Gesetz entworfen wurde, waren Regierung und Unternehmensvertreter so tief verstrickt, dass nicht mehr zu erkennen ist, wo der Lobbyist beginnt und wo der Politiker aufhört. Das neue Unternehmensgesetz der BJI wurde von denjenigen geschrieben, die inzwischen die »Gang of Five« genannt werden: der höchste juristische Beamte, die drei Partner bei Harney Westwood & Riegels und Butler selbst. Jeden Nachmittag setzte sich Staatsanwalt Hunte mit Riegels oder einem seiner Kollegen zusammen, schrieb ein paar Gedanken nieder und faxte sie nach New York, wo Butler seine Bearbeitungen einfügte, sie niederschreiben ließ und das Ganze zurückfaxte. Und so ging es Tag für Tag.

Irgendwann hatte Butler die Nase voll davon, als Sekretär der BJI zu fungieren, und ließ einen Textverarbeitungscomputer des damals führenden Technologieherstellers Wang Laboratories dorthin verschiffen. Der Computer stand in Riegels' Büros und Butler konnte nun das erhaltene Fax korrigieren und unverzüglich zurücksenden. So überließ er es dem Sekretariat der BJI, alles niederzuschreiben. Der erste Computer, den die Inseln je gesehen hatten, ersparte die mühsame und chaotische Arbeit mit dem Kopierer und beschleunigte den ganzen Prozess erheblich. Alle hatten ein großes Interesse daran, dass dieses Gesetz schnell durchgebracht wurde. Die Inseln wollten sich wieder ans Netz der Briefkastenquellen anschließen und Butler wollte seinen Klienten ein neues Produkt verkaufen.

Selbst die Wahlen im Jahr 1983, infolge derer Stoutt als Premierminister abdankte, ließen diesen Zug nicht entgleisen: Die neue Regierung brachte die Gesetzesvorlage einfach ein, als wäre sie von vornherein ihre Idee gewesen. »Die Versammlung des gesetzgebenden Rats wurde am Freitag, den 29. Juni 1984, um zehn Uhr vormittags einberufen, wobei das tatsächliche Treffen erst um elf Uhr begann«, schrieb Hunte in seiner Autobiografie *Memoirs of a Caribbean Lawyer*, die er mir signierte, als ich ihm in seinem Büro in Road Town einen Besuch abstattete. »Die Ratsversammlungen begannen niemals pünktlich. Für gewöhnlich verspäteten sie sich um 45 Minuten und ich hatte stets Mitleid mit dem Kaplan, der dort herumsitzen und darauf warten musste, seine Predigt zu verlesen, ohne dass darauf Rücksicht genommen wurde, dass er womöglich noch von anderen drängenden Tagesgeschäften in Anspruch genommen wurde.«

Für gewöhnlich wird ein Regierungsentwurf vom Ministerpräsidenten vorgestellt und dann von einem weiteren Minister der Regierung befürwortet. Doch bevor der zweite Minister sich auch nur erhoben hatte, geschah etwas Außergewöhnliches: Ein Oppositionsmitglied erhob sich von den Bänken, um das Gesetz zu befürworten. Ein beispielloser Vorgang. »Ich weiß noch, dass der Ministerpräsident so überrascht war, dass seine Augen so groß wurden wie die Doppeleins bei Dominosteinen«, schreibt Hunte. Die Opposition sagte dem Gesetzesentwurf nicht nur ihre Unterstützung zu, sie schlug sogar vor, dass anstelle der üblichen drei Parlamentssitzungen nur eine nötig wäre, um es durchzuwinken. Also ging der Gesetzesentwurf ohne den Hauch einer Verzögerung binnen einer Stunde nach seiner Vorlage durch den parlamentarischen Rat. Hunte, der sehr stolz auf seine Mitarbeit an dem Gesetz ist, beschloss, dies als Tribut an seine Genauigkeit und Sorgfalt aufzufassen. Michael Riegels hingegen reagierte eher süffisant.

»Es ging an einem Tag durch. Einstimmig«, erzählte er mir mit einem trockenen Lächeln. »Wahrscheinlich hatte keiner auch nur einen blassen Schimmer, was es eigentlich bedeutete. Alle sagten nur: ›Vertraut uns, genau das brauchen wir, um aus der finanziellen Flaute wieder rauszukommen.‹«

Was also beinhaltete das neue Gesetz genau? Es schuf etwas namens »International Business Company« (kurz IBC), was eine vereinfachte Form eines Aktienunternehmens war. Der größte Teil des Gesetzes war hoch technisch, doch im Kern besagte es, dass eine IBC Steuerfreiheit genoss, vollkommen intransparent operieren konnte und lediglich Buch führen musste, »wenn die Geschäftsführung es für nötig erachtet« (also gar nicht). Eine IBC musste niemandem Rechenschaft darüber ablegen, was sie tat, und konnte jederzeit und aus jedweden Gründen von einem Rechtsraum in einen anderen bewegt werden – beispielsweise, wenn die Polizei hinter ihr her war. IBCs waren schnell und billig einzurichten und darauf zugeschnitten, dass man sich hinter ihnen versteckte. »Sie waren steuerfrei und geschäftsfreundlich und gingen durch die Decke, weil die Welt auf so etwas nur gewartet hatte«, kommentierte Michael Riegels.

Die Anfangsjahre verliefen jedoch eher schleppend. Wie schon zuvor handelte es sich bei den Nutznießern überwiegend um amerikanische Steuerflüchtlinge. Es bedurfte noch zweier weiterer geopolitischer Begünstigungen, bis die BJI wirklich im Butlergeschäft angekommen waren. Die erste lieferten die zunehmend angespannten Beziehungen zwischen den USA und Manuel Noriega, dem unberechenbaren Königsmacher und De-facto-Machthaber in Panama seit 1983. Panama war Zentralamerikas Vermittler für alle möglichen dunklen Geschäfte gewesen, doch im Jahr 1988 wurde Noriega in Miami wegen Drogenschmuggels angeklagt. Da eine amerikanische Intervention in Panama immer wahrscheinlicher wurde, begannen die Investoren, sich nach einem stabileren Ort umzusehen. »Wir bringen unsere Klienten her und überzeugen sie, dass die Britischen Jungferninseln (BJI) ein guter Ort sind«, erklärte der panamaische Anwalt Ramon Fonseca von der Kanzlei Mossack Fonseca (dazu später mehr) 1988 gegenüber der Regionalzeitung *BVI Bacon*. Benötigen Sie Hilfe, das gestohlene Geld zu verstecken, Mr. Wooster? Wenn Sie erlauben.

Aber aus einem ganz anderen Teil der Welt kam auch ein Anstoß. Mitte der 1980er-Jahre hatte Großbritannien eingewilligt, Hongkong wieder an China zu übergeben, und löste damit eine Welle Funk Money aus, wie die Welt sie noch nicht gesehen hatte. »Für alle Hongkong-Chinesen war es ein furchtbarer Schock und sie sagten, wir müssen unser Vermögen außer Landes schaffen. Wo sollen wir hin? Und irgendjemandem sind die Britischen Jungferninseln eingefallen«, erklärte Riegels. Der Entschluss von Li Ka-Shing, dem reichsten Mann Hongkongs, seine Schifffahrtsanlagen auf eine auf den BJI eingetragene Briefkastenfirma zu übertragen, ließ das Ansehen der Inseln steigen und sorgte für vorteilhafte Werbung. Ein Anwalt ließ vor dem Hintergrund, dass die Acht im chinesischen Volksglauben als Glückszahl gilt, eine Vielzahl neuer Unternehmen am 8. August 1988 eintragen – 08. 08. 1988, der angeblich glückversprechendste Tag des chinesischen Jahrhunderts. Eigentlich hätte das Handelsregister wegen des Emancipation Festivals, dem wichtigsten öffentlichen Feiertag der Inseln, an dem sie ihre Autonomie feiern, geschlossen bleiben sollen, aber da gute Butler stets zu Diensten sind, blieb es an diesem Tag geöffnet.

Es ist schwer, an konkrete Daten zu kommen, wie viele Unternehmen eigentlich auf den Inseln registriert sind. Nicht zuletzt, weil die Unternehmen so alarmierend einfach aufgelöst, neu gegründet und dann wieder aufgelöst werden können. Doch im Jahr 1997 trugen die Britischen Jungferninseln mehr als 50 000 Unternehmen im Jahr ein. Sie hatten ihre alten Rivalen in der holländischen Karibik weit in den Schatten gestellt und dominierten beinahe die Hälfte des weltweiten Offshore-Unternehmensmarktes.

Aus Sicht der Inseln war es wie ein Wunder, die Entdeckung noch größerer Ölvorkommen als zuvor. Pro Kopf waren die Britischen Jungferninseln im Schnitt nun reicher als der durchschnittliche Westeuropäer. Dabei speiste sich ein Drittel ihrer gesamten Wirtschaftsleistung aus

Finanzdienstleistungen – ihrem größten Wirtschaftssektor, in dem jeder neunte Einwohner beschäftigt war. Zwar brachten die Unternehmen kaum Steuern ein (natürlich nicht, das war ja schließlich der Sinn dahinter), aber die Verwaltungsgebühren, die die Anwälte, welche die Unternehmen gründeten und verwalteten, zahlen mussten, stellten beinahe zwei Drittel der gesamten Staatseinnahmen.

Dieses Geld hat die Inseln von Grund auf verändert. Wo sich noch ein Jahrhundert zuvor schmale Pfade schlängelten, die selbst zu Pferd kaum passierbar waren, winden sich nun Schotterstraßen kreuz und quer die steilen Hügel hinauf und verlaufen entlang ihrer Rücken, auf denen elegante Villen aufs Meer blicken. Vor 40 Jahren arbeitete ein Großteil der Bevölkerung noch in Subsistenzwirtschaft, wohingegen inzwischen beinahe alle Lebensmittel importiert und in kleineren Läden oder riesigen Supermärkten am Rande von Road Town verkauft werden. Die Autos sind bullig und sehr amerikanisch und die Straßenschilder haben weiße Großbuchstaben auf grünem Hintergrund, genau wie in den USA. Ich suchte nach Spuren britischen Einflusses und stieß irgendwann auf einen eisernen Briefkasten mit dem königlichen Wappen, der in einem schiefen Winkel auf einem Stück Brachland stand. Offensichtlich hatte hier seit Jahrzehnten niemand mehr Post hinterlassen, es sei denn, man zählte die Hunde der Gegend dazu.

Der Gouverneur der Inseln war natürlich nach wie vor Brite, und über einen Freund konnte ich ein Treffen mit ihm arrangieren. Sein voller Name lautete Augustus James Ulysses Jaspert, doch er war allen als Gus bekannt (wobei wir nicht so vertraut kommunizierten). Wir hatten ein Treffen am späten Vormittag vereinbart. Ich parkte mein Auto in einem schmalen Schattenstreifen, von dem ich hoffte, er würde später auch noch da sein, klingelte am Tor und lief dann durch einen hübschen kleinen Garten zu einer bescheidenen Villa, in der seine Büros untergebracht waren. Ich klingelte noch mal, um in den Empfangsraum vorgelassen zu werden, und dort wartete ich erst mal.

Während ich wartete, studierte ich eine Tafel mit allen Namen der Gouverneure der BJI. Ein steter Strom an Rauchern zog an mir vorbei, und alle fragten mich, ob man sich schon um mich kümmerte. Ich tauschte meinen Platz gegen einen etwas weiter von der Tür entfernten und studierte ein Porträt der Queen, auf dem sie mich sehr an meine Schwiegermutter erinnerte. Dann blätterte ich durch die Schriftstücke, die sich mir in einem Zeitschriftenregal an der Wand boten: der Flyer einer amerikanischen Versicherungsgesellschaft mit Eselsohren, eine drei Jahre alte Ausgabe eines von den BJI finanzierten Pamphlets und eine zwei Jahre alte Hochglanzbroschüre über Großbritanniens Topmarken. Ich kam mir vor wie im Lehrerzimmer einer vernachlässigten Privatschule in Herefordshire. Man hatte überhaupt nicht das Gefühl, sich in der Schaltzentrale des karibischen Außenpostens eines modernen und weltweit vernetzten Landes zu befinden.

Irgendwann wurde ich in die obere Etage gebeten und ins Büro des Gouverneurs geführt. Jaspert war ein rotblonder Mann mit rosigem Gesicht Ende dreißig, mit einem festen Händedruck. Ich würde Ihnen liebend gern erzählen, was er gesagt hat, doch bevor wir uns setzten, ließ er mich versprechen, dass unsere Unterhaltung unter uns bleiben würde. Doch es gibt keinen Grund, sich ausgeschlossen zu fühlen. Unser Treffen begann zehn Minuten später als vereinbart, bestand ausschließlich aus Belanglosigkeiten und endete bereits nach wenigen Minuten, als einer seiner Untergebenen ganz offenbar wie vorher abgesprochen erschien und ihm sagte, er würde am Telefon verlangt. Ich war so schnell wieder draußen, dass die letzten beiden Raucher noch nicht einmal ihre Zigaretten zu Ende geraucht hatten. Mein Auto stand noch im Schatten.

Eine der wenigen konkreten Aussagen bei unserem Treffen war die Empfehlung, die Verfassung zu lesen. Das tat ich, auch wenn mir nicht klar war, was es mir bringen sollte. In der Präambel heißt es, das Vereinigte Königreich »hat bis auf Weiteres die Verwaltungshoheit inne«, woraus ich schloss, dass die Briten genauso begeistert sind wie früher, die BJI zu regieren, oder wie Gus Jaspert darüber war, mich zu empfangen. Die Freude, ein nicht gewählter Vertreter eines nicht gewählten Staatsoberhauptes in einer entlegenen Kolonie zu sein, besteht darin, dass Sie Journalisten als die lästige Zeitverschwendung behandeln können, die sie sind, ohne dass daraus Nachteile entstehen.

Doch welche Bedeutung hatten die Briefkastenfirmen auf den Britischen Jungferninseln für den Rest der Welt?

Die Inseln behaupten, dass ihre Rolle darin besteht, Investitionen zu erleichtern. Ihre Erklärung lautet, sie würden Transaktionen zwischen Ländern mit Kapital und solchen, die es benötigen, erleichtern, genau wie saubere, gut gewartete Rohre dafür sorgen, dass Wasser und Abwasser frei zwischen Häusern und Kläranlagen hin- und herfließen kann. Die Anwaltskanzleien der Inseln bieten verlässliche, ehrliche Dienstleistungen an, die letzten Endes von britischen Gerichten verteidigt werden. Das beruhigt die Ängste der Investoren, dass ihr Geld unberechenbaren Politikern in Entwicklungsländern in die Hände fallen könnte. Einer von den BJI in Auftrag gegebenen Studie zufolge unterstützen die Investitionen, die über die Inseln in die Welt fließen, rund 2,2 Millionen Arbeitsplätze, viele davon in Fernost: Die Unternehmen der BJI investieren offenbar vier Mal so viel in China wie US-amerikanische Firmen.

Das bedeutet, dass BJI-Unternehmen mächtige Einheiten sind, die das britische Rechtswesen bis ins Herz eines anderen Landes überträgt. Ein Unternehmen kann fast ebenso viele Dinge tun wie eine Person: Es kann Eigentum besitzen, ein Bankkonto eröffnen, Steuern zahlen, Verträge abschließen und so weiter. Zugegeben, es kann nicht wählen oder heiraten und hat demnach nicht die gleichen Rechte wie ein Individuum, doch aus wirtschaftlicher Perspektive ist es ein sehr nützliches Instrument, um die Sicherheit einer Investition zu gewährleisten und das Risiko zu senken, Geld zu verlieren. Diese Funktion ist jedoch vollkommen wertneutral und ihr Nutzen vollständig von den Intentionen des Eigentümers des Unternehmens abhängig. Und genau da liegt das Problem.

Wir haben bereits gesehen, warum zunächst amerikanische Aktiengesellschaften von der Idee angetan waren, Geld über BJI-Unternehmen zu bewegen: Sie wollten sich nicht von der Bundesregierung einschränken lassen oder Steuern zahlen. Dasselbe galt mit noch stärkerer Dringlichkeit für die Hongkonger Geschäftsleute in den 1990er-Jahren, als das Datum, an dem die Kolonie mit China wiedervereint würde, drohend näher rückte. Hongkongs Investoren hatten eine extrem »niedrige Steuermoral« und wollten der kommunistischen Regierung Chinas kein Geld geben, was die Eile erklärt, mit der sie ihr Vermögen vor 1997 hinter die Schutzschirme der auf den BJI registrierten Briefkastenfirmen schafften. Was die Art der Klienten anging, die über Panamas zwielichtige Anwaltskanzleien kamen, so suchten sie die gleichen Dienstleistungen, jedoch aus noch weniger ehrenwerten Motiven: Sie wollten sicherstellen, dass ihre Korruption, Geldwäsche, Drogenhandel und generell ihre Kriminalität vor der Polizei geheim gehalten wurde, vor allem vor den Behörden der USA. »Anfangs stellten wir wenig Fragen, weil wir vor allem erfolgreich sein wollten«, gab Michael Riegels zu. »Da haben Schurken das Angebot zweifellos ausgenutzt.«

Wenn man also die juristische Terminologie beiseitelässt, was verkaufen die BJI? Sie verkaufen diskrete und erschwingliche Vermögensschutzdienstleistungen, die allesamt von der angenehmen und beruhigend stabilen Präsenz der britischen Flagge garantiert werden. Diese Dienstleistungen wurden bereits von nordkoreanischen Waffenhändlern, korrupten afghanischen Politikern, amerikanischen Steuerhinterziehern, südamerikanischen Drogenkartellen, Kreml-Insidern, korrupten Fußballmanagern und viel zu vielen Kriminellen genutzt, um sie alle beim Namen zu nennen. Viele dieser Firmen wurden von Mossack Fonseca, der panamaischen Anwaltskanzlei, die in den 1980er-Jahren auf die Inseln kam, gegründet. Das wissen wir dank eines Datenleaks von Millionen Firmendokumenten im Jahr 2016 und des daraus resultierenden Medienspektakels rund um die sogenannten Panama Papers. Inzwischen hat Mossack Fonseca die Britischen Jungferninseln wieder verlassen – Wer will schon einen Offshore-Anwalt, der Geheimnisse ausplaudert? –, doch als ich die Inseln besuchte, waren die geisterhaften Umrisse des Kanzleinamens noch immer auf der hellblauen Fassade des Bürogebäudes sichtbar, in dem all diese Firmen entstanden sind.

Die BJI beeilen sich stets zu versichern, dass Mossack Fonseca kein für die Inseln typisches Unternehmen ist. Sie bestehen auf ihrem Standpunkt, dass ihre Firmen finanzielle Transaktionen sicherer machen, die Welt dadurch mehr finanzielle Transaktionen durchführen kann und am Ende alle davon profitieren. Das mag sein, doch die Inseln sind weitaus weniger geneigt, zuzugeben, dass durch ihre Briefkastenfirmen Wirtschaftskriminalität verschleiert wird und sie strafrechtlich schwerer zu verfolgen ist. Es handelt sich um eine unbequeme Tatsache, um die sich Anwälte und Politiker der Inseln nur mit Mühe herumlavieren, auch wenn sie es immer noch versuchen.

»Ich finde es nicht fair, die BJI für ethisch fragwürdige Menschen auf der Welt zur Verantwortung zu ziehen. Diesen Leuten ist jedes Mittel recht, das ihren Zwecken dient, und wenn es scheitert, streiten sie es ab. Viele nützliche Werkzeuge wie Messer, Laser oder das Internet können für unmoralische Zwecke missbraucht werden, wenn sie in falsche Hände geraten«, sagte Michael Riegels. »Viele Nutzer der IBCs wollten zweifellos illegales Vermögen verstecken oder Steuern vermeiden, aber diese Leute würden so oder so nach einem Ausweg suchen, ob nun über die BJI oder anderswo.«

Will meinen: Wenn ich es nicht tue, wird jemand anders es tun.

Es wäre schön anzunehmen, dass Politiker in Großbritannien erkannten, was geschah, und einschritten, bevor es außer Kontrolle geriet. Doch das taten sie nicht. Ganz im Gegenteil. Der Boom der Briefkastenfirmen scheint für sie bedeutet zu haben, dass sie die BJI nun guten Gewissens ausblenden konnten. Schließlich verbesserte sich der Lebensstandard der Bevölkerung dort in Windeseile. Lediglich ein konservativer Abgeordneter namens David Shaw, der die Stadt Dover repräsentierte, erkannte die Gefahr, die die Erfindungen der BJI für den Rest der Welt darstellten, und brachte im Jahr 1992 Regulierungsvorschläge ein. Jahrzehnte vor seinen Kollegen erkannte er, dass Geheimhaltung Betrug anzieht, genau wie dunkle Straßen Kriminalität begünstigen, und brachte einen Gesetzesvorschlag ein, der britische Buchhalter und Anwälte daran hindern würde, in Steueroasen zu arbeiten. »Das Hauptproblem von Steueroasen ist, dass sie Transaktionen unter Bedingungen höchster Geheimhaltung ermöglichen«, sagte er. »Zu viele Steueroasen pflegen traditionelle Beziehungen mit Großbritannien. Aber das ist keine Entschuldigung dafür, ihre Wirtschaft auf Betrug aufzubauen.«

Selbst mit diesen drastischen Worten fand er wenig Unterstützung, und sein Gesetzesvorschlag wurde noch nicht einmal ein zweites Mal im House of Commons angehört. Wie ein nachlässiger Vater, den es nicht kümmert, ob seine Kinder zu Taschendieben werden, solange er nur seine Ruhe hat, war Großbritannien offenbar ganz zufrieden damit, dass die BJI ihren eigenen Weg gingen.

Im Jahr 1997 zog sich Michael Riegels aus seiner Anwaltskanzlei, die inzwischen schlicht Harneys heißt und nach wie vor in Road Town sehr präsent ist, zurück. Zuerst ging er zur Anwaltskammer der BJI und dann zur Financial Services Commission, die den Finanzsektor der Insel steuert. Er und Norma führen inzwischen ein komfortables Leben im Ruhestand in einer nach Südwesten ausgerichteten Villa, von der aus man beobachten kann, wie sich die weißen Segel der Jachten im Wind blähen, der beständig über dem tiefblauen Karibischen Meer bläst. »Ich denke einfach, dass ich zur rechten Zeit am rechten Ort war«, sagte er und lachte laut auf. »Ich könnte immer noch in Ham oder an einem anderen Ort in England sitzen und mich über das Wetter und den Brexit und all das beschweren, aber hier ist mir das alles völlig egal. Wir hatten keine Ahnung, was auf uns zukam, und hatten einfach Glück, zu dem Zeitpunkt zufällig hier gewesen zu sein.«

Wir hatten zu Mittag ein Curry gegessen, das Norma nach ostafrikanischer Art mit frischen Chutneys gekocht hatte, und es war offensichtlich, dass sie ihre Zeit in Tansania in liebevoller Erinnerung hatten. Auch ihre Villa trug einen Namen auf Suaheli: *Nyumba Yetu*, was so viel bedeutet wie »unser Haus«. Es ist mit einer geschmackvollen Auswahl an afrikanischen Skulpturen dekoriert. Kurz bevor die COVID-Pandemie die internationale Reisebranche einfror, hatten sie mit der gesamten Familie einen sehr schönen Urlaub in ihrem Heimatland verbracht, um noch einmal zu sehen, wo alles angefangen hatte. Auch wenn sie nicht umhinkamen zu bemerken, wie heruntergekommen die Fünf-Sterne-Einrichtungen nach wie vor doch waren.

Der Tourismus zählt zu einem der wichtigsten Versuche Tansanias, die Wirtschaft in Schwung zu bringen und das erstarrte, wenn auch ehrenwerte System hinter sich zu lassen, das Nyerere – der Mitte der Achtzigerjahre abdankte – dem Land hinterlassen hatte und das beträchtliche Investitionen in die für den Tourismus wichtige Infrastruktur nötig machte. Anfang der 1990er-Jahre hatte sich die damalige Regierung bei internationalen Unternehmen Angebote für ein Radarsystem eingeholt, das einen höheren Flugverkehr – und damit mehr Touristen – auf dem Flughafen von Daressalam erlauben würde. Auch wenn nicht alle restlos davon überzeugt waren, dass dies der beste Einsatz für die knappen Ressourcen des Landes war, unterschrieb die Regierung im Jahr 1999 einen Vertrag mit dem britischen Verteidigungsgiganten BAE Systems und seinem lokalen Vermittler Shailesh Vithlani für die Installation eines doppelt genutzten Radarsystems für Militärflugzeuge und für Zivilmaschinen zum Preis von 40 Millionen Dollar.

Die britische Regierung ließ sich ein ganzes Jahr Zeit, um den Deal zu genehmigen, und als sie es schließlich tat, löste das Projekt einen Sturm der Entrüstung aus. Schließlich ging es um eine Menge Geld für ein so furchtbar armes Land: Die Menschen in Tansania hatten eine Lebenserwartung von nur 45 Jahren, zwei Millionen von ihnen hatten HIV/Aids und die Staatsschulden beliefen sich zu jenem Zeitpunkt bereits auf 5,4 Milliarden Dollar. Abgesehen davon, dass Tansania dieses Radarsystem womöglich gar nicht benötigte, hatte es zudem auch noch ein extrem teures gewählt. 40 Millionen Dollar entsprachen einem Drittel der gesamten jährlichen Bildungsausgaben des Landes, und die Weltbank erklärte, dass man ein vollkommen angemessenes System auch für ein Viertel des Preises bekam. Großbritanniens Entwicklungsministerin Clare Short war gegen den Deal, ebenso wie führende Hilfsorganisationen. Doch Tansanias Politiker bestanden darauf, dass das Radarsystem genau das war, was das Land brauchte. Irgendwann hatten sie die britische Regierung so weit und das Projekt wurde – mit einem Auge auf die 250 Arbeitsplätze, die der Auftrag schuf – durchgewinkt.

Lediglich ein paar Jahre später kam der wahre Charakter der Transaktion ans Licht und man bekam einen Eindruck, welchen Schaden Michael Riegels' Erfindung in seinem Heimatland angerichtet hatte. Im Jahr 1998, als die Verhandlungen für den Radarvertrag noch in vollem Gange waren, ließ BAE auf den Britischen Jungferninseln still und leise eine Briefkastenfirma namens Red Diamond Trading Ltd. registrieren, die zur Tarnung der tatsächlichen Eigentümerschaft im Register als börsennotiertes Unternehmen erschien, was wesentlich dafür war, wie der tansanische Deal ablief.

Jedes Mal, wenn die tansanische Regierung eine der Rechnungen von BAE Systems bezahlte, gab der Verteidigungsgigant eine Provision an Vithlanis tansanisches Unternehmen weiter, die er sich in seiner Rolle als ihr lokaler Vermittler verdient hatte. Die Menge variierte je nach Höhe der ursprünglichen Rechnung, mal waren es 5500 Dollar, mal 2750, mal 25 000. Zugleich zahlte BAE Systems Vithlanis Unternehmen auf den BJI, jedoch ohne dass die tansanischen Behörden es bemerkten, viel größere Beträge aus. Auch hier variierten die Beträge – mal waren es 344 500, mal 272 250, mal 1.780 000 Dollar –, doch es war stets erheblich mehr, manchmal sogar 100-mal mehr Geld als das, was auf das tansanische Firmenkonto eingezahlt wurde. Nach offiziellen Angaben von BAE Systems wurde Vithlani für »technische Dienstleistungen« bezahlt, obwohl er über keinerlei technische Expertise bezüglich der Radarsysteme verfügte, wie spätere Gerichtsdokumente deutlich machten.

All diese Dinge wissen wir dank einer Reihe ausufernder und verwobener polizeilicher Ermittlungen in der Geschäftsführung von BAE Systems. Das Unternehmen wehrte sich mit aller Macht gegen die Anklage von Korruption, bekannte sich aber aller anderer Anklagepunkte für schuldig und musste 400 Millionen Dollar Strafe an das US-Justizministerium zahlen. »BAES richtete eine Firma auf den Britischen Jungferninseln ein, um die ›Marketingberatungsbeziehungen‹ der BAES zu verschleiern, einschließlich dessen, wer der Vermittler war und wie viel Provision gezahlt wurde; um die Arbeit der ermittelnden Behörden dabei zu behindern, die tatsächlichen Zusammenhänge aufzudecken; um Gesetze der Länder zu umgehen, in denen Vermittlergeschäfte nicht zugelassen sind, und um es Beratern zu ermöglichen, Steuern zu vermeiden«, heißt es in der US-amerikanischen Anklageschrift. Nur ein Unternehmen auf den BJI konnte all diese Dinge fertigbringen. Ein solches Unternehmen ist ein mächtiges Instrument.

Auf der anderen Seite des Atlantiks gestalteten sich die Ermittlungen als weniger umfassend. Die britische Regierung hielt das Serious

Fraud Office, die britische Strafverfolgungsbehörde für schwere Betrugsdelikte, aus Gründen der nationalen Sicherheit davon ab, die Beziehungen von BAE Systems zu Saudi-Arabien unter die Lupe zu nehmen. Und da das SFO nicht dieselben Verbrechen verfolgen wollte, die bereits ihre Kollegen in Washington bearbeiteten, blieb ihnen lediglich der vergleichsweise kleine tansanische Deal. Wieder weigerte sich BAE Systems, zu akzeptieren, dass sie korrupt gehandelt hatten, doch im Jahr 2010 bekannte das Unternehmen sich des formalen Vergehens der fehlerhaften Buchführung für schuldig. Das bedeutete, es hatte insgesamt Zahlungen von zwölf Millionen Dollar an Vithlani unterschlagen – geschleust über das BJI-Unternehmen, das das Geld wiederum an ein weiteres Offshore-Unternehmen namens Envers zahlte.

Und wieder kam ein BJI-Unternehmen seiner Aufgabe nach, genug Verwirrung über den endgültigen Verbleib des Geldes zu stiften und auf diese Weise dafür zu sorgen, dass die ermittelnden Behörden in ihrem Versuch, die Schmiergelder nachzuweisen, behindert wurden. »Es ist nicht möglich, genau festzustellen, was Vithlani mit dem Geld tat, das ihm gezahlt wurde«, lauteten die einleitenden Worte des Staatsanwalts des SFO. »Lobbyarbeit ist eine Sache, Korruption eine andere.«

Der sehr erfahrene Richter David Bean war alles andere als glücklich und in seiner Urteilsverkündung ließ er seinem Frust derart freien Lauf, dass er allem Anschein nach einem Wutanfall nahe war. Er kritisierte das SFO, das Serious Fraud Office, für die Entscheidung, lediglich ein so lächerliches Vergehen anzuklagen und damit die Erklärung von BAE Systems hinsichtlich der Zahlungen via Britische Jungferninseln zu akzeptieren. »Es wirkt extrem naiv, in diesem Fall davon auszugehen, dass Vithlani lediglich ein gut bezahlter Lobbyist war«, stellte er fest. »Es liegen keinerlei Beweise vor, dass BAE Teil eines korrupten Übereinkommens war. Das wollten sie nicht und sie brauchten es auch nicht. Die Tatsache, dass das Geld von ihnen an Red Diamond gezahlt wurde, von Red Diamond an Envers und von Envers an Mr. Vithlani rückt sie zwei oder drei Schritte von fragwürdigen Aktivitäten fort.« Besonders zornig schien ihn zu stimmen, dass BAE Systems die Zahlungen an Vithlani als »technische Dienstleistungen« ausgewiesen hatte. »Sie überwiesen Zahlungen an Mr. Vithlani, 97 Prozent davon über zwei Offshore-Unternehmen, mit der Intention, dass er nach Belieben Zahlungen an Personen vornahm, die den Radarvertrag in die Wege leiten konnten«, schrieb der Richter. Doch der Schutzschirm, den die auf den Britischen Jungferninseln registrierte Firma über das Geld hielt, machte weitere Nachforschungen unmöglich.

Vithlani selbst bestritt jegliche Vergehen seinerseits, ebenso wie alle beteiligten tansanischen Politiker, auch wenn eine vom House of Commons in Auftrag gegebene Ermittlung besagte, dass Parlamentsmitgliedern bei einem »informellen Treffen« mit tansanischen Politikern gesteckt wurde, dass Bestechungsgelder geflossen waren. Die tansanischen Politiker versprachen, dass man der Sache nachgehen würde, doch auch diese Ermittlungen verliefen aufgrund des BJI-Schutzschirms im Sand. Das Vergehen, für das BAE Systems am Ende verklagt wurde – ein formaler Buchhaltungsfehler –, beklagt keine Opfer, doch das Unternehmen willigte ein, Tansania 29,5 Millionen Pfund Entschädigung zu zahlen, was in die Ausstattung von Schulen investiert wurde. Damit war die ganze Sache still und leise bereinigt und vergessen. Als ich Michael Riegels fragte, was er von dem ganzen Skandal hielt, behauptete er, nie davon gehört zu haben.

Im Jahr 2019 veröffentlichte Benjamin Mkapa, der zu der Zeit Präsident gewesen war, als der Radarvertrag unterzeichnet wurde, seine Memoiren. Ob führende Politiker Schmiergelder angenommen hatten, um ein überteuertes Radarsystem durchzuwinken, das ihr Land nicht benötigte, wird lediglich mit einem verbalen Achselzucken abgehandelt.

»Auch wenn ich nicht schwören könnte, dass ›der große Mann‹ im Verkehrsministerium, im Verteidigungsministerium oder der Generalstaatsanwalt nichts bekommen haben, letzten Endes weiß ich es nicht. Und offen gestanden will ich es auch gar nicht wissen«, schrieb er. Zu seiner Verteidigung muss gesagt werden, dass er es, wiederum dank der Britischen Jungferninseln, auch gar nicht wissen konnte.

Es ist eine Art Muster, das sich in ganz Afrika ausgebreitet hat. Was auch immer in diesem spezifischen Fall geschah, wir wissen von Politikern aus Nigeria, Angola, Guinea, Südafrika, Kenia, Ruanda, Äquatorialguinea, der Demokratischen Republik Kongo und vielen anderen Ländern, dass sie auf den Britischen Jungferninseln registrierte Firmen als Instrument nutzten, um den Raub großer Vermögenswerte zu verschleiern, die die Bevölkerung dringend brauchte, und um zu verhindern, dass sie jemals dafür zur Rechenschaft gezogen wurden. Dieser Butler kümmert sich nicht um die moralische Integrität seiner Klienten, er dient lediglich ihren Interessen.

Als Nyerere Präsident war, bestand seine große Angst darin, dass die Tansanier, die sich erfolgreich von der Ausbeutung durch die britische Kolonialherrschaft befreit hatten, einer neuen Gruppe lokaler Ausbeuter zum Opfer fallen. Dies war einer der Gründe, warum er auf genauester Kontrolle von Politik und dem Rechtssystem des Landes bestand: Er selbst war redlich, doch er konnte sich nicht darauf verlassen, dass andere es auch waren. Im Jahr 1970 zitierte die *New York Times* einen »in London ausgebildeten Anwalt« (es war nicht Riegels, aber er sagte mir, dass er den Aussagen des Anwalts voll und ganz zustimmte), der gerade Präsident Nyerere getroffen hatte, um sich über die Verhaftung von 30 Männern zu beschweren, die der Korruption angeklagt waren. »Präsident Nyerere antwortete, dass ein Korruptionsfall nach dem anderen vor Gericht gescheitert war, weil die Ermittler so unqualifiziert waren«, wurde der Anwalt in dem Artikel zitiert. »Er hatte das Gefühl, dass Korruption eine furchtbare Bedrohung für ganz Afrika darstellte, und er musste sie in Tansania beenden.«

Welch grausame Ironie, dass ausgerechnet Riegels, ein Sohn Tansanias, das Instrument geschaffen hatte, das Nyereres Versuche, im öffentlichen Dienst Ehrlichkeit zu etablieren, unterlief und seine Nachfolger austrickste. Doch war aus britischer Perspektive nicht alles besser? Die Gebühren, die durch das Butlern verdient werden, fallen britischen Menschen zu, die aus britischen Verwaltungsgebieten heraus operieren. Was sollte es Großbritannien kümmern, was sie taten? Das ist sicherlich eine Frage, die wir angesichts der Entscheidung der britischen Regierung stellen könnten, die Versuche des SFO einzustampfen, die Verbindungen von BAE Systems nach Saudi-Arabien aufzudecken, die ebenfalls substanzielle Zahlungen über auf den BJI registrierte Firmen beinhalten. Dieses Argument wurde auch von Verteidigern der Britischen Jungferninseln hervorgebracht, als sie von einem Untersuchungsausschuss des britischen Parlaments befragt wurden. »Die Britischen Jungferninseln könnten weltweit maximal 750 Millionen Pfund Steuererleichterung verursachen und nur ein Bruchteil davon würde Großbritannien betreffen«, heißt es in einem Bericht des International Centres Forum, einer Lobbygruppe für die BJI und die übrigen britischen Überseegebiete, die sich mit ähnlichen Geschäftsmodellen finanzieren. »Jeder Steuerverlust aufgrund der Überseegebiete muss vor dem Hintergrund betrachtet werden, welchen Beitrag sie der britischen Wirtschaft leisten.« Will meinen: Ja, wir sind Butler. Ja, wir helfen unseren Kunden, mit ziemlich üblen Machenschaften ungeschoren davonzukommen. Aber Sie und ich verdienen ziemlich gut daran, also wozu die Sorgen?

Im nächsten Kapitel möchte ich aufzeigen, wie die Steuerverluste die britische Bevölkerung sehr wohl und auf sehr ernste Weise treffen, und dass sie sich große Sorgen machen sollte.

KAPITEL 5
FELS IN DER BRANDUNG

GIBRALTAR WURDE IM FRÜHEN 18. Jahrhundert Teil des britischen Empire, ungefähr zur selben Zeit wie die Britischen Jungferninseln. Abgesehen davon könnten die beiden Kolonien verschiedener kaum sein. Während die Britischen Jungferninseln jahrhundertelang ein entlegenes Fleckchen waren, um das sich keine Nation scherte, war Gibraltar ein wiederholt von den Weltmächten umkämpfter Felsen. Im wahrsten Sinne des Wortes standhaft, wurde er zum Symbol der störrischen Kraft der britischen Nation. Die berühmte Silhouette des Felsens von Gibraltar, ein hoch aufragender Sandsteinlöwe am Zugang zum Mittelmeer, hat bereits das Titelblatt unzähliger Kriegszeitschriften und Magazine für junge Männer geziert. Jegliche Bedrohung seines Status führt in der Londoner Boulevardpresse zu einem Sturm der Entrüstung. Keine andere Kolonie der Erde ist den Herzen seiner Herren je so nah gewesen.

Das ist wirklich ziemlich seltsam. Gibraltar ist eine winzige Halbinsel, nicht viel größer als der Londoner Wimbledon Common: ein kleiner Zipfel, der unten an der Iberischen Halbinsel baumelt. Ich habe ihn binnen einer Stunde vollständig umrundet, einschließlich eines kleinen Ausflugs über die Grenze nach Spanien am Anfang und am Ende. Während Kolonien wie Indien das britische Königreich ungeheuer reich machten, hat Gibraltar im Laufe seiner Geschichte nicht viel dazu beizutragen. Noch nicht einmal in militärischer Hinsicht, und wenn es einmal an Bedeutung gewann, dann war es von kurzer Dauer. Beispielsweise, als das Mittelmeer im Jahr 1869 mit der Eröffnung des Suezkanals von einem See in eine Verkehrsfläche verwandelt wurde. Der Besitz des

Felsens sicherte Großbritannien die Kontrolle über den Eingang und den Ausgang des Mittelmeers zu.

Vor dem Ersten Weltkrieg war Gibraltar für die kohlebetriebene Royal Navy eine nützliche Auffüllstation, die dafür sorgte, dass die Schiffe fernab ihrer Heimathäfen patrouillieren konnten. Der ölbetriebenen Marine des Zweiten Weltkriegs diente es dazu, die Route zu den Ölfeldern des Mittleren Ostens offen zu halten, auch für die Konvois, die die britischen und amerikanischen Streitkräfte in Nordafrika, Italien, im Balkan und Südfrankreich versorgten. Die längste Zeit des Krieges war Gibraltar zudem der einzige Teil des europäischen Festlands westlich der Sowjetunion, der in alliierter Hand war. Das gab dem Felsen symbolische und praktische Bedeutung, nicht zuletzt, weil er dem Cousin meiner Urgroßmutter Billie die Heimkehr ermöglichte, nachdem er aus der Kriegsgefangenschaft der Nazis geflohen war. Der Krieg hinterließ dem Felsen als Erbe ein sich über Kilometer erstreckendes Tunnelgeflecht, das vielen der zehntausend Männer, die Gibraltar zu ihrem Zuhause machten, als Krankenhaus, Munitionslager und Unterkunft diente. Inzwischen ist es neben den Tunneln, die aus früheren Belagerungen des Felsens stammen, und einigen reizvollen natürlichen Höhlen zu einer beliebten Touristenattraktion geworden.

Als London 1704 den Felsen eroberte und die Kontrolle übernahm, wurde die ursprüngliche spanische Bevölkerung vertrieben und durch Einwanderer aus Malta, Marokko, Genua, Indien, England und anderen Ländern ersetzt, die auf den Werften arbeiteten, die Garnison versorgten und einen kleinen Schmuggelhandel mit den Spaniern auf der anderen Seite der Bucht unterhielten. Diese Gibraltarer wiederum verloren im Zweiten Weltkrieg ihr Zuhause, als sie zwangsevakuiert wurden, um Platz für die vielen alliierten Soldaten, Seeleute und Piloten zu schaffen. Die Evakuierungserfahrung – das Zusammengehörigkeitsgefühl, die Diskriminierung, die sie im Exil erfahren hatten, und ihr Kampf darum, nach Kriegsende nach Hause zurückzukehren – schweißte sie zusammen und schuf zum ersten Mal überhaupt eine organisierte und geschlossene gibraltarische Nation. Nach ihrer Rückkehr forderten sie die Selbstverwaltung und erhielten sie im Jahr 1950.

Doch der demokratische Fortschritt bedeutete nicht, dass das Leben leicht war. Es waren die Jahre der Dekolonisierung, als London die Kontrolle über Indien, den Suezkanal und viele weitere strategische Posten aufgab. Nicht ohne Grund fragten die Spanier, warum die Briten sich so sehr an ihre kleine Felsenkolonie klammerten, wo sie doch so viele andere in die Freiheit entlassen hatten. Theoretisch hatte Großbritannien zwar laut des 1713 unterschriebenen Vertrags von Utrecht die Verwaltungshoheit über Gibraltar auf unbestimmte Zeit inne, doch die Zeiten änderten sich und die spanische Regierung forderte die Halbinsel zurück.

Gut möglich, dass Großbritannien den Union Jack ebenso bereitwillig eingeholt hätte, wie es bei Tanganjika der Fall gewesen war. Im Zeitalter ballistischer Langstreckenraketen und Atom-U-Boote wirkten kleine und ausgesetzte Militärstützpunkte wie dieser angreifbar, anachronistisch und teuer im Unterhalt. Doch die Kontrolle über diesen Ort aufzugeben war ein politisches No-Go: Die Gibraltarer und ihre zahlreichen Freunde im Vereinigten Königreich wehrten sich mit aller Macht gegen eine spanische Verwaltung (immerhin hatte Spanien zu der Zeit noch eine faschistische Regierung). Nachdem ein Referendum ergeben hatte, dass bis auf 44 alle Gibraltarer unter britischer Herrschaft verbleiben wollten, war die Sache für London entschieden, was in Madrid für Unmut sorgte. Im Jahr 1969 kappte Caudillo Francisco Franco alle Verbindungen mit Spanien zu Land, zur See und zur Luft und Gibraltar befand sich für die nächsten 16 Jahre praktisch in einem Belagerungszustand. Seine gesamte Wirtschaft war von London abhängig, insbesondere die Werften der Royal Navy.

Gibraltar war schon immer überraschend britisch gewesen, doch nun kehrte es Spanien umso entschlossener den Rücken. Der regionale Dialekt – Llanito, eine Mischung aus andalusischem Spanisch, genuesischem Italienisch, Englisch, Hebräisch und verschiedenen anderen Versatzstücken – wurde langsam, aber sicher von der englischen Sprache verdrängt, die die jungen Leute an den Universitäten in Großbritannien lernten. Ohne den steten Strom der spanischen Gastarbeiter, die täglich über die Grenze kamen, wurden die Läden und Restaurants noch abhängiger von der Militärkundschaft und damit noch britischer. Wer heute an den Cafétischen am Casemates Square oder entlang der Main Street spaziert, bekommt leicht den Eindruck, man befinde sich in einem englischen Provinzstädtchen, auch wenn das Wetter überraschend schön ist.

Gibraltar versuchte zwar, in das Geschäft der Steueroasen einzusteigen, indem es die Gesetzesinnovationen aus der Karibik zu imitieren versuchte, hatte damit jedoch nicht wirklich Erfolg. Amerikanische Kunden hegten kein Interesse, den Atlantik zu überqueren, und die Europäer hatten mit der Schweiz, Luxemburg und einer Auswahl verschiedener Kleinststaaten bereits französisch-, deutsch- und italienischsprachige Bankiers zur Hand. Hin und wieder schickte ein Anwalt von den Kanalinseln ein Geschäft, das ihm zu krumm war, in den Süden, doch viel kam dabei nie zusammen.

»Was das BIP angeht, bestand die Wirtschaft zu zwei Dritteln aus dem Verteidigungsministerium. Was die Arbeitsplätze angeht, stellten sie in den 1970er-Jahren und bis in die frühen 1980er-Jahre 40 Prozent sicher«, sagte Ernest Montado, der in den frühen 1970er-Jahren die Statistikbehörde in der Kolonie einrichtete und bei dem immer noch eine Spur des schwer zu verortenden Llanito-Akzents herauszuhören ist, der den Sprecher wie einen weit gereisten Waliser klingen lässt. Kaum war die Grenze geschlossen, schickte London eine Delegation los, um die wirtschaftliche Situation zu beurteilen, doch sie lieferte wenig nützliche Vorschläge. »Die haben nur gesagt, man könne mit diesem Felsen wenig anfangen, wissen Sie. Haben von Dingen wie Schalentierzucht geredet, aber ich habe gesagt, damit wird man nicht viele Menschen ernähren können«, erinnerte sich Montado.

Dann kam 1981. Anfangs ein gutes Jahr, in dem die Gibraltarer die volle britische Staatsbürgerschaft erhielten und Prinz Charles und Prinzessin Diana dem Felsen auf ihren Flitterwochen einen Besuch abstatteten. Doch im Juni verkündete die Regierung in London, dass man die Royal Navy drastisch umstrukturieren würde. Nun, da es kein koloniales Empire mehr zu verteidigen gab, benötigte Großbritannien weniger Schiffe, und diejenigen, die es unterhielt, waren technisch hoch entwickelte Kriegsschiffe. Das bedeutete, dass man weniger, dafür aber spezialisiertere Werften brauchte und Gibraltar würde nicht dazuzählen. Für die 1400 Werftarbeiter war die Nachricht verheerend und für die gesamte Kolonie eine Katastrophe. Die Grenze war nach wie vor geschlossen, und nun verloren sie auch noch ihren einzigen bedeutenden Arbeitgeber. »Das Bruttoinlandsprodukt würde einfach um 25 Prozent einbrechen«, kommentierte Montado.

Inzwischen war General Franco in Spanien gestorben, und die neue demokratische Regierung in Madrid lockerte die Restriktionen an der Grenze, was den Gibraltarern zumindest Handelsbeziehungen zu ihren Nachbarn in Aussicht stellte. Doch da fast alles, einschließlich der Immobilien der Kolonie, dem Verteidigungsministerium gehörte, war eine wirtschaftliche Diversifikation gar nicht so leicht umzusetzen. Es gab Unterkünfte für Bedienstete, besondere Unterkünfte für die Offiziere und Schwimmbäder für die Marine, die Armee und die Luftwaffe. Außerdem hatten ihre Spielkapellen jeweils eigene Proberäume und einige Anliegeplätze wurden instand gehalten für den Fall, dass einmal ein großes U-Boot einfuhr.

Die 20 000 Gibraltarer quetschten sich in ein Drittel der an sich bereits winzigen Gesamtfläche der Kolonie. »Wir haben hier einen Bezirk namens Alameda Estate – von hier aus können Sie ihn sehen«, sagte Montado, führte mich ans Fenster und zeigte quer über die Stadt nach Süden. Es handelte sich um sechs oder sieben Wohnblocks des besten sozialen Wohnungsbaus, den Gibraltar je hervorgebracht hat. Dort wohnen 4500 Menschen in schönen, komfortablen Wohnungen. Etwas weiter den Felsen hinauf befindet sich ein Bezirk namens Mount, dessen Fläche ebenso groß ist wie der Alameda Estate, der lediglich den Admiral und seine Frau beherbergt. Montado stellte fest: »Man kann nicht von uns erwarten, so einen Tiefschlag hinzunehmen und unsere Wirtschaft breiter aufzustellen, wenn wir noch nicht einmal einen verdammten Bürokomplex bauen können – wir haben einfach nicht genug Platz.«

Die Kolonialregierung wurde ab 1988 von einem streitlustigen Gewerkschaftsvertreter namens Joe Bossano geführt, der in den Arbeitskämpfen im Londoner Osten gelernt hatte, geschickt zu verhandeln, und mit der britischen Regierung hart um gute Bedingungen für die ansässigen Arbeiter kämpfte, die entlassen wurden. Sein Ziel bestand darin, Gibraltar zu einem wettbewerbsfähigeren Standort zu machen. Um mehr Stadtfläche zu erhalten, wurde die Landgewinnung vom Meer vorangetrieben und es wurden mehr Häuser und Bürokomplexe gebaut. Die Menschen, die zu dieser Zeit in England studierten, erinnern sich, dass die Kolonie jedes Mal, wenn sie heimkehrten, größer geworden war.

Als ich Gibraltar besuchte, war Bossano gerade nicht vor Ort, doch nachdem er gehört hatte, dass ich mit ihm reden wollte, rief er mich eines Sonntagabends an und wir unterhielten uns für ein paar Stunden. Bevor er zum Ministerpräsidenten gewählt wurde, war er Vorsitzender der Oppositionspartei gewesen. Die Aussicht, dass ein strategisch so wichtiger Außenposten von einem überzeugten Sozialisten regiert werden sollte, hatte die amerikanische Politik alarmiert. Bereits im Jahr vor der Wahl lud man Bossano auf Staatskosten in die USA ein und versuchte ihn von den Vorzügen des Kapitalismus zu überzeugen. »Ich war beeindruckt von ihrer Aufrichtigkeit, ihrer Transparenz und ihrer Ehrlichkeit, wenn es darum ging, mir zu sagen, was sie vorhatten. Sie wollten, dass ich für eine Gehirnwäsche anreiste, und das tat ich«, sagte Bossano. Es wurde eine für beide Seiten sehr erfolgreiche Reise. Der sozialistische Unruhestifter traf eine Reihe amerikanischer Kapitalisten und kehrte vollkommen verändert zurück.

»Nach meiner Zeit in West Ham war ich politisch sehr links ausgerichtet, doch dann lernte ich bei einigen Treffen auf Augenhöhe mit Topleuten in den Staaten mehr über die eigenartigen Seiten des Kapitalismus«, erzählte Bossano. »Es war ein unglaubliches Erlebnis, fast schon elektrisierend. Als würden die Typen Funken sprühen. Man konnte ihre Energie förmlich sehen.«

Nach seiner Rückkehr und der Wahl ins wichtigste Amt der Kolonie heuerte er eine amerikanische Firma an, um bessere Telefonverbindungen mit dem Rest der Welt einzurichten, und entfesselte die Macht des Privatkapitals, vor allem dadurch, dass er nichts tat, um es zu regulieren. »Wir haben die Regeln nicht gebrochen, sondern nur flexibler gemacht, um sie besser an die Bedürfnisse der Kunden anzupassen«, sagte er.

Bekannt wurde er unter anderem dafür, dass er ein paar Geschäftsleute, die eine großzügige Abfindung erhalten hatten, nicht daran hinderte, ihr Geld in Schnellboote zu investieren, mit denen sie Gibraltars traditionsreichen Schmuggelhandel wiederaufleben ließen. Wenn ein Gibraltarer sein Boot mit Zigaretten belud und schnell nach Spanien übersetzte, konnte er in wenigen Minuten 5000 Pfund waschen, mehr als seine Eltern früher in einer der alten Werften im gesamten Monat verdient hatten. Und schon bald taten Hunderte Menschen genau das. In den frühen 1990er-Jahren importierte Gibraltar so viele Zigaretten, dass jeder Einwohner des Felsens im Schnitt sieben Packungen am Tag rauchte. Die meisten von ihnen gingen direkt weiter nach Spanien. Dieser Schmuggel brachte Bossanos Regierung Jahreseinkünfte über 16 Millionen Pfund ein, und die kriminellen Banden, die den Handel kontrollierten, erwirtschafteten einen hübschen Profit. Im Gegenzug kostete er die spanische Regierung jedoch Hunderte Millionen Pesetas an verlorenen Zollabgaben. Jahrelang weigerte sich Bossano, dem Schmuggel Einhalt zu gebieten, und ließ sich erst dazu bewegen, als die Regierung in London damit drohte, die Kolonie wieder direkt zu verwalten.

»Die Realität sieht so aus: Wir leben ohne Essen und ohne Wasser auf einem Sandsteinfelsen am Eingang zum Mittelmeer. Irgendwie müssen wir schließlich unseren Lebensunterhalt bestreiten, auch wenn die Wege oft nicht die besten sind«, kommentierte Bossano. (Als er es sagte, klang es durchaus nachvollziehbar, doch niedergeschrieben sieht es furchtbar aus. Er ist wirklich einer der charmantesten Menschen, mit denen ich je gesprochen habe.) »Hätte ich zwischen mehreren Dingen wählen können, würde ich nicht sagen, dass ich eine Wirtschaft entwickelt hätte, die von militärischer Aktivität abhängig ist, oder eine Wirtschaft, die darauf aufbaut, billige Zigaretten und Alkohol zu verkaufen. Doch die traurige Wahrheit sieht so aus: Wenn wir nichts davon täten, würden in Gibraltar bei einer normalen Beziehung zwischen menschlichem Leben und der Natur lediglich ein halbes Dutzend Menschen überleben.«

Zum Glück überquerten einige Briten, die in Südspanien lebten oder Urlaub machten, die offenen Grenzen, um die alte Kolonie zu besuchen und vertraute Annehmlichkeiten wie ein Pint Bitter Lemon oder eine in

Zeitungspapier eingewickelte Portion Fish and Chips zu genießen. Dadurch floss ein bisschen mehr Geld in die Wirtschaft, was wiederum den Banken half und die Entwicklung eines Steuerparadieses begünstigte, da die Briten gibraltarische Unternehmen nutzten, um spanische Immobilien zu kaufen, und ihr Geld bei gibraltarischen Banken anlegten. Noch wichtiger war jedoch, dass die offene Grenze einem lokalen Geschäftsmann Kunden brachte, der sich als derjenige herausstellen würde, der Gibraltars ganz besondere Nische im Butlergeschäft finden würde – ein Mann namens Freddie Ballester. Obwohl er großen und stetig wachsenden Einfluss auf das Weltgeschehen hatte, ist er beinahe vollkommen unbekannt. Bevor ich nach Gibraltar reiste, hatte ich noch nie von ihm gehört. Dabei handelt es sich bei ihm um das gibraltarische Äquivalent zu Michael Riegels.

Ballester ist ein kräftiger, gedrungener Mann mit weißen Haaren und einem breiten Lächeln. Wir trafen uns in einem Café im Erdgeschoss von einem der vielen Bürogebäude, die auf dem Land gebaut worden waren, das Bossanos Regierung vom Meer gewann. Unsere Unterhaltung wurde wiederholt von Begrüßungen unterbrochen; Ballester schien jeden der Vorbeikommenden zu kennen. In der Nachkriegszeit geboren, arbeitete er zunächst in einem Hotel und kam dort mit einem britischen Buchmacher ins Gespräch, der nach Gibraltar gereist war, um eventuell eine lokale Kette von drei Wettbüros namens Rock Turf Accountants zu kaufen. Offenbar beeindruckt von Ballesters energetischem Auftreten, bot der Gast ihm einen Job an. Als Ballester während seiner Flitterwochen in London war, besuchte er das Wettbüro und ihm gefiel, was er sah.

»Sie haben einen Geschäftsführer geschickt, um mich einzuarbeiten, und mich dann elf Monate lang allein gelassen. Ab 1974 habe ich die Geschäfte geführt«, erzählte Ballester. Als die Grenze noch geschlossen war, bestand seine Kundschaft vor allem aus britischen Soldaten, die auf dem Felsen stationiert waren. Sie kamen, um auf britische Sportveranstaltungen zu wetten, vor allem Fußball, und auf Pferde- und Hunderennen. »Es war, was es war. Was Besseres gab es nicht, wissen Sie.«

Hatte man einmal die Grundlagen verstanden, dann war die Leitung eines Wettbüros zu jener Zeit keine sehr schwierige Aufgabe. Seine Karriere hätte auf ewig weiter vor sich hin dümpeln können, wäre nicht in den 1980er-Jahren die Grenze geöffnet und seine Kundschaft eine andere geworden. Britische Expats, die entlang der Costa del Sol nördlich von Gibraltar an der Mittelmeerküste lebten, fuhren regelmäßig in die Kolonie, um ein wenig Heimat zu schnuppern. Während ihre Ehefrauen einkaufen gingen, kamen die Männer in das Wettlokal und riskierten ein paar Pfund. »Ich kam mit ihnen ins Gespräch und sie sagten: ›Wir können nicht jeden Tag nach Gibraltar kommen, aber wenn wir Geld bei dir deponieren, können wir trotzdem wetten.‹ Also hinterlegten sie, sagen wir, 50 Pfund und riefen mich an. Bis zu dem Betrag, egal ob gewonnen oder verloren, hafteten sie.«

All das waren erfreuliche Entwicklungen, doch es hätte besser laufen können. Das Gesetz stand der Ausweitung seines Geschäfts im Weg. Zu jener Zeit wurde auf jede in britischen Wettbüros getätigte Wette eine Steuer von rund 7,5 Prozent erhoben, nur auf Pferderennbahnen war sie mit vier Prozent niedriger. Also riefen die in Spanien lebenden Briten die Pferderennbahnen in England an, um dort zu wetten. Das unterwanderte die Dienstleistungen, die Ballester anbieten konnte, denn bei ihm mussten die Kunden den höheren Beitrag zahlen.

Gibraltar ist ein kleiner Flecken Erde, auf dem nicht nur jeder jeden kennt, sondern wo man sich tendenziell auch dauernd über den Weg läuft. Das machte es für Ballester wesentlich leichter, mit den Regierungsvertretern zu sprechen, die für die Steuern zuständig waren. In diesem Fall ein Brite namens Brian Traynor. »Ich erklärte ihm die Sache mit den Wetten vor Ort auf der Rennbahn und den Wetten in den Wettbüros und sagte: ›Viel Spielraum haben wir nicht, aber ich habe bemerkt, dass mehr Kunden kommen, seit die Grenze offen ist‹«, erzählte er. »Dann habe ich ihm einen Vorschlag unterbreitet: ›Warum lasst ihr uns nicht mit einem Prozent wetten und dann läuft das Geschäft.‹«

Im April 1987 erhob sich Traynor im kolonialeigenen Parlament, um die Financial Ordinance vorzustellen, einen jährlichen Gesetzesentwurf, der festlegte, wie Gibraltars Einkünfte im Folgejahr erhöht werden sollten. Er galoppierte durch die konjunkturelle Lage (etwas besser als vorhergesagt), das Handelsdefizit (besorgniserregend), den Tourismus (ermutigend) und die Höhe der Bankeinlagen (hoffnungsvoll, wenn auch nicht annähernd so hoch wie in Jersey oder Guernsey), bis er zu Steuern und Zollveränderungen kam. Aus heutiger Sicht und mit dem Wissen, wie wichtig Ballesters Vorschlag noch werden sollte, handelt es sich um eine lustige Lektüre, die verdeutlicht, wie viele Dinge Traynor damals für wichtiger erachtete als Wettsteuern. Zunächst sprach er über Autos, die von nun an etwas anders besteuert würden als zuvor, dann nahm er Veränderungen am Einkommenssteuerfreibetrag vor und schlug vor, die Erbschaftssteuer zu reformieren. Nachdem er noch eine Änderung des Steuerbetrags angekündigt hatte, den Schiffspassagiere bei ihrer Ankunft in Gibraltar zahlen (er stieg von 30 auf 50 Prozent), kam schließlich die von Ballester vorgeschlagene Wettsteuerreform.

»Als Anreiz für nicht in Gibraltar ansässige Personen, vor allem britische Auswanderer, ihre Wetten über Gibraltar statt über London einzusetzen, wird ein konzessionärer Steuersatz bei der Glücksspielsteuer eingeführt«, sagte er. »Dieser gilt lediglich für Telefonwetten auf Kredit und ist nicht für gibraltarische Anwohner oder irgendjemand anderen öffentlich zugänglich.«

Ballester hatte bekommen, was er wollte. Expats, die telefonisch bei ihm wetteten, zahlten von nun an einen sehr viel geringeren Steuersatz – von lediglich einem Prozent –, als sie durch den Anruf bei einem Wettlokal auf einer britischen Rennbahn gezahlt hätten. Das markierte eine große Veränderung. Ballester beantragte eine Auslandslizenz, erhielt sie 1989, mietete für das bessere Wettbüro am Casemates Square eine zweite Etage an, um mehr Telefonanschlüsse installieren zu können, und wartete auf die Anrufe. »Ich stellte mehr Leute ein und übernahm mit zwei der erfahreneren Angestellten die Telefonwetten. Wir haben Anrufe aus Spanien, Portugal, Großbritannien und, bei Gott, sogar aus Australien erhalten«, erinnerte er sich lachend. »Es hat funktioniert. Wir haben mehr Geld mit dem Auslandsgeschäft eingefahren als vor Ort in den Wettbüros. Als ein paar der großen Jungs, die richtigen Zocker in Großbritannien, davon erfahren haben, haben sie uns wegen der ein Prozent angerufen. Schließlich mussten sie drüben auf der Rennbahn weiterhin vier Prozent zahlen.«

Nicht nur Gibraltar, auch Ballester war britisch. Das Unternehmen, für das er arbeitete, war britisch, seine Eigentümer – Mr. und Mrs. Coomes – waren britisch, die Wetten, auf die man in seinem Wettbüro setzen konnte, wurden in Großbritannien abgesetzt und bezogen sich auf Veranstaltungen, die in Großbritannien stattfanden. Besonders große Wetteinsätze musste er erst von seinem Chef in London absegnen lassen, und seine Kunden waren zum überwältigenden Teil ebenfalls britisch. Doch dank des Wunders der gibraltarischen Autonomie konnte er seine britischen Rivalen durch einen niedrigeren Steuersatz ausstechen.

Zwar brachte er ihnen in wenigen Jahren ein Vermögen ein, doch Mr. und Mrs. Coomes wussten das offenbar nicht zu schätzen. Im Jahr 1994 schloss Ballester auf Anweisung seiner Arbeitgeber die Wettdienstleistungen von Rock Turf Accountants und kehrte zu seinem klassischen Fokus auf direkten Kundenkontakt zurück. Doch dank seines Vorschlags war das Gesetz geändert worden. Der Samen war gesät und würde zu etwas Großem heranwachsen. »Für mein Gefühl ist es in dem wenigen, was ich tun konnte, mein ganz persönlicher Beitrag zur Erfolgsgeschichte von Gibraltar. Ohne irgendwelche Medaillen oder MBE oder OBE dafür zu wollen«, sagte Ballester.

Genau wie Jeeves einem von Bertie Woosters Freunden half, in harten Zeiten Wetten an der Rennbahn entgegenzunehmen, ermöglichte Gibraltar der Glücksspielindustrie, Restriktionen zu umgehen, die der Staat ihr auferlegt hatte. Während Jeeves' Plan für P. G. Wodehouses fiktionalen neunten Earl of Rowcester, der vor einem wütenden Kunden um sein Leben fliehen musste, nicht sonderlich gut ausging, lief es im wahren Leben wie am Schnürchen – für Gibraltar, dessen Kunden das Schema hervorragend ausnutzten.

Um zu verstehen, wie Ballesters Idee zunächst Großbritannien und dann immer größere Teile der Welt veränderte, müssen wir verstehen, wie das Glücksspiel damals in Großbritannien funktionierte. Nach einer eigenartigen und heuchlerischen Phase, in der Wetten in Lokalen verboten waren, Telefonwetten und Wetten an der Rennbahn jedoch erlaubt, wurden Wettbüros im Jahr 1961 legalisiert. Da das Verbot ein leicht zu durchschauender und unfairer Versuch gewesen war, die Arbeiterklasse vom Glücksspiel fernzuhalten, während alle, die sich ein Telefon oder eine Reise leisten konnten, davon ausgenommen waren, war es weitgehend ignoriert worden. Damals waren illegale Wettbüros gang und gäbe und wurden von der Polizei größtenteils toleriert. Die Legalisierung von 1961 stellte lediglich eine Anerkennung der Realität dar: Wetten war zu tief in der Arbeitergesellschaft verwurzelt, um es zu verbieten, und die Regierung konnte genauso gut Steuereinnahmen daraus einstreichen und zugleich verhindern, dass das Geld dem organisierten Verbrechen zugutekam.

Von da an tolerierte der Staat Wettbüros zwar, unterstützte sie jedoch nicht. Wettbüros durften keine Werbung machen, keine Getränke verkaufen oder Stühle anbieten, sie durften keine Sportveranstaltungen auf einem Fernseher ausstrahlen und nur dort eine Zweigstelle eröffnen, wo nachweislich eine Nachfrage bestand. Es handelte sich um seltsam seelenlose Orte, an denen alles von großen schwarzen Tafeln dominiert wurde, auf denen die jüngsten Wetten standen. Im Radio wurden die Gewinner der Rennen verkündet und die Fenster waren geschwärzt, damit niemand von draußen hineinsehen konnte.

Aber Wetten behauptete seinen festen Platz in der Kultur der Arbeiterklasse. Im Gegensatz zu den USA, wo Sportwetten beinahe flächendeckend illegal waren, aber Orte wie Las Vegas oder Atlantic City von Casinos dominiert wurden, mochten die britischen Spieler kein Glücksspiel. Sie setzten ihr Geld lieber auf ein Pferd oder einen Hund, wo zumindest theoretisch die Chance bestand, dass sie mehr wussten als das Wettbüro und einen Coup landen konnten. Auch wenn für gewöhnlich das Wettbüro die Nase vorn hatte, handelte es sich nach wie vor um ein geistiges Kräftemessen, bei dem auch der Buchmacher ein reales Risiko einging, während Spiele wie Roulette bereits an sich – die Null ist weder rot noch schwarz und spielt dem Casino jede 37. Drehung ein – so manipuliert sind, dass das Casino größere Gewinnchancen hat.

Wenn etwas in der Branche verhasst war, dann waren es die hohen

Steuern. Zusätzlich zur ganz normalen Gewerbesteuer musste jeder Spieler bei jedem Wetteinsatz einen festen Prozentsatz an den Staat abtreten, plus eine zusätzliche Abgabe für die Rennpferdeställe. In den 1990er-Jahren wurde jede Wette bereits vor ihrer Abgabe mit insgesamt neun Prozent Gebühren und Abgaben belastet.

Problematisch war auch, dass die Branche in den 1990er-Jahren von einer Handvoll Großunternehmen dominiert wurde. Da man aufgrund der hohen Steuern und strikten Beschränkungen nicht expandieren und neue Wettlokale eröffnen konnte, bestand der einzige Weg zu mehr Profit darin, kleinere Konkurrenten zu übernehmen und die eigenen Kosten zu senken. Das Ergebnis war ein Oligopol, in dem einige wenige auserlesene Namen – William Hill, Ladbrokes und Coral – die Nase vorn hatten. In den Jahren des illegalen Glücksspiels hatte ein Buchmacher als Einzelhändler oder Kleinunternehmer der gleichen gesellschaftlichen Schicht wie seine Spieler angehört. Durch die Legalisierung wurden Spieler und die Glücksspielbranche getrennt, die ihre Kunden ausschließlich als Profitquelle betrachtete. Der Inhaber eines nachbarschaftlichen Wettlokals mochte einst darauf geachtet haben, dass seine Spieler lediglich so viel einsetzten, wie sie erübrigen konnten, statt ihren gesamten Wochenlohn auf den Kopf zu hauen, doch einen multinationalen Konzern kümmerte das wenig.

Für die Wettunternehmen war es eine relativ komfortable Existenz: Sie erwirtschafteten stetig Profit mit ihren Kunden, hielten sich an die Beschränkungen, und ihr gesamtes Geschäft war sehr vorhersehbar. Doch es lag Veränderung in der Luft. Im Jahr 1994 gründete die Regierung mit der National Lottery eine Lotterieagentur, die Werbung schalten durfte. Ihre Beliebtheit steigerte die Glücksspieleinsätze um einiges, und mit den verbesserten Kommunikationsmedien und einer immer stärker vernetzten Welt wurde Freddie Ballesters Idee, die Gewinne durch einen Umzug nach Gibraltar noch weiter zu steigern, wieder aufgenommen. Ladbrokes war das erste große Wettbüro, das einen Zeh in die Offshore-Geschäfte tunkte, um von den niedrigeren Steuersätzen der Kolonie zu profitieren. Doch da dieses Arrangement nur nicht-britischen Kunden zugutekam, machte es für das britische Glücksspiel zunächst keinen Unterschied. Bis Victor Chandler mit einer völlig neuen Geschäftsidee kam.

Chandler ist wie eine Karikatur des erfolgreichen Buchmachers: Aufgeräumt und sonnengebräunt spricht er mit einem leicht schleppenden Cockneyeinschlag, hat ein schiefes Lächeln und ein Glitzern im Auge. Er ist ein Meister der Anekdote, die er mit total trockenem Humor zum Besten gibt. Er gehört zur Glücksspielaristokratie, der Stammbaum reicht bis zu seinem Großvater, der seinem Onkel eine Hunderennbahn und seinem Vater ein Wettbüro hinterließ. Als sein Vater jung starb, baute Chandler das Familiengeschäft zu einer Art Boutique um, in der wohlhabende Kunden jederzeit so viel Geld, wie sie wollten, auf alles, was sie wollten, setzen konnten.

»Ich fand schon immer, dass die besten Kunden diejenigen sind, die mir ein Leben lang treu bleiben. Also für gewöhnlich jemand, der das Glücksspiel wie jede andere Form des Entertainments behandelt, egal ob Mätressen oder Ehefrauen«, sagte er mit einem angedeuteten Lächeln in einem Interview auf seinem YouTube-Kanal. »Als sich die Wirtschaft in den 1980er-Jahren verändert hat, die Stadt und das Geschäft im Allgemeinen boomte, kamen jede Menge Ausländer nach Großbritannien. Mein Geschäft hat sich verändert, und zum ersten Mal überhaupt hatten wir es mit wirklich gewichtigen Spielern zu tun ... ich hatte einmal einen Araber dabei, der 50 000 oder 100 000 auf Rennen setzte.«

Im Gegensatz zu den großen Aktienunternehmen und trotz seines Stammbaums in der Branche war er immer noch ein Außenseiter, der versuchte, sich auf einem sehr etablierten Markt eine Position zu erkämpfen. Das bedeutete, dass er sich entweder an Großunternehmen abrackern musste, die zahlungskräftiger waren als er und mehr Büros hatten, oder er musste sich etwas ausdenken, auf das sie noch nicht gekommen waren. Seine Inspiration kam ihm ungefähr zu Beginn der Fußballweltmeisterschaft 1994, die in den USA stattfand, aber überall auf der Welt verfolgt wurde. Die Geschichte erzählt er entspannt in einem Sessel sitzend, mit übereinandergeschlagenen Beinen und einer großen Zigarre in der Hand.

Damals erhielt Chandler einen Anruf von jemandem, der für eine Gruppe Spieler aus Fernost eine große Geldsumme bei ihm deponieren wollte. Sie wollten ihre Wetten auf einer Rennbahn einsetzen, damit er ihnen einen geringeren Steuersatz geben konnte, auch wenn sie tatsächlich nicht auf Pferde, sondern auf Fußballspiele wetten wollten. »Er hat 800 000 Pfund Bargeld hiergelassen und 200 mit nach Newbury genommen«, erzählt Chandler. »Ungefähr eine Stunde nachdem er gegangen war, hat bewaffnete Polizei unser Büro durchsucht. Sie haben alle Leute mitgenommen, alle befragt und das Geld beschlagnahmt. Anscheinend dachte die Bank, bei der er das Geld abgehoben hat, dass er es für einen Drogendeal oder so benutzt. Sie haben ihn dann bei einer Straßensperre angehalten. Von der ganzen Geschichte habe ich nur am Telefon gehört und bin sofort zurück ins Büro gefahren, um selbst einen Blick auf die 800 000 Pfund Bargeld zu werfen. So was sieht man schließlich nicht alle Tage, schon gar nicht zu der Zeit.«

Eine tolle Geschichte, aber sie war schlecht fürs Geschäft, nicht zuletzt, weil er einen vollen Arbeitstag damit verbrachte, das Chaos zu beseitigen. Wäre es nicht für alle Beteiligten das Beste, wenn man mit niedrigen Steuern wetten könnte, ohne überhaupt erst zu den Rennbahnen gehen und eine Menge Bargeld übergeben zu müssen, das dir die Bullen auf den Hals hetzt? Er suchte nach gesetzlichen Geltungsbereichen, wo er auf legale Weise steuerfreie Wetten aus dem Ausland annehmen konnte, und hörte dann von Freddie Ballesters Erfindung. »Ich hatte Glück und erfuhr, dass in Gibraltar eine Lizenz zum Verkauf stand. Eine Casinolizenz. Der Typ hatte damals das Casino verkauft, aber die Wettlizenz einbehalten«, erklärte Chandler. »Ich reiste hin und brachte den Deal mit ihm an einem Tag unter Dach und Fach. Die Lizenz, die ich gekauft habe – 0001 –, musste am Computer der Tochter des Premierministers ausgedruckt werden, weil Gibraltars Regierungsbüro zu der Zeit noch keinen hatte.«

Gerade rechtzeitig zur Europameisterschaft 1996 richtete er vor Ort ein Büro ein – sechs Festnetztelefone und ein Dutzend Mobiltelefone, plus einige Angestellte, die genug Sprachen sprachen, um die Anrufe entgegenzunehmen – und nahm Wetten von Klienten aus Hongkong und Singapur an. Nichtsdestotrotz lief sein britisches Geschäft weiterhin über sein englisches Unternehmen. Alle britischen Buchmacher hatten sich freiwillig bereit erklärt, keine Wetten mehr aus dem Ausland entgegenzunehmen, was ein Grund sein könnte, warum Ballester seine Offshore-Geschäfte aufgab. Sie waren zwar bereit, ausländische Regierungen um ihre Steuereinnahmen zu bringen, indem sie sich in Gibraltar ansiedelten, wollten jedoch nicht die britische Staatskasse unterwandern.

Erst im Jahr 1999 kam der alles entscheidende Wandel. Angeblich nahm Chandler gerade ein Bad, während seine Frau Carole die *Daily Mail* vorlas. In einem Artikel hieß es, dass Irland seine Wettabgaben von zehn auf fünf Prozent gekürzt hatte. Damit waren sie niedriger als in England. Chandler horchte auf. Wenn irische Buchmacher britische Wetten entgegennehmen konnten, warum konnte er nicht dasselbe in Gibraltar tun? Es handelte sich um einen dieser erhellenden Momente und das Ende des stillschweigenden Übereinkommens der Gentlemen. »Ein paar Tage später habe ich mich mit einem Anwalt getroffen und von da an ging alles sehr schnell«, erzählt Chandler. »Wir haben uns entschieden, das gesamte englische Geschäft nach Gibraltar zu verlegen.«

Die Bedeutung dieses Vorgangs trat unmittelbar zutage. Die einflussreichste Zeitschrift der Rennpferdeindustrie, die *Racing Post*, titelte »Revolution« und weitere Journalisten reihten sich in die Berichterstattung über diesen Coup ein. In einem Interview kündigte Chandler an, dass er bis zum Jahresende 10 000 Kunden angeworben hätte, und zwar die, die nur Wetten mit sehr hohen Einsätzen abschlossen, und in einem anderen verkündete er, dass er in sechs Monaten eine Milliarde Pfund machen würde. Seinen Konkurrenten blieb nichts anderes übrig, als ihm zu folgen. Binnen weniger Monate hatten Coral, Ladbrokes und William Hill ihre Telefon- und aufkommenden Internetgeschäfte ebenfalls nach Gibraltar verlagert.

All das kam für die gibraltarische Regierung, die nicht beabsichtigt hatte, voll und ganz in das Butlergeschäft einzusteigen, vollkommen überraschend. Doch die lokalen Politiker waren hellauf begeistert. Sie hatten versucht, die Werften durch einen Privatunternehmer nach dem anderen am Laufen zu halten, doch alle waren gescheitert. Nun taten sie für die britischen Buchmacher, was Jeeves für den neunten Earl of Rowcester getan hatte, und halfen ihnen, ihre Geschäfte profitabler zu gestalten, und damit kam Schwung in die brachliegende Wirtschaft. Binnen weniger Monate arbeiteten mehr Gibraltarer für Chandler als für die wenigen verbliebenen Werften. Einer seiner Konkurrenten musste ein altes Hotel kaufen, um seine Angestellten überhaupt unterzubringen. Endlich hatte Gibraltar seine Nische gefunden.

»Welcher ernsthafte Spieler – und der durchschnittliche Wetteinsatz in Gibraltar betrug Anfang dieses Jahres 2500 Pfund von Kunden aus Fernost – lässt sich nicht von einem Steuerabzug oder einer Bearbeitungsgebühr von drei Prozent verführen, wenn er in England neun Prozent zahlen muss?«, fragte der Earl of Huntingdon, der ehemalige Trainer der Rennpferde der Queen, in einer Debatte im House of Lords im Juli 1999.

Damals verdiente der englische Staat rund 500 Millionen Pfund Steuern an der Glücksspielindustrie und konnte es sich nicht leisten, dieses Einkommen zu verlieren. Daher musste die Regierung handeln. Zunächst versuchte sie die fliehende Offshore-Branche durch ein Werbeverbot aufzuhalten, was wie zu erwarten kaum Wirkung zeigte. Kunden, die ein paar Tausend Euro Wetteinsatz lockermachen können, sind für gewöhnlich keine, die aus einer Anzeige erfahren, bei wem sie wetten können. Als die Minister hilflos zuschauen mussten, wie die Steuereinnahmen von der Staatskasse auf das Konto von Victor Chandler und seiner Mitstreiter flossen, griffen sie eine Idee auf, für die John Brown, der Vorstand von Großbritanniens größter Wettbürogesellschaft William Hill, schon lange geworben hatte, die von der Politik bisher jedoch stets abgelehnt worden war. Es ging um eine radikale Wende in der Art, wie das Glücksspiel von der Politik behandelt wurde. Statt es wie bisher mit anderen schädlichen Praktiken wie Rauchen und Trinken in einen Topf zu werfen, sollte es von nun an denselben Status wie andere Freizeitbeschäftigungen haben.

Was in der Vergangenheit als eine unter vielen Bitten gegolten hatte, die jede Wirtschaftsbranche stellt, um ihre Steuerlast zu verringern, bekam nun, da der Butler Gibraltar einen Weg gefunden hatte, mit dem die Wettbüros Druck auf die britische Regierung ausüben konnten, neue Schubkraft. Wenn die Politik nicht tat, was die Wettbüros wollten, würden sie Großbritannien den Rücken kehren und die Staatskasse würde leer bleiben. Die Regierung kapitulierte und läutete den Wandel des Glücksspiels ein, zunächst in Großbritannien und dann überall. Genau wie beim Eurodollar-Markt, der alle Dollars in Offshore-Dollars verwandelte, hatte die Branche sich zum Ziel gesetzt, alle Wetten in Offshore-Wetten zu verwandeln und den Markt, genau wie den Dollarmarkt, durch britische Unternehmen zu dominieren. In den Zeitungskommentaren wurde damals tatsächlich ein direkter Vergleich zwischen beiden Märkten hergestellt.

»Steuerfreiheit, so die Buchmacher, würden den Wettumsatz verdoppeln. Wenn keinerlei Anreiz bestand, sich in Übersee anzusiedeln, würden alle Arbeitsplätze wieder nach Großbritannien verlagert werden und London womöglich erlauben, den weltweiten Wettmarkt einzufangen, wie es auch mit dem Devisenmarkt der Fall war. Der Finanzminister würde mehr durch Einkommenssteuer und Gewerbesteuer einnehmen, als er an Wettsteuern verloren hatte«, hieß es in einem Artikel des *Daily Telegraph*, einer Zeitung, die besonders mit den Argumenten der Wettindustrie sympathisierte.

Die tatsächliche Reform klingt unbedeutend – der Staat besteuert nicht mehr jede einzelne Wette individuell, sondern stattdessen den Gesamtgewinn der Wettbüros –, doch ihre Auswirkungen waren gewaltig. Statt des Umsatzes besteuerte man nun den Profit. Zuvor war eine Wette besteuert worden, als handle es sich um ein alkoholisches Getränk oder eine Packung Zigaretten. Da diese Genussmittel als schädlich gelten, werden sie beim Verkauf mit speziellen Gebühren belegt, um ihren Konsum zu begrenzen. Würde stattdessen der Gewinn der Brauereien oder Tabakfabriken besteuert werden, würden die Produktionskosten fallen und man könnte wesentlich mehr Alkohol und Zigaretten verkaufen.

Im Grunde bedeutete die Reform, dass die britische Regierung – aus lauter Sorge um einen möglichen Verlust von Steuereinnahmen und vielleicht auch in dem Versuch, die Sorge prinzipientreu daherkommen zu lassen – das Glücksspiel nicht mehr als ein Problem der öffentlichen Gesundheit betrachtete und es stattdessen wie jede andere Freizeitaktivität behandelte. Sollte man sich je gefragt haben, warum das Glücksspiel in England in den 2000er-Jahren auf einmal so einfach zugänglich war, oder sich über die viele Werbung für Glücksspielunternehmen im englischen Fernsehen gewundert haben, dann dank Gibraltar.

Zur Verteidigung der Wettbüros und der gibraltarischen Politik muss gesagt werden, dass sie offene Türen einrannten. Die Politik des »Dritten Wegs«, wie sie von Tony Blair und Bill Clinton verfolgt wurde, belächelte gern, was sie als frommen Moralismus altmodischer Politik betrachtete, und behandelte ihre Bürger demonstrativ als verantwortungsvolle Konsumenten. Wenn multinationale Wettunternehmen ihren Gewinn im Zuge dieses Prozesses zufällig massiv steigern konnten oder Banken als Ergebnis der gleichzeitig stattfindenden Deregulierung des Finanzsektors – der sogenannten »light touch regulation« – rein zufällig sehr viel riskantere Kredite vergaben, umso besser.

Ein Parlamentsmitglied zitierte John Brown, den Wettunternehmensvorstand, der die Politikwende auf den Plan gebracht hatte, in einer Debatte im House of Commons, ohne darauf hinzuweisen, dass er und sein Unternehmen mit der Senkung des Steuersatzes ganz eigene Interessen verfolgten. »Das sind tolle Neuigkeiten für den britischen Spieler, für die britische Wirtschaft und die Staatskasse«, wurde Brown zitiert. »Der Spieler gewinnt, weil wir zum ersten Mal seit der Eröffnung der Wettbüros steuerabzugsfreie Wetten möglich machen. Der Staatshaushalt gewinnt, weil wir in der Lage sind, unsere Offshore-Unternehmen wieder in ihre Heimat zurückzuführen, und es dem Steuerzahler ermöglichen, die Allgemeinheit an den Profiten, die wir mit internationalen Geschäften erwirtschaften, teilhaben zu lassen. Und die britische Wirtschaft gewinnt, weil wir eine echte Chance haben, weltweit führend auf dem Markt der Onlinewetten zu werden.« Weder das Parlamentsmitglied noch John Brown selbst schienen es für notwendig zu halten, zu erwähnen, dass es sich auch um großartige Neuigkeiten für die Glücksspielindustrie handelte.

Es folgten weitere Reformen, die es den Wettbüros erlaubten, Werbung zu schalten und nach Belieben Lokale zu eröffnen, ohne einen Nachfragebedarf erbringen zu müssen. Die Aufsicht wurde vom Innenministerium auf das Ministerium für Kultur, Medien und Sport übertragen – mit anderen Worten, von der Polizei auf das sogenannte Vergnügungsministerium. »In Zukunft werden wohlinformierte Erwachsene größere Freiheiten und Wahlmöglichkeiten haben, ihr Geld nach Belieben für Glücksspiel auszugeben, wenn sie sich dazu entscheiden. Das Gesetz wird sie endlich wie Erwachsene behandeln«, so Ministerin Tessa Jowell im Jahr 2003. »Indem wir veraltete Beschränkungen ... aufheben, wird die Industrie in der Lage sein, neue, innovative Angebote zu entwickeln.«

Vollauf zufrieden mit dieser neuen Regelung verlagerten die großen Wettbüros ihre Standorte wieder zurück nach Großbritannien, doch alles in allem war es eine seltsame Revolution gewesen. Schließlich hatte es keinerlei öffentliche Forderungen nach einer Reform der Glücksspielpolitik gegeben – ganz im Gegenteil. Umfragen zufolge waren die britischen Normalbürger mit der Situation vollkommen zufrieden gewesen. Der Reformdruck kam allein von Politikern, die sich um ihre Steuereinnahmen sorgten, und von den Glücksspielunternehmen, die mehr Freiheit und weniger Steuern forderten. Ohne die Intervention Gibraltars, die den Wettbüros überhaupt erst die Möglichkeit der Steuerfreiheit in Aussicht stellte, hätte niemand den Argumenten der Unternehmen auch nur fünf Minuten seiner Aufmerksamkeit geschenkt. Dank Gibraltars drastischen Steuersenkungen und der daraus entstehenden Hebelwirkung, die die großen Unternehmen auf die Politik ausüben konnten, wurde aus einer Nebensächlichkeit ein drängendes Politikum. Sich Zugeständnisse einzuholen, indem man einfach zur Tür hinauslief, ist ein ausgeklügelter Schachzug des Butlertums. Tatsächlich nutzte Jeeves in *Bertie in wilder Erwartung* genau die gleiche Taktik: Er verließ Woosters Dienst und war erst bereit, zurückzukehren, wenn sein Arbeitgeber aufhörte, die Banjo-Ukulele zu spielen.

Doch selbst unter Berücksichtigung der damals gegebenen Umstände ist es aus heutiger Sicht erstaunlich, dass die Regierungsminister keinen Moment innehielten und sich wenigstens eine Einschätzung einholten, was ein uneingeschränkter Zugang zu billigeren Wetten für die sozial schwachen Mitglieder der Gesellschaft bedeuten könnte. Schließlich hatten sie es nicht wie Jeeves mit einem nervtötenden Musikinstrument zu tun, sondern mit einem schwerstabhängig machenden Produkt, das Schlimmes anrichten konnte. Stattdessen wurden die Spielsüchtigen als »Problemspieler« bezeichnet und alle Verantwortung für die Spielsucht auf das Individuum abgeschoben statt auf die problematische Tatsache, dass ihnen ein süchtig machendes Produkt verkauft wurde. So war der Ton der Zeit. »In unseren Augen sollte das Problem der Spielsucht keinen Einfluss auf die Gestaltung der Glücksspielverordnungen haben«, so die regierungseigene Better Regulation Task Force. »Rechtsverordnungen sollten nicht dem Zweck dienen, erwachsene Konsumenten daran zu hindern, ihr freies Recht auszuüben, ihr Geld so einzusetzen, wie es ihnen beliebt. Stattdessen setzen wir auf Selbstkontrolle, wie sie in den von der Industrie empfohlenen Verhaltensregeln formuliert ist.«

Ich persönlich habe wenig Interesse am Glücksspiel und es ist gut möglich, dass mein mangelndes Interesse mich blind für wichtige Zusammenhänge gemacht hat. Doch mir erscheint es völlig abwegig, beim Verkauf abhängig machender Produkte, sei es nun Alkohol, Zigaretten, Drogen oder Glücksspiel, von den Verkäufern zu erwarten, dass sie ihren Kunden Gutes tun. Schließlich würde das bedeuten, leichtes Geld auszuschlagen, und in der Regel ist das eine Sache, die wirtschaftlichen Unternehmen schwerfällt. Selbst Insider der Spielbranche sorgten sich um mögliche Schäden, die die Reformen ihres Wirtschaftszweiges anrichten könnten.

»Um ehrlich zu sein, waren wir höchst erstaunt. Es ging weit über das hinaus, was wir uns erhofft hatten«, wurde ein Buchmacher, der anonym bleiben wollte, in der wissenschaftlichen Studie *Vicious Games* von Rebecca Cassidy zitiert, für die sie jahrelang recherchiert hatte. Zur Feier des besonderen Anlasses war er mit zwei Freunden in einen Pub gegangen, doch die Feier wurde eher zu einer Totenwache. »Da saßen wir drei Oldies beisammen und feierten, was der profitabelste und vielversprechendste Wandel unserer Branche in einer ganzen Generation sein sollte, und zwei priesen den Herrn für das unerwartete Geschenk! Wir hatten bloß die Türklinke gedrückt und das ganze Haus war zusammengefallen. So fühlte es sich für uns an.«

Da die Buchmacher sich nicht länger darum sorgen mussten, dass der Staat von jeder ihrer Wetten einen Teil einstrich, konnten sie wesentlich attraktivere Wettquoten anbieten und hochfrequentiertes Wetten befeuern. Das taten sie, indem sie Automaten einführten – Wettterminals mit festen Quoten –, die den Spielern unmittelbare und wiederholte Belohnung gaben. Bei den sogenannten FOBTs (fixed-odds betting terminals) handelt es sich für gewöhnlich um eine Sonderform des Roulettes, deren Ergebnis von einem zufälligen Zahlengenerator ausgespuckt wird. Die Buchmacher berichteten, dass sich nach der Einführung ganze Spielergruppen hinter einem einzigen Automaten versammelten, obwohl auf allen Fernsehern des Wettbüros Pferderennen übertragen wurden. Die FOBTs machten so abhängig, dass die Leute lieber auf ihre Bildschirme starrten, als live übertragene Rennen zu sehen. Genau wie beim Casinoroulette sind die Automaten mathematisch zugunsten des Wettbüros eingestellt. Bei Pferde- und Hunderennen oder jedem anderen Livesport besteht zumindest in der Theorie die Chance, dank höheren Wissens das Wettbüro auszutricksen, doch wenn man lange genug an den FOBTs spielt, gewinnt statistisch gesehen stets das Wettbüro. So sind sie programmiert – eine Einbahnstraße. Im Jahr 2007 standen bereits über 30 000 von ihnen in britischen Wettbüros.

»FOBTs? Das sind echte Geldsauger. Die saugen sprichwörtlich alles Bargeld auf. Deshalb stelle ich mir unsereins auch als einen einzigen riesigen Staubsauger vor«, ließ der Vorstand eines britischen Wettbüros in einem Interview anonym gegenüber Rebecca Cassidy verlauten. »Wir gehen in einen Bezirk rein: Liegt hier irgendwo Bargeld herum, Kumpel? Rein damit, in diesen Schlitz hier! Ganz genau, schieb einfach alles rein. Ah, und genieß währenddessen deinen Gratiskaffee, du Trottel.«

Die großen Glücksspielunternehmen platzierten ihre Wettbüros unweigerlich an Orten, wo sie darauf bauen konnten, dass die Menschen so viel Geld wie möglich verspielten. Bewaffnet mit immer feiner eingestellten, schwerstabhängig machenden Automaten, machten Großkonzerne eine nie da gewesene Jagd auf die besonders gefährdeten Gruppen der Gesellschaft. Dabei ließ sich ein direkter Zusammenhang zwischen der Wettbürokonzentration und dem Niveau sozialer Deprivation im Bezirk feststellen. Binnen eines Jahrzehnts erwirtschafteten die Wettbüros mit den Automaten fast zwei Milliarden Pfund Gewinn jährlich. Für jede britische Familie bedeutete das einen durchschnittlichen Verlust von fast 100 Pfund, und dieses Geld kam in überwältigendem Ausmaß von den Familien, die es sich am wenigsten leisten konnten. »Ich bin durch und durch Buchmacher. In meinen Adern fließt Buchmacherblut«, sagte Stan, ein anderer von Cassidys Interviewpartnern, der einst ein unabhängiges Netzwerk aus Buchmachern in Südostlondon geleitet, der Branche jedoch nach den Reformen voller Abscheu den Rücken gekehrt hatte. »Ich habe mich wegen der Automaten zurückgezogen. Hab alles verkauft und bin nach Spanien ausgewandert. Klar, irgendwie muss man seinen Lebensunterhalt verdienen, aber du musst dir beim Rasieren auch noch ins Gesicht sehen können, sonst schlitzt du dir die Kehle auf.«

Aber was bedeutete das für Gibraltar? Wenn es für die großen Glücksspielunternehmen so einfach geworden war, von Großbritannien aus riesige Gewinnsummen einzufahren, musste die kleine Kolonie dann wieder um ihr wirtschaftliches Überleben kämpfen? Nicht wirklich, denn der Butler hatte eine neue Idee.

Die Reformen hatten darauf abgezielt, die britische Glücksspielindustrie in Schwung zu bringen. Theoretisch müssten die Wettbüros in Europa und den USA irgendwann mit dem britischen Vorreiter gleichziehen, die britischen Buchmacher wären zu dem Zeitpunkt jedoch bereits so etabliert, dass sie sich zu den Googles und Amazons des Glücksspiels entwickelt hätten. Was zunächst wie ein kluger Schachzug der Londoner Regierung wirkte – die großen Wettbüros verlegten ihre Standorte zurück nach Großbritannien und zahlten ihre Steuern in die britische Staatskasse ein –, hatte auf den zweiten Blick einen entscheidenden Nachteil: Wer in seiner Strategie darauf setzt, seine Konkurrenten durch Deregulierung und Niedrigsteuern zu unterbieten, läuft Gefahr, dass andere dasselbe tun.

Ein guter Butler hört nicht auf, seinem Kunden helfen zu wollen, nur weil dieser anderswo einen besseren Diener gefunden hat. Stattdessen sucht er nach neuen Wegen, die Situation zu verbessern.

Als Freddie Ballester im Jahr 1994 seine Offshore-Geschäfte aufgab, hielt er das Offshore-Glücksspiel dennoch nach wie vor für eine gute Sache. Deswegen behielt er seine Lizenz und verlängerte sie Jahr für Jahr. Das entpuppte sich als weise Investition. Noch bevor die britischen Unternehmen in ihre Heimat zurückgekehrt waren, hatten sich andere Glücksspielunternehmen in Gibraltar angesiedelt. Im Jahr 2000 tat er sich mit einem Unternehmen namens sportsbook.com zusammen, das eine Zulassung wollte, um vom Felsen aus Onlinewetten anzubieten. Im Jahr 2003 zog er zu einem anderen neu gegründeten Unternehmen namens Party Gaming weiter, das ebenfalls in Gibraltar einen Standort eröffnen und Onlinewetten anbieten wollte. Während die Londoner Regierung sich selbst anerkennend auf die Schulter schlug, heckte der Butler Gibraltar bereits eine neue Strategie für seine Kunden aus.

»Die tatsächliche Explosion fand in den Jahren 2002, 2003 statt. Nicht weil wir sie herbeiführten, sondern weil Unternehmen wie 888 und Party Gaming nach einem europäischen Standort suchten, um eine Londoner Börsennotierung zu erhalten«, erklärte Peter Montegriffo, der von 1996 bis 2000 als Minister Teil der gibraltarischen Regierung war, und damit zu der Zeit, als die meisten Onlineunternehmen ihre Büros eröffneten. »Seit 2002, 2003 hat eine dramatische Entwicklung stattgefunden ... Wenn Sie sich den wirtschaftlichen Kuchen ansehen, belegt das Glücksspiel, was Arbeitsplätze angeht, inzwischen ein Fünftel oder sogar ein Viertel. Aber nicht nur das, es hat zudem Arbeitskräfte mit neuen Fähigkeiten und Profilen angelockt, von denen viele natürlich junge Leute sind und dem Ort zu einem großen Anstieg des Humankapitals verholfen haben.«

Das Butlertum hat Gibraltar von Grund auf verändert. Die Geschäftsidee, Wettbüros dabei zu helfen, die Verordnungen und Steuern anderer Länder zu umgehen, hat sich als dauerhaft profitabel erwiesen. Im Jahr 2004 betrug der Anteil, den das britische Verteidigungsministerium an der Wirtschaftsleistung der Kolonie hatte, nur noch vier Prozent. Die zunehmende wirtschaftliche Unabhängigkeit bedeutete auch, dass Gibraltar sich weniger darum sorgen musste, den Leuten in London zu gefallen. Die Onlineunternehmen, die sich auf dem Felsen niedergelassen hatten, verkauften Wettangebote steuerfrei nach Großbritannien, während Großbritanniens weltweit führende Glücksspielunternehmen, auf deren Schultern die üblichen Kosten lasteten, die jedes etablierte Geschäft zu tragen hat, nicht zu den Amazons oder Googles des Glücksspiels geworden waren. Im Gegenteil: Sie mussten sich damit auseinandersetzen, nun als Blockbuster-Video mit Gibraltars Netflix zu konkurrieren.

Zwar hatten sie der britischen Regierung zugesagt, in die Heimat zurückzukehren, wenn sie taten, worum sie sie gebeten hatten, doch dieses Versprechen überdauerte kein Jahrzehnt. Jeeves flüsterte ihnen ein, die Verlagerung ihrer Geschäfte nach Gibraltar hatte in der Vergangenheit schon mal erfolgreich funktioniert, warum es also nicht noch mal versuchen? Im August 2009 lagerte William Hill seine Onlinegeschäfte nach Gibraltar aus, nur eine Woche später gefolgt von Ladbrokes. Betfair, eine der »Wettbörsen« neuer Generation, die Menschen eine Plattform bietet, um gegeneinander zu wetten, folgte im Jahr 2011 in der Hoffnung, durch den Umzug 20 Millionen Pfund einzusparen. Diese Hoffnung teilten auch die anderen abwandernden Unternehmen. »Wir sollten sie nicht dafür kritisieren. Schließlich sind sie ihren Aktionären gegenüber verpflichtet«, sagte Philip Davies, ein Parlamentsmitglied der Konservativen Partei, die damals in der Opposition war, im Jahr 2009, kurz nachdem William Hill und Ladbrokes ihr Versprechen gebrochen hatten, in Großbritannien zu bleiben. »Für sie ist der britische Standort vollkommen unhaltbar geworden. Für 100 Pfund online erwirtschafteter Gewinne zahlen sie im Ausland ein oder zwei Pfund Steuern, während sie in Großbritannien 36 Pfund zahlen müssen ... Da fällt die Entscheidung natürlich nicht schwer.«

Davies, selbst ein ehemaliger Buchmacher, der sich später zu einer

Entschuldigung gezwungen sah, weil er es versäumt hatte, Geschenke anzugeben, die er von Ladbrokes erhalten hatte, war der Meinung, dass die Regierung den alten Trick wiederholen und genau nach Chandlers Umzug nach Gibraltar erneut Steuern senken sollte, um die Wettunternehmen wieder anzulocken. Die Sache drängte – man schätzte, dass dem Staat im Jahr 2013 Steuereinnahmen von etwa 300 Millionen Pfund pro Jahr durch die Lappen gingen –, doch seine Argumente waren vollkommen abwegig. Egal, wie sehr Großbritannien seine Steuern und Verordnungen lockerte, es würde niemals mit Gibraltar mithalten können. Ein gerissener Butler findet überall Schlupflöcher, selbst in den Lücken zwischen verschiedenen Teilen Großbritanniens. »Glücksspielunternehmen haben eine Menge Geld damit gemacht, die bisherige Laissez-faire-Politik auszunutzen, während alle Regierungen und Kontrollgremien mit der Revolution nicht Schritt halten konnten«, hieß es abschließend im Bericht eines vom House of Lords einberufenen Untersuchungsausschusses rund um die Glücksspielindustrie im Jahr 2020.

Im Jahr 2017 investierten Glücksspielunternehmen das Geld, das sie an Steuern sparten, in die Expansion ihrer Geschäfte und steckten 1,5 Milliarden Pfund in Werbung. Das erklärt auch, warum man in England kaum einen kommerziellen Fernsehkanal einschalten kann, ohne aufgefordert zu werden, doch ein paar Pfund zu riskieren und schon würde der Rubel rollen. In den fünf Jahren von 2014 bis 2019 stieg der Jahreseinsatz bei Onlinewetten in Großbritannien von 13,4 Milliarden Pfund – was schon 200 Pfund pro Brite bedeutet – auf kaum noch vorstellbare 121,3 Milliarden Pfund. Damit kommen auf jede einzelne Person in Großbritannien 2000 Pfund Spieleinsatz, und da ich beispielsweise keinen Penny dafür ausgegeben habe, muss wenigstens eine Person das Doppelte gesetzt haben. Im gleichen Zeitraum stiegen die Onlineprofite der Wettbüros von 1,5 auf 5,5 Milliarden. Sie speisten sich hauptsächlich aus Casinospielen, die sich auf FOBTs als so süchtig machend erwiesen haben. Alles in allem belegen diese Zahlen, dass die Unternehmen inzwischen mehr Gewinn durch das Onlinegeschäft einfahren als mit ihren Wettlokalen, deren Umsatz in den vergangenen fünf Jahren stetig zurückgegangen ist. Wenn es so einfach ist, mit dem Smartphone zu wetten, warum sollte man sich die Mühe machen, über die Straße in ein Wettlokal zu gehen? Und von diesen Onlinewetten werden zwischen 40 und 60 Prozent in Gibraltar abgeschlossen.

»Ich glaube, die Leute sind einfach schwach«, sagte der Kundenbetreuer eines in Gibraltar ansässigen Glücksspielunternehmens zu Cassidy. »Wenn du süchtig wirst, dann, weil du schwach bist, weil du keine Willenskraft hast. Mag sein, dass das hart klingt, aber ich sehe die Dinge eben schwarz und weiß. Ich bin süchtig nach Autos, weil ich es will.«

Aber so ist es nicht. Die Buchmacher kennen alle Kniffe und Tricks von dem, was Shoshona Zuboff als »Überwachungskapitalismus« bezeichnet. Es handelt sich um ein im Silicon Valley entwickeltes System, das Kundendaten nutzt, um deren Wünsche besser einzuschätzen und ihnen entsprechende Produkte zu verkaufen. Der Computer lernt Ihre Gewohnheiten und wie man Sie dazu bringt, weiterzuspielen: beispielsweise durch Benachrichtigungen, die Sie genau zur rechten Zeit ermuntern, eine Wette am Wochenende zu wagen. Wenn Sie regelmäßig bei Kombiwetten verlieren – von Buchmachern früher auch als Mug's Bets (Verbrecherwetten) bezeichnet –, werden Sie mit »free Cash«-Boni dazu verführt, am Ball zu bleiben. Wählen Sie hingegen sorgfältig und überlegt nur die Wetten aus, die Ihnen einen stetigen Gewinn einbringen, wie es schlaue Spieler vom alten Schlag gemacht haben, limitiert der Computer automatisch Ihren Wetteinsatz, um den Verlust des Unternehmens so gering wie möglich zu halten. Wir haben es hier mit einer Branche zu tun, die es mithilfe der künstlichen Intelligenz immer besser versteht, den Leuten ihre Angebote unterzujubeln und diejenigen Spieler loszuwerden, die den Wurm vom Haken fressen, ohne anzubeißen. »Die Leute, die am riskantesten spielen, fahren der Branche die meisten Gewinne ein; je größer ihre Sucht, desto größer auch der Profit«, hieß es im 2020 veröffentlichten Bericht des vom House of Lords einberufenen Ausschusses.

Offiziellen Studien zufolge beläuft sich die Anzahl der »Problemspieler« auf 250 000 bis 460 000. Damit gibt es mit an Sicherheit grenzender Wahrscheinlichkeit mehr Spielsüchtige als Opiat- und Kokainabhängige zusammengenommen. Dennoch wird das Problem mit einfachen Zahlen nur unzulänglich dargestellt, denn jeder Spielsüchtige bringt einen ganzen Kreis an Verwandten und Freunden mit, die ebenfalls von den Auswirkungen seiner Sucht betroffen sind. Schon heute sind unter den Spielsüchtigen rund 55 000 Kinder, und anders als bei den alten, von Männern dominierten Wettlokalen sind Frauen bei Onlinespielen beinahe ebenso enthusiastisch bei der Sache wie Männer. Umfragen unter Obdachlosen haben ergeben, dass sie überproportional oft spielsüchtig werden, ebenso wie ethnische Minderheiten und die Menschen, die am wenigsten zu verlieren haben. »Diejenigen aus der niedrigsten Einkommensklasse geben im Schnitt 12 bis 14 Prozent ihres Nettoeinkommens für Glücksspiel aus, bei der höchsten Einkommensklasse sind es lediglich zwei Prozent«, so der vom House of Lords einberufene Ausschuss.

2018 forderte die britische Glücksspielkommission, die im Zuge der einschneidenden Reformen in den frühen 2000er-Jahren gegründet wurde, der Staat dürfe das Glücksspiel nicht länger als Teil der Vergnügungswirtschaft behandeln, sondern als eine Krise der öffentlichen Gesundheit. »Das sind alarmierende Zahlen. Sie weisen auf ein wichtiges Problem der öffentlichen Gesundheit hin, das im Vergleich zu anderen Problemen, die die Bevölkerung betreffen, bisher auffallend wenig Aufmerksamkeit erhalten hat«, stellte die Kommission fest. Diese Warnung kam für die Eltern der Organisation Gambling with Lives, die versucht, die Selbstmordgefährdung von Menschen, die durch das Glücksspiel alles verloren haben, in die öffentliche Wahrnehmung zu rücken, mindestens ein Jahrzehnt zu spät. Ihren Schätzungen zufolge finden jährlich rund 650 Selbstmorde im Zusammenhang mit Spielsucht statt. »Unsere Kinder haben alle jahrelang mit ihrer Spielsucht gekämpft«, heißt es auf der Webseite der Gruppe, die zwölf erschreckend junge Männer und eine junge Frau porträtiert, die sich umgebracht haben, nachdem sie alle vergeblich versucht haben, ihre Spielsucht zu überwinden. »Oft waren sie über Monate clean ... wurden jedoch stets durch ›Gratiswetten‹ und andere Werbegeschenke zurückgelockt. Sie alle hatten das Gefühl, sie kämen nie davon los.«

Es wird geschätzt, dass die Spielsucht den britischen Staat zwischen

260 Millionen und 1,2 Milliarden Pfund im Jahr kostet. Die große Spanne dieser Beträge zeigt, dass es noch vieler Untersuchungen bedarf, bevor wir genauere Aussagen treffen können. Der Staat verdient inzwischen drei Milliarden Pfund an der Glücksspielindustrie, rund 0,4 Prozent seiner gesamten Steuereinnahmen. Es ist bemerkenswert, wie Abgeordnete bei parlamentarischen Debatten, in denen es um das Glücksspiel geht, mehr die Interessen der Rennpferdebesitzer im Blick haben als die Gesundheit von Spielsüchtigen. Im Jahr 2017 schlug ein schottischer Abgeordneter im House of Commons vor, dass die Glücksspielindustrie mit einer speziellen Abgabe für die Behandlung von Spielsüchtigen belegt werden sollte, ohne offenbar zu wissen, dass eine derartige Steuer bereits durch den 2005 verabschiedeten Gambling Act möglich ist. Sie wurde nur nie erhoben.

In Pressemeldungen betonen die Glücksspielunternehmen gerne ihre Spenden an wohltätige Organisationen, die sich um die von ihnen verursachten Probleme kümmern. Doch in Wahrheit belaufen sich die Spenden lediglich auf acht Millionen Pfund im Gegensatz zu 97 Millionen Pfund Investitionen in Rennpferde. Mit anderen Worten unterstützt die Branche die Rennstallbesitzer jährlich mit 7000 Pfund pro Pferd. Demgegenüber spendet sie für jeden Spielsüchtigen jährlich 19 Pfund, macht jedoch pro Sekunde beinahe zehn Mal so viel Gewinn.

Buchmacher knüpfen immer noch gern an die Traditionen der englischen Arbeiterschicht an (»einem Mann zu sagen, er darf nicht wetten, da hätte man genauso gut damals sagen können, kapituliert doch einfach vor den Deutschen«, sagte einer von ihnen auf einer Versammlung 2013, bei der Cassidy dabei war), aber in der örtlichen Bevölkerung sind sie in etwa so verwurzelt wie Amazon. In den letzten Jahren wurde zwar immer wieder ein Pflichtbeitrag für Suchthilfen diskutiert und die größten Unternehmen haben sich bereit erklärt, ihre freiwilligen Beiträge zu erhöhen, doch in ihren Stellungnahmen steckt stets eine implizite Drohung, die vom Betting and Gaming Council Wort für Wort, Stellungnahme für Stellungnahme wiedergegeben wird: »Wir dürfen unsere Kunden nicht ins Ausland, auf den Schwarzmarkt oder in die Arme illegaler Unternehmen treiben, die keinerlei Schutz bieten.« Will meinen: Wenn ihr versucht, uns Beschränkungen aufzuerlegen, gehen wir.

Das bedeutet nicht, dass die Glücksspielkommission nichts getan hat, um die in Gibraltar registrierten Unternehmen in die Schranken zu weisen. Im Jahr musste 888 7,8 Millionen Pfund Strafe zahlen, weil der Spielriese Kunden ermöglicht hatte, weiterzuspielen, obwohl sie darum gebeten hatten, dass ihre Konten gesperrt würden – eine Möglichkeit, die Süchtigen helfen soll, aus dem Teufelskreis der Spielsucht auszubrechen. Im Juni 2019 wurde Gamesys zu einer Strafe von 1,2 Millionen Pfund verurteilt, weil das Unternehmen zugelassen hatte, dass Kunden mit gestohlenem Geld spielten. Und im Oktober 2019 wurde Petfre zu einem Bußgeld von 322 000 Pfund wegen Verstößen gegen die Geldwäsche-Regelung belegt. Das mag nach viel Geld klingen, doch im Vergleich zu den Milliardengewinnen, die die Branche jährlich einfährt, handelt es sich um verschwindend geringe Beträge, wie die Münzen, mit denen die Spielautomaten gefüttert werden.

»Die Onlinespielindustrie ist im Hinblick auf ihre Algorithmen, ihre Werbemittel und ihre Fähigkeit, die Grundpfeiler unserer Wirtschaft und unseres sozialen und kulturellen Lebens zu unterwandern, die Apotheose der Big-Tech-Welt«, schrieb James Noyes, ein früherer Berater des stellvertretenden Vorsitzenden der Labourpartei und Autor einer Studie über die Glücksspielindustrie im Jahr 2020.

> Wir haben es mit einem absurden Diskurs über den »Nanny-Staat« zu tun, als befänden wir uns in der heimeligen Welt eines Milton Friedman und sprächen über Automobilverkäufe und -sicherheit, statt in einer Welt, in der die Liquiditätsreserven einiger Unternehmen inzwischen so hoch sind wie die Devisenreserven vieler großer Industrieländer, wo das Kapital völlig losgelöst von jeglicher Art von Landesgrenze, Produktivität, Rechenschaftspflicht oder Kopplung an tatsächlichen Gegenwert um die Welt strömt – wenn das Onlineglücksspiel nicht im Herz einer erschreckenden Welt steht, mit der wir alle konfrontiert sind, was dann?

Dabei ist es keineswegs so, dass Großbritannien die Hände gebunden waren. Dass man die Sache grundlegend anders hätte angehen können, zeigt das Beispiel der USA, die in den späten 1990er-Jahren mit der Geburt von Offshore-Unternehmen und Spielern, die von Spielstätten an Orten wie Antigua und der Dominikanischen Republik angelockt wurden, vor ähnlichen Problemen standen. Dazu kamen noch die Casinos, die sich in den souveränen Territorien der Native Americans und sonst wo niedergelassen hatten. Viele der Pionierunternehmen in Gibraltar prophezeiten, dass es nur eine Frage der Zeit wäre, bis die US-Regierung das Unvermeidliche akzeptieren und die Restriktionen, mit denen das Glücksspiel belegt war, aufheben würde. Doch im Jahr 1996 berief die Clinton-Regierung stattdessen eine Sonderkommission ein, um die Sache näher zu untersuchen, bevor sie irgendeine Entscheidung traf. »Viel zu oft betrachtet die Politik das Glücksspiel als schnellen und einfachen Weg, die Steuereinnahmen zu erhöhen, ohne die versteckten sozialen, wirtschaftlichen und politischen Kosten miteinzubeziehen«, sagte Clinton bei der Unterzeichnung der Verordnung, die die Kommission einberief.

Erst drei Jahre später veröffentlichte die Kommission ihren Bericht, gerade noch rechtzeitig, damit die britischen Politiker ihn hätten lesen können, bevor sie die Gesetze ihres Landes änderten. Auch wenn die Vorschläge der Kommission nicht vollständig auf die Situation in Großbritannien angewendet werden können, da Amerikaner tendenziell eher in Casinos spielen, als auf Sportveranstaltungen zu wetten, hätte man viele Warnungen beachten können, nicht zuletzt den direkten und naheliegenden Vergleich zwischen einer Spiel- und einer Alkoholsucht. »Mit der Legalisierung des Glücksspiels steigen tendenziell die Privatverschuldung, ebenso die Jugendkriminalität, die Zahl der Fälschungsdelikte und Kreditkartendiebstahl, die häusliche Gewalt, die Kindesvernachlässigung, die Spielsucht und Alkohol- und Drogendelikte«, hieß es in dem Bericht.

Laut den Autoren des Berichts sei es schwer gewesen, die vom Glücksspiel verursachten Schäden zu beziffern, doch die Politik müsse anerkennen, dass eine Deregulierung nicht ohne Kosten einherging. Ermöglichte man die uneingeschränkte Verbreitung des Glücksspiels, um die Staatseinnahmen zu steigern, beschädige man das Leben von Menschen und letzten Endes die Gesellschaft als Ganzes. Im Gegensatz zu Versicherungen oder anderen produktiven Finanzdienstleistungen handelt es sich beim Glücksspiel um ein »Nullsummenspiel«: Die Gewinne der Wettbüros sind schlicht die Verluste der Spieler. Der breiten Bevölkerung bringen sie keinen einzigen Vorteil. Die USA beschlossen, nicht dem britischen Vorbild zu folgen und stattdessen sehr viel vorsichtiger bei der Öffnung dieses Marktes vorzugehen. Im Jahr 2009 machte die amerikanische Justiz zudem deutlich, dass Gesetzesverstöße der Branche nicht folgenlos blieben: Das in Gibraltar registrierte Unternehmen Party Gaming, für das auch Ballester eine Zeit lang gearbeitet hatte, wurde zu einem Bußgeld von 105 Millionen Dollar verdonnert, da es Geld von amerikanischen Spielern angenommen und damit gegen amerikanisches Recht verstoßen hatte. Da Party Gaming beinahe seine gesamten Gewinne aus den USA eingefahren hatte, brach der Aktienkurs des Unternehmens um zwei Drittel ein.

Im Jahr 2019 beschäftigte die Glücksspielindustrie bereits 3800 der auf dem Felsen lebenden Menschen und damit doppelt so viele wie noch im Jahr 2011. Inzwischen stellt sie den größten Anteil an Unternehmens- und Individualsteuern des Territoriums, wohingegen die Verwaltung der Branche die gibraltarische Regierung jährlich weniger als eine Million Pfund kostet. Gibraltar ist über sich hinausgewachsen: Die alte Kaimauer aus schön verputzten Steinen, die einst gegen die verheerenden Winterstürme errichtet wurde, steht noch, doch die schwarzen Kanonen sind nicht mehr aufs Meer gerichtet, sondern zielen über eine Verkehrsader direkt auf die Fensterscheiben des Festungswalls aus Bürogebäuden. Die niedrigen Häuser der Altstadt sind fast vollständig von massiven Bürotürmen umgeben, die auf dem alten Hafen erbaut wurden.

Nach offiziellen Angaben der Gibraltaer Regierung ist der Felsen mit einem Bruttoinlandsprodukt von 111.505 Dollar pro Kopf inzwischen zum drittreichsten Ort der Welt avanciert und reiht sich damit noch vor Luxemburg und nach Monaco und Katar ein. Dabei gibt die Regierung selbst zu, dass die Zahlen durch die vielen spanischen Arbeitskräfte, die täglich über die Grenze in die Kolonie kommen, stark verzerrt sind. Dennoch – eine beachtliche Entwicklung für eine Region, die mit dem Verlust der Royal-Navy-Werften den Bankrott fürchtete. Und es kostet Gibraltar einiges an Erklärungen, warum sie bezüglich der Glücksspielindustrie keinen politischen Handlungsbedarf sehen.

»Heutzutage klagt in Gibraltar niemand – es ist wirklich unglaublich. Allen geht es gut. Mag sein, dass es hier und da ein paar Ausreißer gibt, aber insgesamt hat sich alles zum Besseren gewendet. Alle haben bessere Häuser als vorher und alle haben Arbeit«, kommentierte Joe Garcia, ehemaliger Herausgeber des gibraltarischen Nachrichtenmagazins *Panorama*, das er nach seiner Ausbildung zum technischen Zeichner an den Werften ins Leben rief. »Wir schreiben über das eine oder andere Problem, aber die Leute bekommen es kaum mit: Welches Problem? Alles ist positiv und alle sind anscheinend zufrieden. Gibraltar hatte es noch nie so gut.«

Im Gegensatz zu Nevada, wo die Glücksspielindustrie einen ähnlich gewichtigen Wirtschaftsfaktor darstellt, ist sie in Gibraltar kaum sichtbar. Wie wahrscheinlich an jedem öffentlichen Platz in Großbritannien gibt es ein Wettbüro am Casemates Square und ein schwimmendes Casino, doch insgesamt operiert die Branche als Finanzdienstleister. Genau wie man den Britischen Jungferninseln ihre Briefkastenfirmen nicht ansieht, die es Kleptokraten ermöglichen, ihre Verbrechen zu verschleiern, und wohlhabenden Unternehmen, ihre Steuerabgaben auf ein Minimum zu reduzieren, scheinen zwischen dem Ort Gibraltar und einer Realität, in der junge Menschen Geld, das sie nicht haben, bei Onlinespielen ausgeben, Welten zu liegen. Das sollte nicht weiter überraschen. Schließlich ist ein Butler auf der Straße kaum von einem anderen gut gekleideten Mann zu unterscheiden. Er definiert sich über das, was er tut. Und so ist es auch mit Gibraltar. Niemand würde die traurige Realität der Spielsucht in Großbritanniens sozial schwächsten Bezirken mit den glänzenden, aber anonymen Bürokomplexen der Kolonie in Verbindung bringen.

Joe Bossano, der Mann, der als gibraltarischer Premier die für die Bürokomplexe nötige Landgewinnung in Auftrag gab, ist ungeheuer stolz auf das, was er erreicht hat. Die Gibraltarer haben Zugang zu Sozialwohnungen, was sicherstellt, dass alle etwas auf dem Wohnungsmarkt bekommen. Außerdem erhalten junge Menschen eine Studienförderung an britischen Universitäten, es gibt ein Krankenhaus, öffentliche Einrichtungen und vieles mehr. Für einen bekennenden Sozialisten mag es seltsam erscheinen, mit der Onlinespielindustrie gemeinsame Sache zu machen – einer der halsabschneiderischsten Wirtschaftszweige in der ohnehin durch und durch kapitalistischen Welt des Internets –, doch er scheint keinen Widerspruch darin zu sehen.

»Denken Sie an China und Präsident Xis Konzept eines Sozialismus mit chinesischen Merkmalen. Was ich 1988, ohne mir darüber bewusst zu sein, eingeführt habe, war ein gibraltarischer Sozialismus«, erklärte er.

In meinen Ohren ist das lediglich ein geistreich ausgedrücktes Eingeständnis, dass Gibraltar reich geworden ist, indem es sich als Butler bei den großen Glücksspielriesen dieser Welt verdingt hat. Und das ist erst der Anfang. Schließlich ist es noch nicht so lange her, dass die Grenze zwischen Spanien und Gibraltar geschlossen war, aber gibraltarische Glücksspielunternehmen machen inzwischen Werbung auf den Trikots spanischer Fußballmannschaften und in ihren Stadien, genau wie für die englische Liga. Die gefräßigen Onlineraubtiere breiten sich überall dort aus, wo das Internet ankommt, und nutzen dabei genau wie zuvor die BJI-Briefkastenfirmen die Unfähigkeit der Entwicklungsländer aus, sie zu regulieren. Dieser Umstand wurde im Jahr 2019 von der führenden medizinischen Fachzeitschrift *Lancet* »das durch und durch Böse einer Branche [genannt], die tatsächlich Jagd auf diejenigen macht, die sozial gefährdet sind und sich in einer prekären finanziellen Lage befinden«. Es kommt nicht oft vor, dass eine medizinische Fachzeitschrift das Wort »böse« verwendet.

Das wirft Fragen über den Butler Britannien auf: Wenn selbst britische Bürger diesem Bösen zum Opfer fallen, worin liegt der Nutzen für Großbritannien? Die Antwort lautet, dass es schlicht keinen gibt oder zumindest nicht notwendigerweise.

»Im echten Leben«, so Bossano, »hat man meistens nicht die Wahl, nur das zu tun, was gut und richtig ist. Oft kann man nicht das Beste tun. Meistens bleibt einem nichts anderes übrig, als das zu tun, was möglichst wenig Schaden anrichtet.«

Der Butler dient dem, der am meisten für seinen Dienst zahlt, und wenn er darin besteht, Böses über seine Mitbürger zu bringen, dann wird er das mit ebenso großer Sorgfalt und mit Geschick erledigen wie seine anderen Aufgaben. Hat er einmal akzeptiert, dass er sich Moral nicht leisten kann, weil sie schlecht fürs Geschäft ist, kann er, wie wir sehen werden, auch an den unwahrscheinlichsten Orten Auftraggeber finden und ihnen dabei helfen, gewaltige Summen zu bewegen.

KAPITEL 6
DER SCHOTTISCHE WASCHSALON

IM FRÜHJAHR 2015 FUHR David Leask zu einer Pressekonferenz hinaus nach Gartcosh, der neu eröffneten Zentrale der Police Scotland, die bewusst auf dem Gelände eines alten Stahlwerks an der M73 gebaut worden war. Leask arbeitete als Journalist für den *Herald*, eine Glasgower Zeitung, die stets so etwas wie der rauflustige Gegenpart zum *Scotsman* war, dem Rivalen aus Edinburgh, der mehr das Establishment repräsentierte. Leask ist ein Journalist, wie er von Kollegen geschätzt wird: sorgfältig, einfallsreich, und ist er einmal einer Story auf der Spur, dann verfolgt er sie gnadenlos bis zum Schluss. Die Pressekonferenz in Gartcosh sollte ihn auf eine neue Fährte bringen.

Unter Außenstehenden (bei mir zumindest) genießt Gartcosh keinen guten Ruf, was vor allem dem Zynismus der trinkfesten pensionierten Bullen in Ian Rankins Krimis zu verdanken ist. Für Rankins alte Hasen steht Gartcosh für alles, was heute bei der Polizei falsch läuft. Ein Polizist gehört auf die Straße, er erhält seine Informationen direkt von seinen Quellen. Er kann mal die Regeln brechen oder auch die Nase eines Verdächtigen, aber er erledigt seinen Job. Gartcosh ist die Antithese dazu: ein »in sich geschlossener Komplex, der sich alle Mühe gibt, wie eine der neuen Universitäten für die Elite auszusehen«, und von überheblichen Polizeibeamten besetzt ist. Für die Architekten hingegen handelte es sich um ein Experiment im Sinne eines neuen Verständnisses von Strafverfolgung, in dem verschiedene Disziplinen zusammenarbeiten ohne die Barrieren, die früher Steuerbehörden, Kriminaltechniker, Forensiker und andere daran gehindert haben, Verbrechen aufzuklären.

»Ich war da eines Tages für eine Pressekonferenz zu einer völlig anderen Sache, als ein Typ, den ich kannte, mir auf dem Weg nach draußen im Grunde den Bericht in die Hand drückte und sagte: ›Da gibt's noch eine Sache, Mann, die uns echt Sorgen macht‹«, erinnerte sich Leask. Der Bericht des US-amerikanischen Finanzberatungsunternehmens Kroll, den ihm sein Informant ausgehändigt hatte, trug die Aufschrift »Projekt Tenor – Scoping-Phase« und strotzte nur so vor »privat« und »streng vertraulich«-Warnungen. »Auf ihre Polizeiart haben sie mir durch die Blume gesagt: ›Das solltest du unbedingt lesen.‹ Auf den zweiten Blick habe ich gesehen, dass es in dem Bericht auch um schottische Angelegenheiten ging, deshalb habe ich ihn mit ins Büro genommen«, erklärte Leask.

Es ist ein kompakter und komplizierter Bericht mit unglaublich vielen Details. Doch hat man seine Komplexität einmal durchdrungen, handelt es sich um eine Darstellung dessen, was wahrscheinlich – im Verhältnis zur Größe des Landes, in dem er stattfand – der größte Bankraub aller Zeiten ist. Irgendwie war es einer Gruppe Krimineller gelungen, eine Milliarde Dollar aus Banken in der Republik Moldau zu stehlen und mit ihrer Beute spurlos zu verschwinden.

Moldau, ein kleiner Streifen der ehemaligen Sowjetunion, der eingeklemmt zwischen der Ukraine und Rumänien liegt, gilt als das ärmste Land Europas. Im Jahr 2015 verdiente eine Familie dort im Schnitt 300 Dollar im Monat und viele junge Moldauer waren auf der Suche nach einem besseren Leben zu den Moskauer Baustellen oder den Stripklubs am Persischen Golf ausgewandert. Dementsprechend war eine Milliarde Dollar dort eine unvorstellbare Menge Geld, genauer: ein Achtel des gesamten Bruttoinlandsproduktes. Ein Bankraub dieser Größenordnung würde den Tätern in Großbritannien rund 360 Milliarden Dollar einbringen und in den USA eher so etwas wie 2,5 Trillionen Dollar. Aus diesem Grund hatte die Bank der Republik Moldau die Firma Kroll beauftragt, herauszufinden, was mit all dem Bargeld geschehen war.

Offenbar hatten sich drei Banken reihum Geld geliehen und dabei die jeweiligen Kredite genutzt, um den nächsten zu decken. Dadurch wurden die Beträge immer größer. Obwohl es sich nach außen hin um drei verschiedene Bankinstitute handelte, wurden sie insgeheim allesamt von einem 28-jährigen Geschäftsmann namens Ilan Shor geführt, dessen extravaganter Lebensstil vermuten ließ, dass er jede Menge Verwendungsmöglichkeiten für zusätzliches Bargeld hatte. Doch im November 2014 zog jemand die Handbremse dieses Finanzkarussells, die Musik hörte abrupt auf und das Geld verschwand, wodurch beinahe das gesamte moldauische Finanzsystem in den Bankrott gerissen wurde. »Ich kann Ihnen nicht sagen, wie es möglich ist, einem so kleinen Land so viel Geld zu stehlen«, sagte der damalige EU-Botschafter in Moldau.

Die genauen Einzelheiten des Betrugs sind nach wie vor umstritten. Shor behauptet beharrlich, er sei das unbescholtene Opfer korrupter Kollegen, und die Politiker beschuldigen ihn, sich gegenseitig oder wahlweise auch Russland, den Raub verübt zu haben. Bei dem Kroll-Bericht handelt es sich eher um eine Auftaktuntersuchung der Beweislage als um einen Abschlussbericht, was auch der Grund ist, warum die Verfasser ihn unter Verschluss halten und nur einem sehr kleinen Kreis zugänglich machen wollten. Doch der moldauische Regierungssprecher leakte ihn auf seinem privaten Blog in einem Akt, den er als Versuch, Transparenz herzustellen, bezeichnete, der von seinen Widersachern jedoch als gezielter Schlag gegen Shor gewertet wird, um sicherzustellen, dass ihm alle Schuld zugeschoben wird. Dass er es war, der den Bericht geleakt hat, ist zweifelsfrei an seinem Namen, seiner Berufsbezeichnung und dem Vermerk »Kopie 33 von 33« am Seitenende jeder einzelnen der 83 Seiten zu erkennen.

An dieser Stelle sollen nicht die Behauptungen und Gegenbehauptungen der moldauischen Elite beleuchtet oder gar ermittelt werden, wer hinter diesem Verbrechen steckt. Ebenso wenig bin ich daran interessiert, das Geld aufzuspüren, das vollständig verschwunden ist. Tragischerweise ist Moldau bei der Strafverfolgung dieses Verbrechens seit 2014 kein bisschen weitergekommen. Mich interessiert jedoch vielmehr, was die Nachwirkungen dieser Geschichte über Großbritannien aussagen – wie es seiner Arbeit als Butler nachgeht und wie es sich auf institutioneller Ebene allen Bemühungen widersetzt, diese Tätigkeit aufzugeben. Dieses Kapitel handelt von der Gleichgültigkeit gegenüber den Leiden der Schwachen und den feigen Gefälligkeiten gegenüber den Launen der Mächtigen. Es beschreibt ein System, das – offenbar ohne dass es jemand bemerkt hat – entworfen wurde, um zu verhindern, dass irgendjemand den Profit zum Stocken bringt, der in die Taschen des Butlers fließt. Eines nehme ich fairerweise vorweg: Dieses Kapitel wird ziemlich deprimierend.

Leask nahm den Kroll-Bericht mit in sein Büro und machte sich daran, ihn zu lesen. Es dauerte nicht lang, bis er erkannte, was sein Kontaktmann bei der Polizei ihm hatte zeigen wollen. Dort, auf Seite 12, hatte Kroll als letzte konkrete Spur des Geldes eine in Großbritannien registrierte Briefkastenfirma angegeben. Und dort, auf Seite 65, war die Verbindung zu Schottland: Die Briefkastenfirma war in der Royston Mains Street in Edinburgh registriert. Der letzte Eigentümer des Milliardenraubs in Moldau entpuppte sich als Bewohner eines ganz gewöhnlichen Wohnhauses in Pilton, eines rauen Edinburgher Vororts, besser bekannt als Kulisse von *Trainspotting*, der Verfilmung eines Romans aus den 1990er-Jahren, der von Heroinsucht und Kleinkriminalität handelt. Am 20. Juni 2015 ließ Leask die Bombe platzen und veröffentlichte einen Enthüllungsartikel über den Fall und seine schottischen Verstrickungen samt pikanter Details über Shors Popstar-Ehefrau und seinen glamourösen Lifestyle sowie die Versprechen verschiedener Edinburgher Politiker, dass so etwas nie wieder vorkommen würde.

Vier Tage darauf legte Leasks Kollege Ian Fraser – gemeinsam mit dem Investigativjournalisten Richard Smith – mit einem Artikel in *Herald's Sunday* nach. Er enthielt brisante Enthüllungen über das litauische Paar, das die Briefkastenfirma namens Fortuna United LP gegründet hatte (die Abkürzung steht für »Limited Partnership«, eine Gesellschaft mit begrenzt haftender Teilhaberschaft, vergleichbar mit einer deutschen Kommanditgesellschaft) und noch 437 weitere LPs, die in seinem Haus registriert waren. Und er erläuterte, warum diese Strukturen eine ideale Möglichkeit für Kriminelle boten, zu verbergen, dass ihnen das gestohlene Geld gehört. Fortuna United LP mag zwar ein in Schottland registriertes Unternehmen sein und demzufolge für den flüchtigen Betrachter einen respektablen Anstrich haben, doch es wurde in Wirklichkeit von zwei auf den Seychellen registrierten Firmen kontrolliert, einer berüchtigten Steueroase, wo das tatsächliche Eigentum an Gesellschaften ein streng gehütetes Geheimnis ist. Über eine Scottish Limited Partnership (SLP) können auch die zwielichtigsten Auswüchse der Steueroasen nach Großbritannien importiert und in respektabel daherkommende Investitionsmittel verwandelt werden. Während ein auf den Seychellen registriertes Unternehmen für jeden halbwegs kompetenten Compliance-Beauftragten einer Bank eine rote Fahne darstellt, wirkt eine in Schottland eingetragene Gesellschaft auf den ersten Blick vertrauenswürdig. Dabei ist eine SLP noch schlimmer als eine Briefkastenfirma in einer Steueroase. Zwar haben wir keine Möglichkeit herauszufinden, wer der Eigentümer eines Unternehmens auf den Seychellen ist, doch zumindest weiß es jemand auf den Seychellen. Britische Aufsichtsbehörden hingegen haben keine Ahnung, wer tatsächlich hinter einer SLP steckt, weil diese Eigentümer ihre wahre Identität nirgendwo angeben müssen. Aus diesem Grund ist eine SLP das perfekte Instrument, um anonym Geld zu bewegen.

Der Fortsetzungsartikel von Fraser und Smith machte deutlich, dass die Verwendung von SLPs keine einmalige Sache war: In Verbindung mit dem moldauischen Bankraub hatten sie SLPs mit einer Anschrift in Inverness und mit Sitz in einem Haus in Edinburghs East End ausfindig gemacht. Es stellte sich heraus, dass über Konten auf Banken in den baltischen Staaten ein gesamtes Netzwerk aus in Schottland registrierten Unternehmensstrukturen den moldauischen Kriminellen geholfen hatte, die drei Banken auszurauben und die Beute verschwinden zu lassen. Für die schottischen Journalisten war es, als hätten sie aufgedeckt, dass Diebe legal und am helllichten Tag Waffen gekauft hatten, um eine Bank in Ihrer Heimatstadt auszurauben, und niemand hatte es bemerkt oder interessierte sich dafür.

Im Oktober 2015 brachte ein Radioreporter der BBC die Story an eine noch breitere Öffentlichkeit, indem er den Unternehmenssitz von Fortuna United LP in Pilton aufsuchte und beschrieb, dass man von innen noch weniger als hinter der unscheinbaren Außenfassade eine milliardenschwere Beute vermutete: »Ein schlichter, ziemlich heruntergekommener Eingangsbereich, in dem ein Fahrrad steht und sich weiter hinten alte Kisten und Boxen stapeln.« Der BBC-Journalist sprach mit Viktoriya Zirneleyte, der 36-jährigen Litauerin, die die betreffenden Briefkastenfirmen gegründet hatte. »Wir stellen unseren Kunden keine Fragen zu ihren Geschäften«, erklärte sie ihm. »Anscheinend wurde eine der Firmen, die über uns registriert wurde, für Geldwäsche benutzt, aber davon wussten wir nichts ... Da müssen Sie schon die Leute ausfindig machen, die hinter dem Betrug stecken, und sie verurteilen – wir haben nichts damit zu tun.«

Da sie und ihr Partner zudem offizielle Dokumente für die beiden auf den Seychellen registrierten Briefkastenfirmen, denen Fortuna United gehört, unterzeichneten, sind sie offiziell für die Leitung verantwortlich und damit für die gesamte Limited Partnership. Doch Zirneleyte behauptet, weder sie noch ihr Partner hätte Einblicke in die Finanzgeschäfte der Firma gehabt: Sie hätten lediglich die nötigen Papiere unterzeichnet und ihr Honorar entgegengenommen. Damit handelt es sich bei diesen beiden Personen um die menschlichen Verbindungsteile zwischen den Kriminellen und dem Verbrechen: Sie haben vielleicht die Waffen verkauft, jedoch nicht die Bank überfallen.

In den 1970er-Jahren deponierten Diebe und Gauner ihre Beute – in Form eines großen Sackes Bargeld – für gewöhnlich auf einem Schweizer oder österreichischen Nummernkonto und ihre Identität blieb ein Geheimnis allein zwischen ihnen und dem Bankangestellten. Da die internationalen Gesetze gegen Geldwäsche heutzutage stärker greifen, sind derartige Vorgänge unmöglich geworden, doch die SLPs bieten einen perfekten Ersatz. Wer ein Konto auf einer Bank in den baltischen Staaten, auf Zypern oder in so ziemlich jedem Land besitzt, wo die Bankiers Profit vor Rechtschaffenheit stellen – über eine der Strukturen, die Zirneleyte geschaffen hat –, dessen Identität bleibt ebenso im Verborgenen wie damals bei den Vorgängern in Zürich. Und es ist noch dazu billiger: Während man für ein Schweizer Bankkonto Tausende Pfund aufbringen muss, kostet eine fix und fertige SLP samt Bankkonto lediglich ein paar Hundert.

Wer *Land des Geldes* gelesen hat, mag an dieser Stelle denken, dass ich alte Kamellen wiederaufbereite. Britische Briefkastenfirmen sind bekannt für ihre tragende Rolle in der Wirtschaftskriminalität und britische Politiker für ihr Unvermögen, etwas dagegen zu unternehmen. Im Jahr 2016 schrieb ich einen umfassenden Enthüllungsartikel über Betrugsfälle, die allesamt über Jahre hinweg über mehrere, in der Londoner Harley Street 29 registrierte Briefkastenfirmen begangen wurden. Damals war meine naive Annahme noch, dass jemand in einer Machtposition meinen Artikel lesen und das Schlupfloch, das ich enthüllt hatte, verschließen würde. Doch nichts geschah. Die Betrugsfälle wurden vollkommen ignoriert, schlimmer noch: Drei Jahre später veröffentlichten Journalisten der *Times* ihre eigenen Ermittlungen zur Harley Street 29, wiederholten dieselben Annahmen und stellten exakt dieselben Verbrechen dar, die ich bereits beschrieben hatte. Dennoch blieben die Politiker untätig. Sehenden Auges mitzubekommen, wie ein Raub geschieht, und nichts dagegen zu unternehmen, mag einmalig entschuldbar sein. Doch wenn es ein weiteres Mal geschieht und man einfach nur die Straßenseite wechselt, sieht es verdächtig nach einem Muster aus. Der britische Butler ist seinen Kunden zu Diensten, und solange er von ihnen profitiert, hat er keinerlei Interesse daran, ihre Missetaten zu vereiteln.

Kaum hatte Leask die erste SLP-Story publiziert, folgte Enthüllung auf Enthüllung: wie SLPs im Waffenhandel zwischen der Ukraine und den Golfstaaten genutzt worden waren, wie sie dazu gedient hatten, Söldner in die Ostukraine zu schicken, gefälschten Wodka zu handeln, wie sie für massenhafte Copyright-Verletzungen verwendet wurden, für den Vertrieb angeblich potenzsteigernder Pillen für Männer und wie sie unkontrolliertes Glücksspiel ermöglichten (all diese Storys wurden übrigens binnen gerade einmal 18 Monaten veröffentlicht). Der Raub in Moldau war ganz klar nur einer unter vielen durch Schottland ermöglichten Betrugsfällen, die den Betroffenen aus aller Welt wohl Hunderte Milliarden Dollar gekostet hatten. In dieser Hinsicht ähnelte Leasks Berichterstattung meiner über die Harley Street 29. Auch bei ihm handelte es sich um viele Betrugsfälle, die allesamt über ein und dieselbe Adresse abgewickelt worden waren. In einem entscheidenden Aspekt unterschied sich seine Arbeit jedoch von meiner: Meine Artikel wurden von den Politikern ignoriert, seine jedoch nicht.

Rund sechs Wochen bevor Leasks erste Sensationsstory veröffentlicht wurde, hatte die Scottish National Party ein historisches Wahlergebnis eingefahren und war von einer Splitterpartei mit lediglich sechs Abgeordneten zur drittgrößten Partei in Westminster geworden. Mit ihren 56 Sitzen war sie nördlich der Grenze lediglich drei Sitze von einem Rundumschlag entfernt. Unter ihren vielen neuen Abgeordneten machte die SNP einen parlamentarischen Novizen namens Roger Mullin zu ihrem finanzpolitischen Sprecher. In der ohnehin turbulenten Wahl hatte seine Ernennung neuerlich Wellen geschlagen, da er den Sitz einnahm, den zuvor der ehemalige Premierminister Gordon Brown innegehabt hatte. Als Mullin von dem moldauischen Betrugsfall las und wie er aus Schottland heraus entscheidend initiiert worden war, zeigte er sich entsetzt. Die SLPs waren ein Produkt schottischer Gesetzgebung, doch die Rechtsgrundlage wurde von London vorgegeben. Wenn Schottland das Geldwäschegeschäft verlassen wollte, musste er seine neuen Kollegen im Parlament von Westminster davon überzeugen, das Gesetz zu ändern. Keine einfache Aufgabe: Limited Partnerships waren ein dunkler Zweig an einem an sich bereits unzeitgemäßen Ast des Gesetzes, und bei Moldau handelte es sich um ein Land, das beinahe niemand kannte und das niemanden kümmerte. Dennoch machte er sich mit dem Enthusiasmus eines frischgebackenen Politikers an die Arbeit und war entschlossen, Ergebnisse zu bekommen.

Gesellschaften sind eine sehr alte Rechtsform, die über viele Jahrhunderte lediglich über das Gewohnheitsrecht geregelt wurden, dessen Grundlage wiederum Gerichtsurteile zu Präzedenzfällen bilden. Doch im viktorianischen Zeitalter des Jahres 1890 wurde ein Gesetz beschlossen, dessen wenige Worte Moldau rund ein Jahrhundert später den ganzen Ärger einbringen sollte: »In Schottland ist eine Firma eine juristische Person, die sich von den Teilhabern unterscheidet, aus denen sie besteht«. Das Gesetz besagt weder, warum eine schottische Partnerschaft (und die im Jahr 1907 eingeführte Limited Partnership, die Gesellschaft mit begrenzter Haftung) anders ist als Gesellschaften in England, Irland oder Wales, noch enthält es Einzelheiten, was das in der

Konsequenz eigentlich bedeutet. Der kurze Gesetzestext sollte jedoch einen Unterschied ausmachen, der sich für Moldaus Nationalbank als ungeheuer kostspielig und für die Bankräuber und ihren Butler als sehr gewinnbringend erweisen sollte.

Über einen Großteil des 20. Jahrhunderts hinweg existierten lediglich einige Hundert SLPs, von denen die meisten zu landwirtschaftlichen Pachtzwecken genutzt wurden, da sie es schottischen Grundbesitzern ermöglichten, ihre Pächter ihrer Rechte zu berauben. Wie alle Gesellschaften waren die SLPs nicht dazu angehalten, eine finanzielle Buchhaltung zur Einsicht der Behörden zu führen, wie Unternehmen es tun müssen, und sie selbst wurden nicht besteuert. Alles Geld floss frei durch sie hindurch zu den einzelnen Teilhabern, die als Individuen Steuern zahlten. Doch im Gegensatz zu Gesellschaften in jedem anderen Teil des Vereinigten Königreichs konnten SLPs – dank dieses kurzen Gesetzestextes – über Eigentum verfügen, Verträge abschließen, jemanden verklagen oder selbst verklagt werden und sich allgemein wie ein Unternehmen verhalten. Und da die Haftbarkeit ihrer Teilhaber genau wie bei Unternehmen, jedoch im Unterschied zu klassischen Gesellschaften begrenzt war, riskierten sie lediglich Geld, das sie gezielt investiert hatten – und nicht ihren gesamten Privatbesitz. Brach ihr Risikokapital ein, waren ihre restlichen Vermögenswerte nicht in Gefahr. Keine Pflicht zur Offenlegung, keine Steuern, keine Risiken: Diese Eigenschaften gaben den SLPs einen »Kopf, ich gewinne, Zahl, du verlierst«-Charakter, wie er von sehr wohlhabenden Menschen, die ihre geschäftlichen Angelegenheiten möglichst profitabel regeln wollen, geschätzt wird. Und die Eigenschaften, die für schottische Großgrundbesitzer von Vorteil waren, sollten sich auch als vorteilhaft für gerissene osteuropäische Geldwäscher erweisen.

Leask war weder der erste Journalist, der die seltsame Welt der SLPs erforschte, noch der einzige, der Schwierigkeiten hatte, mehr über sie herauszufinden. Im Gegensatz zu den Firmeneinträgen, die ich zur Harley Street 29 gefunden hatte, wurden die Dokumente rund um die SLPs auf der Website des britischen Handelsregisters Companies House als Bilder archiviert, statt als Daten eingetragen. Das bedeutete, man musste zur Analyse jeden Eintrag einzeln aufrufen. Jedwede Data-Mining-Software war nutzlos, was die Nachforschungen nicht nur zeitaufwendig und frustrierend, sondern auch sehr teuer machte. Um die Dokumente zu jeder einzelnen SLP zu erhalten, hätte man 6000 Pfund aufwenden müssen. Richard Smith ging dennoch so viele Dokumente durch, wie er konnte, und eröffnete den Blick auf eine Sachlage, die noch viel schlimmer war als befürchtet.

Seinen Berechnungen zufolge stieß man bei der zufälligen Wahl einer im Handelsregister eingetragenen SLP mit höherer Wahrscheinlichkeit auf eine, die anonymen Offshore-Unternehmen gehörte und ihren offiziellen Firmensitz in irgendeinem unscheinbaren Haus in Schottland hatte, als auf eine harmlose. Kurz, der perfekte Deckmantel für Wirtschaftskriminalität. Im Laufe der vergangenen acht Jahre entsprachen 80 Prozent der neu registrierten SLPs exakt diesem Muster. »Ups«, schrieb Smith mit dem für ihn so charakteristischen, trockenen Humor auf seinem Blog. »Wie konnte das nur passieren, ohne dass es irgendjemandem aufgefallen ist?«

Der plötzliche Boom der SLPs war äußerst bemerkenswert. Allein im Jahr 2016 wurden mehr registriert als im Verlauf des gesamten, seit ihrer Gründung im Jahr 1907 vergangenen Jahrhunderts. Mehr als zwei Drittel von ihnen waren unter lediglich zehn Adressen gemeldet. Kriminelle aus Osteuropa und anderswo nutzten massenweise SLPs, um gestohlenes Geld zu verbergen, das ursprünglich für den Bau von Schulen oder Krankenhäusern vorhergesehen war, oder um Löhne, Schmiergelder oder Abfindungen zu zahlen. Mit der Zeit wurden SLPs in Schottland so berüchtigt, dass Ian Rankin ihnen einen ganzen Roman widmete, samt Figuren aus dem organisierten Verbrechen, schmierigen Anwälten und dem für ihn so typisch-düsteren Edinburgher Milieuhintergrund. Alle Parteien, die im schottischen Parlament vertreten waren, einigten sich darauf, das System zu reformieren, und Roger Mullin stellte den Fall in Westminster vor.

»Ich kam gut informiert, nicht nur durch David Leasks Artikel, sondern auch durch Leute wie Richard Smith, die mich mit zusätzlichem Hintergrundwissen versorgt hatten«, erzählte mir Mullin. »Als ich mein

Anliegen im House of Commons vorgetragen habe, konnte ich mit vielen Informationen aufwarten und auch mit Beispielen über die kriminellen Machenschaften. Meine Strategie – wobei mir das Wort Strategie etwas hochgegriffen scheint – bestand darin, dass ich alle mir zur Verfügung stehenden Mittel nutzte, um mir auf den formellen Wegen Gehör zu verschaffen.«

Mullin brachte das Thema der SLPs zum ersten Mal am 5. September 2016 im House of Commons zur Sprache und am darauffolgenden Tag erneut. Im Oktober und Dezember desselben Jahres kam er wieder darauf zurück und dann noch einmal im Februar und März 2017. Er überzeugte seinen Parteivorsitzenden im House of Commons, dem Premierminister eine Frage zu stellen, und lud Leask ins Parlament ein, um den Weg für einen Untersuchungsausschuss zur Wirtschaftskriminalität zu ebnen. Auf diese Weise wollte er dem Journalisten helfen, mehr Abgeordnete für die Sache der SLPs zu bewegen.

»Im Kern handelt es sich im besten Fall um einen Baukasten für Steuervermeidung und im schlimmsten Fall um Geldwäsche«, berichtete Leask dem Ausschuss. »Sie suchen sich für jeden Teil ihres Baukastens das schwächste Regulierungssystem heraus, das sie finden, um Geld zu waschen. Im Fall von Unternehmen muss ich leider sagen, dass ich denke, es ist Großbritannien.«

Selten hatte wohl ein einzelnes Anliegen einen derart engagierten politischen Verfechter und Mullin konnte beinahe unmittelbar Erfolge feiern. Im Januar 2017, 18 Monate nach Leasks erstem Artikel, sicherte die Unternehmensabteilung des Wirtschaftsministeriums zu, dass sie die Gesetzgebung rund um Limited Partnerships prüfen würde, und bat interessierte Interessengruppen, ihre Ansichten zu dem Thema einzusenden. Damit war der erste Schritt getan, um das Schlupfloch zu schließen, durch das Milliarden Dollar moldauischen Geldes durch die Eingangstür eines Hauses in Pilton hatten schlüpfen können und nie wieder herauskamen.

»Allem Anschein nach gibt es keinerlei haltbaren Nutzen von Limited Partnerships gegenüber Limited Companies (Unternehmen mit beschränkter Haftung), bis auf ihren Mangel an Transparenz. Abgesehen davon hat Schottland durch den Anstieg der SLP-Einträge offenbar kaum wirtschaftliche Vorteile«, ließ die Association of Accounting Technicians in ihrer Antwort auf die Konsultation der Regierung verlauten. Eine Feststellung des Offensichtlichen und eine, die doch sicherlich ankündigte, dass diese eigenartigen Anachronismen beiseitigt würden.

An dieser Stelle beschleicht Sie womöglich das Gefühl, ich hätte Sie an der Nase herumgeführt. Schließlich klingt die ganze Angelegenheit bisher alles andere als deprimierend, sondern eher nach einer Erfolgsgeschichte schnell und entschlossen agierender Politiker, die eine fehlerhafte Gesetzeslage korrigieren, nachdem sie durch die Presse an sie herangetragen wurde. Doch ich habe Ihnen ein deprimierendes Kapitel versprochen und werde mein Wort auch halten. So eindeutig, wie es auf den ersten Blick schien, war die Lage nämlich leider nicht. Mullin ahnte bereits, dass der Kampf, um den Butler Britannien dieses nützlichen Instruments für seine Kunden zu berauben, alles andere als leicht werden würde. Im Jahr 2016 bat er um ein Treffen mit dem britischen Finanzministerium, um den Fall der SLPs zu diskutieren, und fand sich am Ende vor einem Juniorminister und zwei Politikern wieder, die eine vollkommen andere Agenda besprechen wollten als die, die er mitgebracht hatte.

»Ich weiß noch, dass ich sehr überrascht davon war, wie wenig die Zuständigen davon zu wissen schienen«, sagte er. »Man sollte meinen, dass sie sich auf ein solches Treffen vorbereiten, aber den Eindruck hatte ich nicht. Ich weiß nur noch, dass sie immer wieder sagten: ›Wir müssen die Wettbewerbsfähigkeit der City im Auge behalten.‹ Außerdem erinnere ich mich daran, dass sie als größeren Konkurrenten Luxemburg genannt haben, und dass wir nicht hinter ihn zurückfallen wollen.«

Auf Mullin wirkte das Ganze sehr verwirrend. Schließlich sprach er vom organisierten Verbrechen in der ehemaligen UdSSR und nicht von Bankiers in Luxemburg. Doch er war nicht der Einzige, dem nahegelegt wurde, die SLPs im Interesse der Finanzdienstleistungsbranche in Ruhe zu lassen. Ein weiterer Journalist, der Recherchen rund um die SLPs anstellte, sagte mir, dass er von einer bekannten Anwaltskanzlei zu einem Treffen eingeladen worden sei, wo ihm zu verstehen gegeben wurde, dass die Kanzlei, sollte er seine Recherchen weiterverfolgen, nie wieder eine Anzeige in seiner Zeitung schalten würde. Die Scottish Property Federation antwortete auf die Konsultation der Regierung, dass sie in der wachsenden Zahl der SLPs keinen Anlass zur Sorge sähe, da sie sie als Zeichen einer zunehmend ausdifferenzierten und stetig wachsenden Investmentlandschaft interpretiere. Vielmehr verliehen sie ihrer Besorgnis Ausdruck, dass die Enthüllungen rund um die Geldwäscheskandale, die Leask und andere Journalisten veröffentlicht hatten, ihrer Branche schaden könnten. »Es gibt Anlass zur Besorgnis, dass Investoren zögern werden, Werbung zu schalten.«

Die Law Society of Scotland schlug in dieselbe Kerbe. Man erklärte sich zwar besorgt angesichts des Verdachts, dass die SLPs zu kriminellen Zwecken missbraucht werden könnten, brachte aber auch andere Befürchtungen zum Ausdruck – ein klassisches Beispiel, dass man den Satz vor einem »aber« stets ignorieren kann. »Bei der Prüfung jedweder in Betracht gezogener Maßnahmen sollte berücksichtigt werden, dass sie keinen Schaden für legale Geschäftsmodelle darstellen sollten«, hieß es in ihrer Antwort auf die Konsultation. »Bis auf jüngste Medienberichte über den Missbrauch der SLPs zu kriminellen Zwecken sind uns keinerlei Transparenzprobleme bekannt.« Kaum verwunderlich. Wer nicht nach Problemen sucht, findet überraschend wenige, insbesondere, wenn man sein Geld eben genau damit verdient, keine zu finden. Die Antwort enthielt jedoch einen interessanten Schnipsel, der besagte, dass schottische Grundbesitzer SLPs dank eines neuen Gesetzes, das die Pachtverhältnisse in Schottland neu regelt, nicht mehr zur Verwaltung ihres Besitzes nutzen. Wenn die SLPs, wie weithin angenommen, ursprünglich allem voran dem Zweck gedient haben, landwirtschaftliche Pachtverhältnisse zu regeln, dieser Nutzen inzwischen jedoch wegfällt, warum gab es sie dann überhaupt noch? Und warum gab es überhaupt Leute, die sie verteidigten? Die Antwort liegt in der Finanzdienstleistungsbranche begründet, die offenbar die magischen Eigenschaften der SLPs noch lange vor der organisierten Kriminalität entdeckt hatte.

Man darf nicht vergessen, dass ein Butler nicht nur für Kriminelle arbeitet, sondern allgemein für jeden, der reich genug ist, um seine Dienste zu bezahlen. Und wohlhabende Leute, egal ob ihr Vermögen nun schmutzig oder sauber ist, mögen beinahe alle dieselben Dinge: niedrige Steuern, minimale Aufsichtsprüfung und keine Transparenzpflicht. Die ersten Butler, die SLPs genutzt haben, um das Vermögen ihrer Kunden vor fremden Blicken zu schützen, haben nicht für moldauische Geldwäscher, sondern für Geldleute in der City of London gearbeitet. Genau diese Männer wurden nun aktiv und verlangten, dass die Tricks ihrer Butler geschützt würden.

In den 1980er-Jahren hatten Private-Equity-Fonds erstmals realisiert, dass sie, wenn sie ihre Investitionen über eine ganze Reihe an Limited Partnerships tätigten, an deren Ende zur Auszahlung der Gewinne eine SLP stand, auf vollkommen legale Weise ein Minimum an Steuern zahlten und den Aufsichtsbehörden ein Minimum an Informationen preisgeben mussten. Im Gegensatz zu Firmen werden SLPs an sich nicht besteuert, weshalb ihre Profite steuerfrei an ihre Teilhaber fließen. Da weniger Steuern mehr Profit bedeuten, begannen Syndikate am Londoner Versicherungsmarkt Lloyd's und verschiedene Hedgefonds SLPs zu nutzen. Ob nun legal oder nicht: Jedem, der Geld hat, gefällt ein Setup, das das Beste aus beiden Welten vereint, und SLPs gehörten definitiv in diese Kategorie.

Elspeth Berry, eine Wissenschaftlerin der Nottingham Law School, ist Großbritanniens führende Expertin auf dem Gebiet Gesellschaftsrecht. Sie erzählte mir, dass die Private-Equity-Branche im Hintergrund die Fäden gezogen und allmählich die gesamte Debatte darüber, wie diese Strukturen reguliert werden sollten, an sich gerissen hat. »Britische Limited Partnerships sind inzwischen der von europäischen Private-Equity-Fonds, Hedgefonds und Risikokapitalfonds am häufigsten genutzte Rahmen«, schrieb sie in einem 2018 veröffentlichten wissenschaftlichen Artikel.

> Hinter Private Equity steht sowohl eine vermögende Elite aus Investoren als auch eine finanzstarke Interessengruppe in Form von Investmentfondsverwaltern und ihren professionellen Beratern, die leichter Entscheidungsprozesse kontrollieren, vorantreiben oder an-

fechten können. Für die Regierung ist es einfacher, mit ihnen als gegen sie zu arbeiten, insbesondere wenn es um Bereiche geht, in denen es – wie im Fall der LPs – keine organisierte entgegenwirkende Einflussnahme gibt und die Wahrscheinlichkeit gering ist, dass die politischen Entscheidungen nachhaltige (oder überhaupt irgendeine) öffentliche Aufmerksamkeit erhalten.

Wenn Mullin also annahm, er hätte seine Feinde in die Flucht geschlagen, dann lag er gründlich daneben. Es stellte sich nicht nur heraus, dass sie keineswegs vorhatten, zusätzliche Regulierungsmaßnahmen einfach kampflos hinzunehmen, sondern sie hatten diese Schlacht bereits in aller Stille geschlagen, bevor überhaupt jemandem aufgefallen war, dass sie stattfand. Dank intensiver Lobbyarbeit seitens der Private-Equity-Branche war es bereits im Jahr 2003 gelungen, eine drohende Neureformierung des Gesellschaftsrechts abzuwenden, die unter anderem die absurde Unterscheidung zwischen schottischen und englischen LPs aufgehoben hätte. Dann waren sie in die Offensive gegangen. Innerhalb von nur einer Woche nach der Verkündung der Konsultation gab es eine weitere Verlautbarung, die Mullin kalt erwischte.

»Zur selben Zeit, als ich die Abschaffung der SLPs verfolgte, kam der Vorstoß des Regulatory Reform Committee (Regelungsreform-Ausschuss), eine LP für Fondsmanager in London einzurichten«, erzählte er.

Mit der Unterstützung verschiedener Antikorruptionsgruppen aus ganz Großbritannien und Europa versuchte Mullin die Verordnungen für SLPs strenger zu gestalten, damit sie nicht länger genutzt werden konnten, um Summen in Milliardenhöhe zu waschen. Auf diese Weise wollte man verhindern, dass das organisierte Verbrechen arme Länder plünderte, und ihnen stattdessen die Chance geben, eine nachhaltige Wirtschaft aufzubauen.

Was Mullin – und so ziemlich jedem anderen auch – verborgen blieb: Zur gleichen Zeit strebte das britische Finanzministerium gemeinsam mit der Private-Equity-Wirtschaft an, diese Regulierungen noch weiter zu lockern, damit LPs den Aufsichtsbehörden letztendlich noch weniger Informationen preisgeben mussten, als es ohnehin schon der Fall war.

Ihnen war es gleich, ob osteuropäische Geldwäscher Geschäfte machten oder nicht, aber sie wollten ihre eigenen Investments noch profitabler gestalten. Erinnern Sie sich daran, wie die Bank of England in den 1950er-Jahren jegliche Störung des internationalen Kapitalflusses verurteilte? Das Finanzministerium handelte in diesem Fall exakt genauso.

Und das Finanzministerium hatte in diesem Kampf dank einer kaum bekannten Bestimmung in den Parlamentsregeln, der sogenannten legislativen Reformordnung (LRO), einen klaren Vorteil: Um die Restriktionen auf SLPs zu verschärfen, musste Mullin ein vollständiges Gesetz durchbringen. Das bedeutete, dass es in beiden Häusern des Parlaments samt Gegenprüfung und Debatten drei Mal vorgestellt werden und zudem die königliche Zustimmung erhalten musste. Hinzu kam das gesamte restliche parlamentarische Prozedere. Bei einer LRO handelt es sich hingegen um eine bloße Formalität, die durch ein einfaches Votum im Ausschuss durchgebracht wird. Noch besser: Eine LRO kann lediglich zur Deregulierung, also zur Beseitigung geschäftlicher Hindernisse verwendet werden, nicht jedoch für eine Verschärfung der Regularien. Selbst wenn er es gewollt hätte, hätte Mullin dieses Mittel nicht nutzen können, um seine Ziele zu erreichen. Eine LRO funktioniert wie eine Art eingebaute Ratsche, die mit Leichtigkeit eine Aufhebung von Regularien durchlässt, die Verfechter schärferer Restriktionen jedoch zwingt, ihren Kampf auf die harte Tour zu fechten. Genau so lautet das Credo des Butlers: Frei für diejenigen, die es sich leisten können, aber sehr teuer für die, die es nicht können.

Wäre Mullin bereits ein alter Hase im parlamentarischen Alltag gewesen, dann hätte ihn der Vorgang wohl weniger schockiert. Doch er war neu im Job und hatte das Gefühl, dass seine Kontrahenten ein unfaires Spiel gespielt hatten. Denn die Mechanismen, die sie verwendet hatten, waren laut der Regeln lediglich für »nicht-kontroverse Sachverhalte« vorgesehen. Wie konnten sie es also für eine so folgenreiche Entscheidung einsetzen? »Ich kann mir kaum eine kontroversere Angelegenheit vorstellen als einen Mechanismus, der für internationale, kriminelle Vermögenswerte und Geldwäsche genutzt wurde«, sagte er im Februar 2017 vor dem House of Commons. »Schließlich ging es nicht nur darum, eine neue Form der LPs zu schaffen, sondern das auch noch mit weitaus weniger Auflagen, als sie bisher für LPs gelten, die so schon eine offene Flanke für das internationale Verbrechen bieten.«

Doch er wurde ins Abseits manövriert. Keiner hörte ihm zu, und falls es irgendjemanden interessierte, dann gab er es nicht preis. Die LRO musste vom Legislative Reform Committee (Gesetzesreformausschuss) angenommen werden, dessen Vorsitzender damals ein Parlamentsabgeordneter namens Andrew Bridgen war; ein Mann vom rechten Flügel der Konservativen Partei, der einst eisern für den Brexit geworben und dann bei allen drei Wahlen gegen Theresa Mays Brexit-Deal gestimmt hatte. Er neigte dazu, sich mit fast allen anzulegen. Glaubt man einem Artikel der *Times*, dann war er selbst bei seinen konservativen Parteigenossen unbeliebt. Wenn Mullin in seinem Versuch, noch weiter gehende Lockerungen der Regulierung von LPs zu verhindern, nach Verbündeten suchte, dann wäre Bridgen ganz sicher nicht seine erste Wahl gewesen.

»Ich habe ein paar Zuständigen Fragen gestellt, als Andrew Bridgen reinkam und sagte: ›O ja, wir müssen die Wettbewerbsfähigkeit der City of London schützen.‹ Das war der große Wurf: Hier kam der Vorsitzende des Committee on Regulatory Reform und gibt dir exakt dieselbe Antwort wie die Leute vom Finanzministerium«, erzählte Mullin.

Der Regelungsreform-Ausschuss berief zu einer Anhörung der Vorschläge ein und das Finanzministerium schickte Gwyneth Nurse, die Direktorin für Finanzdienstleistungen, um zu erklären, warum die Regularien noch schwächer werden mussten, als sie es ohnehin schon waren. Am Ende gehe es um Geld, sagte sie, und um dieselbe Form internationalen Wettbewerbs, der die Glücksspielindustrie nach Gibraltar und die Briefkastenfirmen auf die BJI gelockt hatte. Was die Regulatorien anging, war Großbritannien von Luxemburg, Jersey und Delaware unterboten worden und musste mit ihnen mithalten, wenn es seinen Finanzdienstleistungssektor behalten wollte. Die Reformen würden, so kalkulierte Nurse, einem durchschnittlichen Investmentfonds insgesamt zwischen 14 800 und 27 600 Pfund einsparen. Für alle Fonds zusammen addierte sich das zu einer Gesamtersparnis von 3,26 Millionen

Pfund in einem Jahrzehnt. »Das vermittelt die Botschaft, dass wir Interesse an diesem Sektor haben, dass Großbritannien offen für die Branche ist und dass wir unser Regulierungssystem modernisieren wollen«, so Nurse. Wenn sich die Kunden des Butlers Britannien nicht so verhalten durften, wie es ihnen beliebte, würden sie samt ihrem Vermögen in ein anderes Land abziehen. Und wo wären wir nur ohne ihre illustre Kundschaft?

Mullin versuchte, seine Bedenken anzubringen, und wandte ein, dass Großbritannien schon jetzt große Probleme mit Kriminellen hatte, die die kaum regulierten LPs zur Geldwäsche nutzten. Und die neuen Vorschläge würden die Bestimmungen noch weiter kappen. Sollten die Reformen nicht zumindest Mechanismen enthalten, um diese bedenklichen Vorgänge zu überwachen? »Sie werden definitiv nichts überwachen«, sagte Nurse.

Und so wurde die LRO im April 2017 Gesetz und die Fondsmanager erhielten ihre Lockerungen: die sogenannte »Private Fund Limited Partnership«, deren Abkürzung PFLP leider (zum Leidwesen von allen, die im Internet danach suchen) auch für die Popular Front for the Liberation of Palestine steht. Zwei Monate darauf verlor Mullin bei den Wahlen seinen Sitz. Die Befürworter strengerer Verordnungen hatten ihren Vorkämpfer und ihren Fokus eingebüßt. Die Konsultation seitens der Regierung entwickelte sich auf eine Art und Weise, bei der jede Konsultation Vorschläge für weitere Konsultationen hervorbrachte, aus denen wiederum neue Konsultationen hervorgingen. »Es ist uns ein Anliegen, Gesetze zu erlassen, so schnell, wie es die parlamentarischen Vorgänge erlauben«, kein besonders beruhigendes Versprechen.

Die Finanzdienstleistungsbranche witterte ihren Sieg. Der British Private Equity und die Venture Capital Association ließen verlauten, weitere Veränderungen stellten »einen unnötigen Akt der Selbstverletzung« dar. Die Scottish Property Federation warnte, der Staat riskiere, Unternehmen ins Ausland zu vertreiben, wenn man zu genau nachfragte, woher das Geld denn kam. Ein Regierungsminister sagte vor dem House of Lords, dass Großbritanniens Austritt aus der EU zeitnah und dringlich Lockerungen erforderte.

Zu jener Zeit kontrollierten die britischen Fonds 142 Milliarden Pfund in Vermögenswerten und generierten weitere fünf Milliarden Pfund pro Jahr über Erfolgshonorare. Wenn diese extrem deregulierten Strukturen der Wirtschaft tatsächlich derart hohe Summen einbrachten, wie das Finanzamt vorhersagte, dann sind sie sicherlich mehr als willkommen. Aber ich finde es unglaublich, dass Nurse weder schriftlich noch mündlich gegenüber dem Regulierungsreform-Ausschuss eingeräumt hat, dass die Lockerungen neben Vorteilen auch Kosten mit sich bringen. Je einfacher man es Fondsmanagern macht, LPs einzurichten, desto einfacher wird es auch für das organisierte Verbrechen. Dank des scharfsinnigen britischen Butlertums und der Entschlossenheit der britischen Regierung, nichts dagegen zu unternehmen, verlor Moldau eine Milliarde Dollar, was es sich nicht leisten konnte. Addiert man all die (von Nurse berechneten) Ersparnisse, die durch die neue Reform generiert werden sollen, dann würde es mehr als 230 Jahre dauern, bis man genug beisammenhat, um für den Verlust aufzukommen. Oder anders ausgedrückt: Diese Ersparnisse entsprechen etwa 0,0006 Prozent der Profite, die die Fondsverwaltungsbranche jährlich einfährt.

Als er vor der Wahl stand, entweder Europas ärmstes Land zu schützen oder der Stadt eine so geringe Summe einzusparen, dass sie in der Bilanz der Fonds noch nicht einmal einem Rundungsfehler gleichkommt, entschied sich der Butler Britannien einmal mehr für die Wohlhabenden und Mächtigen und kehrte den Armen und Schwachen den Rücken.

Selbstverständlich hatte das Finanzamt seine Argumente für die Reform. Wenn man ohnehin etwas tun will, findet man auch eine Begründung dafür. Die internationale Konkurrenz unterbietet Großbritannien. Die Stadt kann es sich nicht leisten, die Branche zu verlieren. Die Finanzwirtschaft wollte es so, also muss es eine gute Idee sein. England muss sich offen für die Forderungen der Wirtschaft zeigen. Erstaunlicherweise wurden genau dieselben Argumente bereits bei der Einführung der Limited Partnerships im Jahr 1907 angeführt. Und bereits vor einem Jahrhundert sorgten sich einige vorausschauende Abgeordnete, dass diese Deregulierung einen Schritt zu weit ging und die LPs der Kriminalität Tür und Tor öffneten. Schon damals erhielten sie als Antwort, dass Großbritannien andernfalls gegen seine wirtschaftliche Konkurrenz verlöre und die gesamte Finanzwirtschaft abwandern würde. »Es handelte sich um eine Bestimmung, die in diesem Haus die Unterstützung des ehrenwerten Baronets, Abgeordneter der City of London, erhielt, und dementsprechend war man sich sicher, dass sie nichts Schadhaftes oder Strittiges enthalten konnte«, ließ ein Regierungsminister – angeblich beruhigend – damals zu Zeiten des Urgroßvaters von Queen Elizabeth verlauten.

Dieses Argument hatte eine so starke Ähnlichkeit mit denen, die Mullin von den Ministern gehört hatte, als er sich gegen Limited Partnerships aussprach, dass ich ihn anrief, als ich im Parlamentsarchiv darauf stieß. Er lachte laut auf. »Wunderbar, da schließt sich der Kreis. Das ist wirklich faszinierend: Über ein Jahrhundert ist vergangen, und trotzdem graben sie noch dieselben Argumente aus«, sagte er. Doch sein Lachen klang eine Spur bitter.

Unter den vielen Anwaltskanzleien und Immobilienunternehmen, die auf das Wirrwarr an Konsultationen seitens der Regierung antworteten, zeichnete sich ein Konsens ab: Die öffentliche Diskussion der SLPs hat die Kriminellen verjagt, ebenso wie einige technische Reformen der europäischen Gesetzeslage und die Verordnungen des Companies House, das das britische Handelsregister verwaltet. Nun wäre es jedoch das Beste, wenn alle aufhörten, darüber zu reden, denn die negative Publicity könnte auch ehrliche Investoren abschrecken, die Großbritannien braucht, wenn aus dem Brexit eine Erfolgsgeschichte werden sollte. Die Krankheit ist geheilt und es muss weitergehen, falls weitere Operationen dem Patienten mehr schaden als nutzen. In der Tat gab es zu jener Zeit weitaus weniger Registrierungen von SLPs, aber ihr Missbrauch ging offenbar weiter. Nach 2016 erhielt die schottische Polizei in zwei Jahren 66 internationale Anfragen mit der Bitte um Unterstützung, um die Eigentümer von SLPs festzustellen, und Leask veröffentlichte weiterhin Enthüllungsartikel, unter anderem einen über den kriminellen Missbrauch von SLPs in einem großen Korruptionsskandal in Brasilien.

Im Jahr 2018 kam dann mit der Veröffentlichung eines Berichts über die estländische Zweigstelle der Danske Bank der größte Skandal überhaupt ans Licht. Laut des geleakten Berichts hatte die Bank unter dem Deckmantel von Limited Partnerships, die die Banker selbst gegründet hatten, um die Namen ihrer Kunden als Kontoinhaber zu verbergen, 200 Milliarden Euro aus der ehemaligen Sowjetunion gewaschen. »Wir sind auf der Suche nach Kunden. So läuft es, ansonsten machen wir keine Gewinne«, sagte einer dieser Banker.

Der Skandal um die Danske Bank kam nur durch einen britischen Whistleblower namens Howard Wilkinson ans Licht, dem Diskrepanzen zwischen öffentlichen Dokumenten der Limited Partnerships und den Privatkonten der Danske Bank aufgefallen waren. Wilkinson wurde daraufhin im Jahr 2020 mit dem international angesehenen Allard Prize für Menschen ausgezeichnet, die »außerordentlichen Mut und Führungskraft im Kampf gegen Korruption zeigen oder die Menschenrechte schützen«. Er übergab Beweismittel zu dem von ihm aufgedeckten Skandal an das dänische und das Europäische Parlament, aus denen die zentrale Rolle abzulesen ist, die Limited Partnerships dabei gespielt hatten, die Identität der Täter zu verbergen. Obwohl wir regelmäßig telefonieren, habe ich ihn noch nie persönlich getroffen und weiß nicht, wo er lebt. Aus Angst vor der Rache der vielen mächtigen Kriminellen, deren Geldwäschegeschäfte er aufgedeckt hat, muss er seinen Aufenthaltsort stets geheim halten. Ich fragte ihn, ob er zu dem Betrug je von jemandem aus britischen Regierungskreisen kontaktiert worden war, etwa um bei den angeblich noch laufenden Konsultationen rund um die Rolle von Briefkastenfirmen zur Verschleierung von Wirtschaftskriminalität zu helfen.

»Was eine Reaktion seitens der britischen Behörden angeht, muss ich wohl unachtsam gewesen sein und sie übersehen haben«, erwiderte er. »Da waren selbst die Marshallinseln aktiver. Von den britischen Politikern ist niemand auf mich zugekommen.«

Es ist nichts dagegen unternommen worden, dass schottische Limited Patnerships genutzt wurden, um Moldau zu schröpfen, und nichts dagegen, dass viele Milliarden durch die Danske Bank gewaschen worden sind. Nach wie vor können die Besitzverhältnisse von SLPs über Offshore-Unternehmen anonym bleiben, da keine Kontoführung oder Offenlegung der Identität verlangt wird. Inzwischen existiert dafür ein Mittel mit noch lockereren Bestimmungen: die Private Fund Limited Partnership. Bei der Gründung dieser Gesellschaftsform werden die dabei angegebenen Informationen überhaupt nicht geprüft. Auf diese Weise kann jeder so tun, als wäre er ein Vermögensverwalter, ob nun gewöhnlicher Bürger oder krimineller Geldwäscher. Dank der neuen Regularien muss man nicht einmal mehr angeben, in welchem Verwaltungsbereich das jeweilige Offshore-Unternehmen registriert ist oder in welchem Geschäftsbereich man tätig sein möchte. Die größte Ironie bei dem Ganzen besteht darin, dass es nun – all das dank der wenigen Worte, die 1890 Gesetz wurden – ein Ding namens Scottish Private Fund Limited Partnership gibt, das noch besser darauf zugeschnitten ist, anonym Geld zu bewegen, egal ob zu legalen oder illegalen Zwecken oder etwas dazwischen.

Noch besorgniserregender: In jüngster Zeit kam es zu einem kleinen, aber deutlichen Anstieg der registrierten nordirischen Limited Partnerships. Keiner weiß so genau warum, oder wenn, dann sagt es zumindest keiner. Wahrscheinlich ist es naiv zu erwarten, dass die Regierung etwas anderes tut, als die Wirtschaft zu ermuntern. Wenn er weiter in seinem Dienst bleiben möchte, verrät kein Butler seinen Kunden an die Polizei.

Bei der Polizei zögert man, offizielle Aussagen zu einem derart sensiblen Thema zu machen. Doch ein Ermittler, der mehrfach versucht hat, diejenigen der Geldwäsche zu überführen, die britische Unternehmensstrukturen ausnutzen, nahm bezüglich der Wurzel des Problems kein Blatt vor den Mund. Limited Partnerships machen Geldflüsse einfach, schnell und billig. Sie helfen Vermögensinhabern, ihr Tun vor ihren Konkurrenten und Aufsichtsbehörden zu verbergen, und halten Steuerabgaben und Gesetzesvorschriften auf einem absoluten Minimum. Das gefällt jedem, der Geld hat, ganz egal, wo es herkommt. Wenn die Instrumente der Vermögensverwalter auch von Kriminellen genutzt werden, um ein bereits armes Land am anderen Ende Europas ins Elend zu stürzen, dann ist das nicht ihr Problem. Warum sollte das

Recht eines verantwortungsvollen Waffenbesitzers, eine Waffe zu tragen, eingeschränkt werden, nur weil Kriminelle sich anders verhalten?

Elspeth Berry, die wissenschaftliche Expertin in Nottingham, erklärte, sie hätte jahrzehntelang Gesellschaftsrecht gelehrt und Limited Partnerships wären da kaum erwähnt worden. Während all der Jahre waren LPs eine reine Formalität, die von einer Handvoll Leuten zu obskuren Zwecken genutzt worden waren, und sie hatte sich noch immer nicht daran gewöhnt, von Leuten wie mir nach ihnen ausgefragt zu werden. »Ich glaube, und das ist meine persönliche Meinung, nicht die gesetzliche, dass der Staat bei vielen Finanzinstitutionen verschuldet ist«, sagte sie mir. »Jedes Mal, wenn die Finanzdienstleistungsbranche sagt: ›Aber wir bringen der britischen Wirtschaft so viel Geld ein und wir könnten ins Ausland gehen, wenn ihr euch nicht benehmt‹, bricht bei der britischen Regierung die Panik aus. Es gibt hier jede Menge Opfer, aber das sind nicht die Leute, um die die Regierung sich Sorgen macht.«

Während des Lockdowns unterhielt ich mich bei einem Spaziergang in die Hills of Fife mit Leask. Er schreibt nicht mehr für den *Herald*, der wie so viele Zeitungen aufgrund des Rückgangs an Werbekunden und weniger Abonnements viele Leute entlassen musste. Zwar veröffentlicht er nach wie vor Artikel, doch ihm fehlt das nötige Back-up einer Redaktion, um die großen Geschichten zu kontroversen Themen zu veröffentlichen, wie die, auf die er sich einst spezialisiert hatte.

Tut mir leid, liebe Moldauer, aber ihr seid auf euch allein gestellt. Großbritannien könnte zwar helfen, aber das würde die Fondsverwaltungsbranche ein paar Tausend Pfund kosten, was selbstverständlich kein Opfer ist, zu dem irgendein halbwegs respektabler Butler seinem Kunden raten würde. Das soll aber nicht heißen, dass die britischen Politiker sich nicht für *einige* Osteuropäer interessieren, das tun sie ohne Frage. Im nächsten Kapitel geht es um das Interesse, dass sie besonders einem Mann entgegenbringen. Es handelt sich um einen Mann, der sich jeden Butlerdienst leisten kann.

KAPITEL 7
IN DIE RÖHRE GESCHAUT

BORIS JOHNSON – der ehemalige Journalist, der zu der Zeit, als ich dies schrieb, noch Premierminister war – war zwischenzeitlich auch Bürgermeister von London und hielt regelmäßig öffentliche Veranstaltungen ab, bei denen ihm normale Bürger Fragen stellen konnten. Angekündigt wurden sie als Transparenz-Veranstaltungen, die sie zweifellos auch waren, aber sie boten einem Mann, der den Auftritt liebte, auch das Publikum. Der Bürgermeister brachte viele Menschen mit seiner Masche des verstrubbelten Jungen aus gutem Hause zum Lachen und wahrscheinlich hoffte er, dass vielen seiner Wähler das ausreichte.

Im Juli 2009 wurde er jedoch auf die Probe gestellt. In einem Vortragssaal im Londoner Stadtteil Croydon erhob sich ein Mann namens Ajit Chambers, ein ehemaliger Banker mit grauen Schläfen und kurz geschnittenem Haar, um eine Frage zu stellen. Er habe 40 Haltestellen der Londoner U-Bahn ausfindig gemacht, die nicht mehr genutzt würden, und er wolle Touristenattraktionen aus ihnen machen. »In San Francisco gibt es Alcatraz, in Paris die Katakomben«, sagte er. »Ich habe einen Projektvorschlag, und ich habe versucht, ihn der TfL vorzulegen.«

Johnson stieg darauf ein. Die TfL (Transport for London) – die für die Züge, Busse, Taxis, Straßenbahnen und andere öffentliche Verkehrsmittel verantwortlich ist – untersteht direkt dem Bürgermeister. Theoretisch konnte er also durchaus etwas für dessen Vorschlag tun. Und es war die Art von ungewöhnlicher Idee, die jedem Journalisten sofort einleuchten musste, und natürlich auch einem so erfolgreichen wie ihm. »Das ist brillant. Eine tolle Idee. London Underground. Okay, wir gehen in den Untergrund«, sagte er.

Der Bürgermeister stellte Chambers noch ein paar weitere Fragen zu diesen »Geisterbahnhöfen«, von denen Johnson offenbar noch nichts gehört hatte, obwohl sie bei Leuten, die mit der U-Bahn fahren, bekannt sind. Wenn man zum richtigen Zeitpunkt in die Dunkelheit hinausstarrte, konnte man die alten Bahnsteige vorbeirasen sehen. Johnson versprach, seine Mitarbeiter würden das Vorhaben prüfen und sich melden. Das waren tolle Neuigkeiten für Chambers, der bereits auf offiziellem Weg versucht hatte, im Büro des Bürgermeisters Interesse an seinem Plan zu wecken, aber Schwierigkeiten gehabt hatte, an den Beamten im Rathaus vorbeizukommen. Jetzt hatte seine eigenwillige Geschäftsidee endlich eine Chance.

Unbestreitbar haben Geisterbahnhöfe etwas Romantisches an sich, Orte, die einst voller Menschen und Leben waren und heute Mäusen und Staub überlassen sind. In einem Traum, den ich immer wieder habe, öffne ich eine Tür in meinem Haus und gehe durch ein Zimmer nach dem anderen, die ich vorher aus irgendeinem Grund nie betreten habe, und die alten Bahnhöfe haben denselben Reiz: freier Raum voller Geschichte und Potenzial. Ebenso unbestreitbar kann es sich wirtschaftlich lohnen, alte Transportinfrastruktur wieder zugänglich zu machen; die High Line in Manhattan ist einfach ein langer Fußweg, der nirgendwo hinführt, aber die Leute schlendern einfach gern die Strecken entlang, auf denen früher Züge ratterten, und Tausende tun es.

Das bedeutet natürlich nicht automatisch, dass Chambers' Geschäftsidee rentabel gewesen wäre. Zum einen wurden zwar Dutzende Bahnhöfe im Lauf der Jahre stillgelegt, aber es gibt keine 40 Geisterbahnhöfe, in denen man herumlaufen oder die man zu etwas Neuem umgestalten könnte. Die meisten wurden eingerissen. Zum anderen sind die Geisterbahnhöfe, die es gibt, immer noch voller Stromkabel und anderer Technik – und an den Bahnsteigen rattern die Züge durch. Außerdem ist Raum in London teuer: Fast jedes Gebäude in der britischen Hauptstadt, das noch genutzt werden konnte, wurde genutzt

Doch wenn jemand versuchen würde, den Geistern wieder Leben einzuhauchen, dann war es Ajit Chambers, der fast grotesk hartnäckig war. Er tauchte immer wieder bei Johnsons öffentlichen Veranstaltungen auf, und seine Wortmeldungen wurden so vorhersagbar, dass ein Kolumnist der *Times* ihn »Londons führenden Boris-Behelliger« nannte. Er stand immer wieder auf und appellierte an den Bürgermeister, er solle sich gegen die Einwände durchsetzen, die Beamte im persönlichen Kontakt vorbrachten. Johnsons Karriere basierte darauf, dass er sich mit klaren Worten gegen eine Bevormundung durch den Staat aussprach, und so fiel es ihm schwer, öffentlich freies Unternehmertum zu blockieren. In offiziellen E-Mails brachte die Stadtverwaltung Bedenken vor wegen Gesundheits- oder Sicherheitsgefahren, wegen der Kosten oder irgendetwas anderem. Doch bei der nächsten öffentlichen Veranstaltung griff Johnson das Thema wieder auf. »Ich möchte von Ihnen nur hören, dass wir das machen können, ohne dass es die Steuerzahler etwas kostet«, sagte Johnson öffentlich ein Jahr nach jenem ersten Zusammentreffen. Chambers versicherte, er könne das, und das Abenteuer ging weiter. Einen Bahnhof, der für ein erstes Projekt vielversprechend wirkte, hatte Chambers bereits gefunden: Brompton Road, ein Geisterbahnhof im Westen Londons, etwa in der Mitte zwischen Harrods und dem Victoria and Albert Museum, der in den 1930ern wegen zu geringen Passagieraufkommens geschlossen worden war.

Seine Vision – von holografischen Passagieren in historischen Kostümen auf den Bahnsteigen, einer Bar auf dem Dach und einem Veranstaltungsraum für Album-Premieren oder andere Firmenereignisse in der alten Schalterhalle – war aufregend genug, um nicht nur die Aufmerksamkeit von Kolumnisten der Tageszeitungen auf sich zu ziehen, sondern auch von so seriösen Publikationen wie *The Economist*. Und es klingt schon ziemlich cool: »Ein wahrhaftiges Grab Tutanchamuns von ausrangierten Schätzen – riesige Ventilatoren, luftdichte Türen und sogar ein Kino für die Truppen, die dort im Krieg stationiert waren.« Ein paar wenige Events fanden im Bahnhof tatsächlich bereits statt, und die Besucher erzählen immer noch aufgeregt von dem Nervenkitzel, als sie die alten Treppen zum Bahnsteig hinunterstiegen, wie sie eine riesige Landkarte aus dem Zweiten Weltkrieg sahen, als der Bahnhof ein Kommandoposten der Luftabwehr war, und ein riesiges Schild mit der Aufschrift »ACHTUNG! MUNITION!«. Chambers hatte sich mit seiner

Hartnäckigkeit durchgesetzt. Jetzt musste nur noch ein offizieller Vertreter der Stadt den Mietvertrag unterschreiben, und die Jahre des Boris-Behelligens hätten sich ausgezahlt.

Doch es kam anders. Der Butler Britannien hatte andere Pläne.

Dass Veranstaltungen im Geisterbahnhof Brompton Road stattfanden, und zwar erfolgreich, zeigt, dass es durchaus möglich gewesen wäre, daraus eine Touristenattraktion zu machen und dort einfühlsam diesen Teil der Geschichte Londons darzustellen, auch wenn die Vorstellung von holografischen Soldaten, die aus einem holografischen Zug steigen, etwas weit hergeholt klingt. Vielleicht hätte dieses Vorhaben sogar ordentlich Gewinn abgeworfen. In Knightsbridge gibt es immer Bedarf an einer weiteren Bar oder einem zusätzlichen Restaurant, und der Bahnhof wäre zweifellos ein einzigartiger Veranstaltungsort gewesen. In Wirklichkeit sprachen gegen Chambers' Plan nicht Gesundheits- und Sicherheitsvorschriften, sondern, dass die Politiker Großbritanniens Einsatz als Butler so verinnerlicht haben, dass sie sich dessen wahrscheinlich gar nicht bewusst sind. Um den alten Bahnhof Brompton Road an Ajit Chambers übergeben zu können, hätte das Ministerium, dem er gehörte - und das war seit dem Zweiten Weltkrieg das Verteidigungsministerium -, den Reflex überwinden müssen, alles an den Höchstbietenden zu verkaufen, egal wer es war und was er damit vorhatte. Chambers gibt an, er habe 25 Millionen Pfund für sein Projekt bereitgestellt, aber damit hätte er nur etwa die Hälfte des Geisterbahnhofs von Brompton Road gekauft, als der Bahnhof Anfang des Jahres 2014 schließlich den Besitzer wechselte.

Der Verkauf war der letzte Akt in einer bemerkenswerten Geschichte, die zeigt, dass Großbritannien bereit ist, jedem zu Diensten zu sein, ohne Fragen zu stellen, wenn der Preis stimmt. Als die Regierung vor der Wahl stand, entweder einem Unternehmer zu helfen, einen exzentrischen Traum zu verwirklichen, der die Hauptstadt auf wahrlich einzigartige Weise bereichert hätte, oder einen Aktivposten an den Höchstbietenden zu verkaufen, konnte die Entscheidung nur zugunsten einer Seite ausfallen, und das war nicht die Seite von Ajit Chambers.

Für diese Geschichte muss man ein wenig graben. Daher gehen wir, wie Boris Johnson es bei seinem ersten Zusammentreffen mit Chambers formulierte, in den Untergrund.

Zunächst einmal stellt sich die Frage, wo das Geld herkam, mit dem der Geisterbahnhof gekauft wurde. Um das zu verstehen, muss man in die Zeit des Kalten Krieges zurückgehen, als die Kommunistische Partei noch uneingeschränkt über Russland und die anderen Sowjetrepubliken herrschte. Die Sowjetunion galt in den Jahren nach dem Zweiten Weltkrieg als großer wirtschaftlicher Rivale des Westens, geriet aber schnell ins Hintertreffen. In den 1970ern war klar, dass Moskaus Pläne, Wohlstand für alle zu schaffen, auf unbestimmte Zeit aufgeschoben waren. Tatsächlich hatte das Land zu kämpfen, um die bisherigen Errungenschaften nicht wieder zu verlieren. Während sich in Nordamerika und Westeuropa Wohlstand, Massenmode, Popkultur und arbeitssparende Geräte verbreiteten, standen sowjetische Bürger stundenlang für das Lebensnotwendigste Schlange.

Doch in der UdSSR gab es etwas, das dem Westen fehlte: riesige Erdgasvorkommen, mit denen die Fabriken betrieben, Wohnungen geheizt und durch Exporte an den Westen wertvolle Dollars verdient wurden. Dieser Gasüberfluss – kontrolliert vom ersten staatlichen Unternehmen des Landes, Gazprom – hielt die sowjetische Wirtschaft notdürftig zusammen, vor allem auch in der Ukraine, das nach Russland die zweitgrößte Schwerindustrie hatte. Die Fabriken und Chemiewerke in der Ukraine waren auf die Pipelines angewiesen, die Brennstoff aus den fernen russischen und zentralasiatischen Gasfeldern heranführten, die ihr Gas nach Europa exportierten. Dank dieser subventionierten Energiequelle waren die Fabriken konkurrenzfähig und Millionen Ukrainer hatten sichere, gut bezahlte Jobs.

Im Jahr 1991 veränderte sich alles. Die Sowjetunion zerbrach. Die Ukraine wurde unabhängig und über Nacht fehlte die vorher so üppige Energie. Die ukrainischen Fabriken waren nur wegen des billigen Erdgases überlebensfähig und eigenes Gas hatte die Ukraine kaum. Ohne die Fabriken hatten die Menschen keine Arbeit; wenn die Menschen keine Arbeit hatten, würde die Wirtschaft zusammenbrechen. Rein logisch gab es an diesem Punkt nur noch zwei Möglichkeiten. Entweder hätte die Ukraine schnell ihren Erdgasverbrauch effizienter gestalten, die besonders energieintensiven Industriezweige schließen und neue Möglichkeiten finden müssen, ihr Einkommen zu sichern, damit sich Im- und Exporte ausglichen, oder es hätte im Wesentlichen wieder von Russland reabsorbiert werden müssen. Die erste Option war wirtschaftlich ruinös; die zweite politisch unvorstellbar.

Glücklicherweise ließ sich diese Entscheidung aufschieben, weil auch Russland vom Erdgas abhängig war. Die russische Wirtschaft überlebte dank der harten Währung, die das Land durch den Erdgasexport nach Europa verdiente, und fast alle Exportwege führten durch die Ukraine. Das bedeutete, dass die Ukraine, wenn sie ihre Erdgasrechnung nicht mehr bezahlen konnte, ganz einfach für sich etwas aus den Pipelines abzapfen konnte, die durch ihr Staatsgebiet verliefen, und Russland konnte den Hahn nicht einfach zudrehen, weil es sich dann von den gut zahlenden Kunden weiter westlich abschnitt. So mussten die Politiker in Kiew nie die schwere Entscheidung über die Zukunft ihrer Industrie treffen, die eine rationale Wirtschaftsplanung von ihnen erfordert hätte, und hielten sich stattdessen in einem seltsamen Schwebezustand zwischen Zukunft und Vergangenheit. Auf diese Weise entstand das einzigartige ukrainische Phänomen, das Ökonomen als »rents of energy dependency« bezeichnen.

Dass große Erdöl- oder Erdgasvorkommen in Ländern fast unausweichlich zu Korruption führen – man denke nur an Angola, Nigeria, Venezuela oder auch Russland –, ist bekannt, weil es den Machthabern um die Kontrolle über die Kapitalflüsse geht, nicht darum, ihrem Volk zu dienen. Auch in der Ukraine kam es zu Korruption, aber anders: Dort entstand sie nicht aus der Kontrolle über das Gas, sondern aus der Kontrolle über die Pipelines, durch die das Gas transportiert wurde, und der damit verbundenen Möglichkeit, Unterstützer mit wertvollen Lieferungen oder Exportlizenzen zu belohnen. Dabei wurden weniger Renten als Zölle angestrebt. Insider in Russland und der Ukraine schlossen sich zu zwielichtigen Zwischenhandelsunternehmen zusammen, die an der russischen Grenze Erdgas von Gazprom abnahmen, es zu hohen Preisen an Europäer verkauften und sich den Gewinn teilten. Oft bezahlten sie das Gas nicht mit Geld, sondern mit Waren, und diese Tauschhandelsgeschäfte machte die Deals noch undurchsichtiger und erschwerten es normalen Bürgern, sie zu verstehen. Nichts trug mehr dazu bei, die Ukraine zu korrumpieren und ihre Abhängigkeit von Moskau aufrechtzuerhalten, als die Sucht der Politiker nach diesem Geld. Russland berechnete der Ukraine die Kosten für das gestohlene Gas, aber das war den Insidern egal, solange sie die Gewinne behalten durften.

Wladimir Putin entschied jedoch nach seinem Amtsantritt als russischer Präsident im Jahr 2000, dass die Gewinne dieser Geldmaschine – zumindest auf russischer Seite – wieder dorthin fließen sollten, wo sie hingehörten. Wenn irgendjemand durch die Gasexporte reich wurde, dann er selbst und seine Freunde, keine Gazprom-Manager und ihre zwielichtigen Helfershelfer. Er brauchte eine Weile, bis er die alte Garde hinausgedrängt hatte, aber am Ende hatte er doch einen treuen Anhänger an die Spitze des riesigen Gaskonzerns gebracht. Es würde immer noch einen Zwischenhändler zwischen Russland und der Ukraine geben, sodass die Geldflüsse verborgen blieben, aber dieses Unternehmen würde zur Hälfte Gazprom gehören, damit Putin auf jeden Fall seinen Anteil bekam. Der Name dieses Zwischenhandelsunternehmens war RosUkrEnergo (RUE), und es übernahm die Gaslieferungen zwischen den beiden Ländern ab Juli 2004.

Das war ein großes Jahr für die Ukraine. Im Herbst versuchte der Premierminister Wiktor Janukowytsch, der von Putin unterstützt wurde, durch manipulierte Wahlen Präsident zu werden. Hunderttausende Ukrainer protestierten dagegen auf den Straßen von Kiew und schwenkten die orangefarbenen Flaggen von Janukowytschs Gegner Wiktor Juschtschenko, dessen Nachname zum dreisilbigen Kampfruf der Demonstranten wurde. Nach wochenlangen Protesten wurde die Wahl wiederholt, Janukowytsch verlor und in Kiew feierte man eine riesige Party, die den Namen Orange Revolution bekam. Jungen Ukrainern bewies dies wunderbar, dass normale Menschen über den korrumpierenden Einfluss von Oligarchen und ihrem Geld triumphieren können.

Für Putin, der Zeit und Geld für die Unterstützung Janukowytschs investiert hatte, war die Revolution in der Ukraine eine persönliche Demütigung. Erfreulicherweise verfügte er über nützliche Mittel, um die Ukrainer – und alle anderen Länder, die versucht waren, dem Vorbild der Ukraine zu folgen – daran zu erinnern, warum es eine schlechte Idee war, den Kreml zu demütigen. Gazprom teilte der postrevolutionären Regierung mit, dass die Gasverträge neu zu verhandeln seien und, wenn die Ukraine sich weigerte, den neuen Bedingungen zuzustimmen, man das Land von der Gasversorgung abschneiden würde. Mitten im Winter erkannte das ganze Land plötzlich, wie abhängig es vom Wohlwollen Russlands war.

Im Archiv des US-Außenministeriums findet sich ein Bericht, veröffentlicht von WikiLeaks, über ein Treffen zwischen dem US-Botschafter und Premierminister Juschtschenko. Darin steht, wie dringlich die Entscheidung plötzlich geworden war, die man seit 1991 aufgeschoben hatte. »Er steckte in einem Dilemma. Wenn er den Deal mit RUE akzeptierte, dann würde man ihn und seine Partei Unsere Ukraine der Korruption beschuldigen. Lehnte er den Deal ab, dann würde man ihm vorwerfen, er habe die Ukraine zu tödlicher Kälte verurteilt, wenn Russland die Gaslieferungen einstellte.« In manchen Teilen der Ukraine herrschten minus 30 Grad Celsius. Bei derartigen Temperaturen besteht Lebensgefahr, daher gab es gar keine echte Alternative. Kiew kapitulierte.

Juschtschenko unterschrieb den neuen Vertrag mit RUE, eine Demütigung, die die Koalition, die hinter der Revolution gestanden hatte, unwiederbringlich spaltete und Juschtschenkos guten Ruf ruinierte. Schon mit dem alten Vertrag hatte RUE gute Gewinne erzielt. Im Jahr 2005, also bevor der neue Vertrag ausgehandelt wurde und das Geld richtig floss, hatte das Unternehmen 500 Millionen US-Dollar eingenommen. Das staatliche Gasunternehmen der Ukraine, das die Preise für die Kunden wegen der negativen politischen Folgen nicht erhöhen konnte, machte deswegen in den ersten drei Monaten des Jahres 2006 500 Millionen US-Dollar Verlust – alles Gewinn für die Eigentümer von RUE.

»Nur eine Macht erwies sich stärker als die Orange Revolution«, schrieb ein Historiker. »Nicht der (ehemalige) Premier Wiktor Janukowytsch, nicht Russland, sondern die Macht der Energie-Interessen.« Doch wer war das? Wer waren die Eigentümer von RUE? Allgemein bekannt war, dass Gazprom die Hälfte des Unternehmens besaß, aber wem gehörte die andere Hälfte? Welche Person verdiente diese Summen, die man nur bekommt, wenn man sich mit einer Regierung anlegt und die Oberhand behält?

Die Londoner Aktivistengruppe Global Witness, die Korruption im Zusammenhang mit Rohstoffen aufdeckt, beschäftigte sich eingehend mit dem Vertrag. Sie fand die Briefkastenfirmen und die Bankkonten und identifizierte ein paar wenige Einzelpersonen, die offenbar daran beteiligt waren: ein israelischer Rechtsanwalt, ein ehemaliger ungarischer Minister, ein britischer Geschäftsmann, mehrere Politiker in Turkmenistan und verschiedene Ukrainer und Russen, darunter der berüchtigte Semjon Mogilewitsch. Doch die Antwort auf die Frage, wer das Unternehmen eigentlich beherrschte, fand die Gruppe nicht. »Wie kann es im Interesse der Ukraine oder auch Europas sein, wenn eine derart lebenswichtige Gasversorgung des Landes von komplexen und undurchsichtigen Geschäftsstrukturen gelenkt wird«, fragten die Aktivisten in ihrem Bericht.

Wenige Tage nachdem der Bericht veröffentlicht worden war, gab sich der Eigentümer der anderen Hälfte von RUE zu erkennen, als wollte er die Aktivisten verhöhnen. Sein Name war Dmytro Firtasch. Global Witness hatte ihn im Bericht erwähnt, aber sonst nicht viel über ihn herausgefunden. Seine Biografie war lückenhaft, und anstelle eines Fotos hatten die Aktivisten ein Fragezeichen eingefügt. Firtasch war erst 39 Jahre alt, aber sein Unternehmen hatte eine Regierung niedergerungen, die immer noch von der Welle der Emotionen einer Volksrevolution getragen wurde, und niemand wusste auch nur, wie er aussah. Das ist Macht.

Im Rahmen eines PR-Blitzangriffs gab Firtasch Interviews für die *Financial Times*, das *Wall Street Journal* und andere, erzählte dabei Details aus seinem Leben und sprach über seine Zukunftspläne. Fotos zeigen ihn als eleganten Geschäftsmann im grauen Anzug mit einem dauerhaften Fünftagebart und einem leichten Doppelkinn. Laut eigenen Angaben startete er seine Karriere mit dem Verkauf von Lebensmitteln nach Zentralasien, aber als seine Kunden ihre Rechnungen nicht mehr bezahlen konnten, nahm er statt Geld auch Erdgas, das er mit Gewinn nach Europa verkaufte. Bei diesem komplexen Tauschhandel erwarb er die Fähigkeiten, die er für die Leitung von RUE brauchte. Warum Putins Kreml ausgerechnet Firtasch als Partner in Kiew ausgewählt hatte statt einen der bekannteren Oligarchen des Landes, wurde nie ganz geklärt. In den Artikeln wurde jedoch angedeutet, er habe Verbindungen zu dem Russen Mogilewitsch, was vielleicht eine Erklärung wäre, aber Firtasch bestritt, je direkte Geschäftsverbindungen zu ihm gehabt zu haben.

In allen Interviews schwang Firtaschs politischer Einfluss unausgesprochen mit. Dank seinem Bündnis mit Gazprom und dadurch auch mit Putin, war er nicht nur enorm reich geworden, sondern auch enorm einflussreich: Er war der Kreml-Mann in der Ukraine, ein gasbefeuerter Königsmacher. Das sorgte für Kontroversen in seinem Heimatland, wo Revolutionäre ihm vorwarfen, er stelle den Einfluss Russlands in der Ukraine wieder her. Da überrascht es kaum, dass Firtasch sich nach einem anderen Land umsah, wo er ein zweites Zuhause kaufen konnte, ein Land, das seine Geschäftstüchtigkeit besser zu schätzen wusste.

Ich fragte an, warum Firtasch sich für das Vereinigte Königreich als Nutznießer seiner Großzügigkeit entschieden hatte, erhielt aber keine Antwort auf diese oder irgendeine andere Frage, die ich ihm schickte, aber das mag mit einem ukrainischen Spindoktor namens Wladimir Granowski zu tun haben, der während der Orangen Revolution für Janukowytsch gearbeitet hatte – und der ebenfalls nicht auf meine Kontaktversuche reagierte. Granowski zog im Rahmen eines Einwanderungsprogramms, das für »hoch qualifizierte Migranten« aufgelegt worden war, nach London, kaufte dort für 5,4 Millionen Pfund ein Haus und beriet gemeinsam mit Raymond Asquith, einem Aristokraten und ehemaligen Spion, der einst im Kofferraum seines Wagens Überläufer aus der Sowjetunion geschmuggelt hatte, wohlhabende ehemalige Sowjetbürger, die Interesse am Vereinigten Königreich hatten. Asquith & Granovski Associates entwickelten einen Plan, um Firtasch im Vereinigten Königreich einzuführen, und waren dabei sehr erfolgreich.

Im Februar 2007 wurde die British Ukrainian Society (BUS) gegründet, mit der Zentrale in Knightsbridge. Granowski und Asquith wurden zu Direktoren ernannt, gemeinsam mit Firtaschs rechter Hand Robert Shetler-Jones und dem verlässlichen konservativen Parlamentsabgeordneten Richard Spring, der Asquith und Granowski in »politischen, wirtschaftlichen und aktuellen Angelegenheiten« beriet im Austausch gegen 35 000 bis 40 000 Pfund pro Jahr. »Wollen wir unseren Ruf verbessern? Natürlich«, sagte Firtasch später gegenüber dem *Wall Street Journal.* »Ich kann nicht einfach nur die Zielscheibe der Leute sein.«

Ein anderer Parlamentarier, ein Hinterbänkler aus der Labourpartei, John Grogan, arbeitete eng mit der BUS zusammen. Die Orange Revolution hatte ihn inspiriert und sein Interesse für die Ukraine geweckt, und jetzt war er Vorsitzender einer interfraktionellen Abgeordnetengruppe zu diesem Land. »Ich war vielleicht ein wenig naiv«, gestand er mir. »Zu diesem Zeitpunkt waren mir die Umstände der Gründung nicht bekannt.« Ich fragte ihn, was Firtasch seiner Meinung nach erreichen wollte, indem er die BUS unterstützte. Grogan sagte, das Vorbild sei die British Syrian Society gewesen, die der Schwiegervater von Baschar al-Assad gegründet hatte, um Kontakte zwischen London und Damaskus zu fördern, und bei der Richard Spring ebenfalls im Vorstand saß. In den Gründungsdokumenten der BUS wurden Ziele formuliert, die fast wortwörtlich jenen ihres syrischen Pendants entsprachen. Im Jahr 2008 sorgte Spring in seiner Eigenschaft als Vorsitzender der BUS dafür, dass eine Parlamentsdebatte zur Ukraine stattfand, was jede Organisation einflussreich erscheinen lassen würde. In der Debatte sprach er ausführlich darüber, dass eine demokratische, westlich orientierte Ukraine, die frei vom Makel der Korruption war, im Interesse Großbritanniens liege.

»Für relativ wenig Geld versucht die BUS, Einfluss und gute Kontakte in die höchsten Regierungsebenen zu bekommen«, sagte Grogan. »Was die BUS für ihren guten Ruf tat, war an sich harmlos – Kulturveranstaltungen oder Vorträge oder so etwas. Zweifellos versuchte Firtasch, Freunde und Einfluss zu gewinnen. Ob er die beteiligten Personen selbst getroffen hat, weiß ich nicht.«

Man braucht nicht viel Geld, um eine Lobbygruppe zu finanzieren, und Firtaschs Partner sahen sich nach anderen Projekten um, was sie zu einem Abendessen im Gedenken an den Komponisten Pjotr Tschaikowski an der Universität Cambridge führte. Ukrainer, die dort ein Aufbaustudium absolvierten, hatten das Event organisiert, das für studentische Verhältnisse ziemlich opulent war. Es fand in der großen Halle des King's College statt, in formeller Abendgarderobe, die Eintrittskarten kosteten 65 Pfund pro Stück und Musiker brachten Werke des Komponisten zu Gehör. Laut meiner Quelle in Cambridge erwähnte ein Sprecher bei diesem Anlass, dass die ukrainische Sprache an der Universität nicht unterrichtet wurde, was den Oligarchen offenbar zu einem neuen Projekt inspirierte. »Ein paar Briten, die mit Firtasch zusammenarbeiteten, traten an die Organisatoren der Abendveranstaltung heran und fragten, wie viel Geld sie brauchten, damit Ukrainisch in irgendeiner Form unterrichtet würde«, berichtete mein Informant.

Man einigte sich auf eine für beide Seiten akzeptable Summe, und das Institut für Slawistik der Universität organisierte Sprachkurse für alle, die Ukrainisch lernen wollten. »Dort kamen die ersten paar Tausend Pfund her. Ob das wirklich Dmytro Firtaschs Geld war, weiß ich nicht. Aber ich glaube schon. Zu der Zeit existierte die Stiftung noch gar nicht legal als Institution«, erzählte mir mein Informant.

Die DF Foundation mit der Zielsetzung, die Bildungsarbeit über die Ukraine zu fördern und Stipendien an Studenten zu vergeben, wurde zu Beginn des Jahres 2008 gegründet. Damit hatte Dmytro Firtasch in Großbritannien die Struktur für seine Geschäfte gelegt. Im Jahr 2010 bot die Universität Cambridge erstmals offiziell einen eigenen Studiengang zur Ukraine an, dank einer Spende von vier Millionen Pfund. »Dieses Geschenk stellt sicher, dass Ukraine-Studien in Cambridge für viele Generationen ein lebendiges Zuhause haben werden«, verkündete Professor Simon Franklin, Dekan der Fakultät für Geisteswissenschaften, damals in einer Pressemitteilung. »Mr. Firtasch hat Lehre und Forschung an der Universität Cambridge neue Möglichkeiten eröffnet.« Im März 2011 wurde Firtasch von niemand Geringerem als dem Duke of Edinburgh, dem Ehemann der Queen, in die angesehene Benefactors' Guild (Gilde der Wohltäter) von Cambridge aufgenommen.

Auch andernorts war Firtasch tätig: Er fasste all seine Geschäfte in die Holdinggesellschaft Group DF mit Sitz auf den Britischen Jungferninseln zusammen. Laut einer späteren Reuters-Analyse verdiente er drei Milliarden US-Dollar allein durch den Weiterverkauf von Erdgas, das er von Gazprom zu einem künstlich niedrig gehaltenen Preis bekommen hatte. Er war also extrem finanzkräftig. Dank eines Darlehens von der Gazprombank über mehrere Milliarden US-Dollar – das ihn zum größten Einzel-Schuldner der russischen Bank machte – expandierte er rasch in den Handel mit Dünger und Titan, ins Bankwesen und in die Medienbranche. Er wurde Präsident des Arbeitgeberverbands der Ukraine, einer Lobbygruppe für Unternehmen. Er hatte Janukowytschs erfolgreiches politisches Comeback finanziert – der ehemalige Premierminister gewann im Jahr 2010 die Präsidentschaftswahlen –, dadurch hatte er einen Verbündeten an der Spitze seines Heimatlandes, und dank seiner Philanthropie hatte er auch den Ehemann der Queen seiner zweiten Wahlheimat kennengelernt. In seinen Händen verwandelte sich alles in Gold.

Dieser Aufstieg war wirklich erstaunlich. In etwa der gleichen Zeit, die man braucht, um in Cambridge seinen Doktor zu machen, hatte Firtasch sich aus einem Niemand, den keiner kannte, zu jemandem entwickelt, der Prinz Philip vorgestellt wird. Offenbar hatte er erkannt, wie wertvoll ein positives Image im Vereinigten Königreich ist, als er eine ukrainische Zeitung in Großbritannien verklagte, weil die über Korruptionsvorwürfe im Erdgashandel berichtet hatte. Die Klage scheiterte, aber ukrainische Journalisten erzählten mir, dass sie allein wegen des Umstandes, dass er überhaupt Klage eingereicht hatte, jetzt zweimal überlegen, bevor sie über Firtasch schreiben. In Großbritannien kann man bei Verleumdungsklagen leicht verlieren und der Rechtsstreit kostet viel Geld.

Firtasch besuchte Cambridge nun häufig, traf sich dort mit Studenten, denen er ein Stipendium finanzierte, und ließ sich dabei von einem Kamerateam filmen. Die Studenten hofierten ihn (»Sie ermöglichen durch das Programm so viele Freiheiten – wie kommt es, dass Sie keine Gegenleistung erwarten?«, fragte ein Student laut Firtaschs Website) und ebenso die Universität, die ihn für seine außergewöhnliche Philanthropie mit einer Medaille auszeichnete.

Er kaufte sich in London ein Haus, eine Villa in derselben Straße wie das Nobelkaufhaus Harrods, die von dem Bauunternehmer für Luxusimmobilien Mike Spink gebaut worden war und laut einer Immobilienzeitschrift um die 60 Millionen Pfund kostete. Das Haus ist aus dezenten hellen Backsteinen gebaut und wirkt relativ bescheiden, bis man merkt, dass es unter der Erde genauso weitläufig ist wie darüber. Im zweiten Untergeschoss gibt es ein Schwimmbad, und es erstreckt sich über den gesamten Häuserblock; über eine unauffällige Souterrainwohnung führt ein diskreter Hinterausgang auf eine Parallelstraße.

Die Villa hatte eine wunderbare Lage, von den Balkonen hatte man den Blick auf einen Garten mit zwei angrenzenden Kirchen, der London Oratory Church und der Holy Trinity Brompton. Bei der London Kleptocracy Tour (bei der anders als bei der Hollywood Tour meine Freunde und ich nicht die Villen der Schauspieler zeigen, sondern die Villen, die Leuten gehören, die der Korruption beschuldigt werden) bietet dieser Platz einen guten Zwischenstopp, an dem ich unseren Teilnehmern von Firtasch erzähle. Eine Zeit lang rief jemand aus dem Haus jedes Mal die Polizei, wenn wir kamen. Einmal hatte man den beiden Polizisten, die wenige Minuten nach unserer Ankunft auftauchten, offenbar gesagt, wir seien nationalistische russische Extremisten, was wir witzig fanden, die Polizisten aber irritierte. Nachdem wir das Missverständnis aufgeklärt hatten, hörten sie sich meinen Vortrag an und am Schluss nickten sie sogar.

Nachdem Firtasch eine Basis in London hatte, richtete sich sein Ehrgeiz auf die Infiltration des britischen Establishments. Gegen Ende 2013 sicherte er der Universität Cambridge anlässlich der »Ukraine-Tage« eine weitere Spende zu, stieg an der London Stock Exchange in den Tageshandel ein und besuchte mit seiner Frau das Parlament. »Wir danken der Firtash Foundation und allen Menschen, die dies zu ermöglichen halfen. Wir sind außerdem der Vorsitzenden der Foundation,

Lada Firtasch, dankbar, die all ihre Energie und Hingabe in die Verwirklichung dieses Projektes gesteckt hat«, sagte John Bercow, Sprecher des Unterhauses, laut einer Erklärung der Group DF.

»Die Tatsache, dass uns das britische Parlament eingeladen und sein Sprecher uns persönlich begrüßt hat, zeigt, wie wichtig unser Land für das Vereinigte Königreich ist«, wird Firtasch in derselben Erklärung zitiert. Auf einem Foto zu diesem Anlass schütteln sich Bercow und Firtasch die Hände, während Lord Risby – wie Richard Spring seit seiner Aufnahme ins britische Oberhaus heißt – sich im Hintergrund leicht nach vorn lehnt, mit einem Longdrinkglas in den Händen und dem verzückten Lächeln eines Vaters, der seinem Sohn bei einem Klavierkonzert zuhört.

Für die Ukraine begann indessen eine turbulente Zeit. Firtasch hatte im Jahr 2010 Wiktor Janukowytsch geholfen, Präsident zu werden – in einer Geheimnachricht bezeichnete die US-Botschaft Firtasch sogar als »Patron« Janukowytschs – aber die Ukrainer waren damit nicht glücklich. Janukowytschs Korruption wurde immer offensichtlicher und seine Verschwendung immer obszöner, als er am Stadtrand von Kiew einen riesigen Palast errichten ließ. Als Janukowytsch verkündete, er werde die Annäherung an die Europäische Union beenden und die Ukraine stattdessen an Russland ausrichten, hatte er den Bogen überspannt. In den folgenden Monaten steigerten sich die Proteste zu einer weiteren Revolution. Im Februar 2014 floh Janukowytsch nach Russland und gleichzeitig besetzte Moskau die ukrainische Krim-Halbinsel. Doch falls diese Wende der Ereignisse Firtasch beunruhigte, ließ er es sich nicht anmerken. Die britische Regierung bemühte sich zu verstehen, was in Kiew geschah, und lud den Oligarchen ins Außenministerium ein. Laut einer späteren Erklärung im Parlament wurden bei diesem Gespräch keine Belange der nationalen Sicherheit diskutiert, auch wenn wichtige Themen zumindest zur Sprache gekommen sein mussten, angesichts dessen, dass Putin Europa gerade in eine Krise stürzte, die bis zum heutigen Tag anhält. »Ich versuchte sie davon zu überzeugen, dass Sanktionen gegen Russland eine schlechte Idee waren«, sagte Firtasch laut einem Bericht einer russischen Nachrichtenagentur. »Das wird die Situation nur verschärfen. Amerika hat mit seinen Provokationen Putin erst dazu gebracht.«

In weniger als zehn Jahren hatte Firtasch es vom unbekannten und geheimnisumwitterten Geschäftsmann, der Putin dabei geholfen hatte, die Ukraine zu dominieren, zu einem allseits geschätzten Philanthropen gebracht, der ein NATO-Mitglied beriet, wie es mit dem russischen Präsidenten umgehen sollte. Aber das war noch nicht der Höhepunkt von Firtaschs Einfluss in Großbritannien. Der kam drei Tage später, als das Verteidigungsministerium ihm die stillgelegte U-Bahn-Station Brompton Road für 53 Millionen Pfund verkaufte und Ajit Chambers' Geschäftstraum damit zerstört war. Der Geisterbahnhof grenzte direkt an Firtaschs Londoner Immobilie und man kann sich gut vorstellen, wie wenig ihm Chambers' Plan von einer Bar und einem Restaurant auf der Dachterrasse gefiel. Nachtschwärmer hätten so einen direkten Blick in seinen Garten gehabt.

Allerdings hatte er keine entsprechende Vision für das Gelände. In der Pressemitteilung der Regierung, in der der Verkauf des Bahnhofs bekannt gemacht wurde, wird ausführlich auf die historische Bedeutung des Bahnhofs und die einzigartigen Merkmale eingegangen, die Chambers so gefallen hatten, aber Firtasch zeigte keinerlei Interesse daran. »Die ganze U-Bahn-Station ist eigentlich gar nicht so interessant«, schrieb mir Mike Spink, der Firtasch bei dem Kauf beraten hatte, in einer E-Mail. »Sie ist eigentlich nur noch ein Grundstück in bester Londoner Lage.«

Das ist doch richtig guter Butlerdienst. Großbritannien bot Firtasch ein luxuriöses Zuhause, nahm ihn freundlich in die beste Gesellschaft des britischen Establishments auf, verlieh ihm eine Medaille – nummeriert, aus 500 Gramm Sterling-Silber und von Jane McAdam entworfen –, schenkte ihm Beachtung von den Mitgliedern beider Parlamentskammern, einschließlich des Sprechers, verkaufte ihm ein Wahrzeichen in Zentrallondon und lud ihn zum Gedankenaustausch ins Außenministerium ein. Im Gegenzug bekam das Land Geld für eine wichtige Universität, einen Nebenverdienst für Parlamentsabgeordnete, Unterstützung für seine Immobilienentwickler und Millionen Pfund direkt ins Staatssäckel im Austausch für eine alte U-Bahn-Station, die das Verteidigungsministerium kaum nutzte.

Großbritannien dafür zu kritisieren mag etwas unfair wirken. Hat da nicht nur ein Butler sich gegen seine Konkurrenten durchgesetzt und seinen Kunden gedient? Jedes andere Land hätte Firtaschs Geld und Expertise genauso willkommen geheißen, man hätte sich nur selbst geschadet, wenn man ihn abgewiesen hätte, oder? Man sollte Großbritannien beglückwünschen, nicht verurteilen. Denn wie es so schön heißt: Wenn ich es nicht mache, macht es ein anderer.

Das ist ein problematisches Argument. Firtasch war Putins Mann in der Ukraine, und doch hat Großbritannien ihn so enthusiastisch in die Oberschicht des Landes integriert, dass er die Regierung bei Putins Invasion beriet. Sollte die Regierung sich wirklich mit einem solchen Mann unterhalten? Oder sein Geld annehmen? Oder ihm eine Immobilie mit Zugang zum Londoner U-Bahn-System verkaufen? Oder überhaupt irgendetwas?

»Das hat eindeutige Auswirkungen auf die nationale Sicherheit«, schrieb der Parlamentsausschuss für auswärtige Angelegenheiten wenige Jahre später darüber, dass Oligarchen mit Verbindungen zum Kreml in Großbritannien kaufen konnten, was sie wollten. »Wenn man ignoriert, welche Rolle London bei Korruption im Zusammenhang mit dem Kreml spielt, dann kann das als Zeichen gedeutet werden, dass es Großbritannien nicht ernst damit meint, gegen das gesamte Spektrum der Offensivmaßnahmen von Präsident Putin vorzugehen.«

Auch eine ganze Anzahl anderer westlicher Länder hat Firtasch bei seiner Transformation geholfen. Zypern, Ungarn und die Schweiz haben ihm Briefkastenfirmen verkauft; Österreich stellte ein Bankkonto für ihn bereit; ehemalige Politiker aus ganz Europa haben nur zu gerne ihre Namen mit seinen verschiedenen Stiftungen verbunden. Aber nur, weil andere Länder sich schlecht benehmen, muss Großbritannien es nicht genauso machen, ganz abgesehen davon, dass Firtasch im Vereinigten Königreich so viel stärker integriert wurde als anderswo. Und die Reaktion der Vereinigten Staaten auf seine Aktivitäten bildet einen faszinierenden Kontrast zu den Vorgängen im Vereinigten Königreich und zeigt, dass man sich auch völlig anders verhalten kann. Wenn man sich beide Seiten von Dmytro Firtaschs Geschichte anschaut – die amerikanische und die britische –, dann kommt einem die verstörende Idee, dass, wenn Großbritannien es nicht macht, es vielleicht auch kein anderer täte. Es muss nicht notwendigerweise Butler geben.

Nach dem Zusammenbruch der Sowjetunion im Jahr 1991 verwandelte sich in den USA die Euphorie über den »Sieg im Kalten Krieg« schnell in Sorge. Probleme mit Umweltverschmutzung mussten gelöst, wirtschaftliche Fragen beantwortet, Kriege gehandhabt und das Atomwaffenarsenal der UdSSR gesichert werden. All diese Probleme waren an sich schon heikel, wurden aber durch ein fünftes Problem noch weiter verschärft: organisierte Kriminalität. Mafiagruppen übernahmen weite Teile der ehemals sowjetischen Wirtschaft und schmuggelten von sowjetischem Territorium – vor allem über die Häfen von Odessa und St. Petersburg – illegale Waren in den Westen. An diesen Mafiagruppen war vieles unklar, vor allem auch, wie weit sie mit den Behörden verflochten waren. Stellten sie nur eine kriminelle Herausforderung für die westliche Ordnung dar oder auch ein Sicherheitsproblem?

Vertreter der Strafverfolgungsbehörden aus den Vereinigten Staaten, Italien, Russland und Deutschland setzten sich 1994 in Moskau zusammen und versuchten, die neu entstehenden Mafiastrukturen darzustellen, die sich im gesamten Sowjetblock zunehmenden Einfluss verschafften und auch nach Israel, Westeuropa und die Vereinigten Staaten expandierten. US-amerikanische Regierungsvertreter machten sich nicht nur Sorgen wegen Straßengangstern in russischsprachigen Vierteln von New York, sondern befürchteten auch eine Infiltration des Finanzsystems, durch die russische Kriminelle aus dem sicheren Ausland ihren Einfluss in den Vereinigten Staaten ausüben konnten.

Vielen ex-kommunistischen Ländern fehlte die Möglichkeit, gegen das organisierte Verbrechen vorzugehen, aber sie verweigerten auch den Amerikanern den Zugang zu den Informationen, die diese brauchten, um eigene Untersuchungen durchzuführen. Ungarn war in dieser Hinsicht eine Ausnahme. Es erkannte seine eigene Schwäche und lud die Amerikaner ein, es bei den Ermittlungen gegen den in Kiew geborenen und jetzt in Budapest lebenden Geldwäscher Semjon Mogilewitsch zu unterstützen, der in kriminellen Kreisen im Bereich Prostitution, Schmuggel, Betrug und Korruption schnell an Einfluss gewann. Mogilewitsch hat sich über die Jahre seither einen gewissen Ruf erworben, ist heute der berüchtigtste aller russischen Mafiosi und wird in den Medien häufig sogar als russischer Boss der Bosse dargestellt. Ein US-Informant verriet mir allerdings, dass man sich vor allem auf ihn konzentriert habe, weil sich die Gelegenheit dazu bot, und nicht so sehr wegen seiner eigentlichen Bedeutung. »Es gab viele andere Mafiabosse. Wir sind gegen Mogilewitsch vorgegangen, weil er als einziger seine kriminellen Aktivitäten aus einem Land heraus orchestrierte, das Interesse an einer Zusammenarbeit mit uns hatte.«

Das Budapest-Projekt, wie das FBI es nannte, als sei es ein Roman von Tom Clancy, war keine einfache Operation. Hochrangige ungarische Polizisten standen auf Mogilewitschs Gehaltsliste und wem man trauen konnte, wusste man nicht genau. Mogilewitschs Leute kontrollierten die Straßen und Nachtklubs. »Gangster in schwarzen Lederklamotten erpressten Schutzgelder und bedrohten Einheimische und Besucher, sogar Militärangehörige der Vereinigten Staaten, die auf dem Weg zu Friedenseinsätzen auf dem Balkan waren«, schrieb ein hochrangiger FBI-Agent später in einem Artikel. Man versteht, warum Washington besorgt war: Dieser Kriminelle war selbstbewusst. Die meisten Mafiabosse schrecken davor zurück, US-Soldaten auszunehmen, nicht so Mogilewitsch.

Im Jahr 2000 eröffnete das FBI eine ständige Vertretung in Budapest, wo die Agenten in die Polizei vor Ort integriert wurden und dasselbe Recht hatten, Waffen zu tragen, wie zu Hause. Das wirkte sofort: Mogilewitsch floh nach Moskau – und in seiner Abwesenheit übergaben Beamte Tausende Seiten Beweismaterial zu seinen Geldwäscheoperationen den US-Ermittlern. Drei Jahre später erhob das FBI Anklage gegen ihn, setzte ihn auf die Liste der zehn meistgesuchten Verbrecher und ermittelte weiterhin gegen seine Geschäftspartner. Ein Bereich, der die Ermittler besorgte, waren die Erdgaslieferungen durch die Ukraine, und so geriet unvermeidlich auch Dmytro Firtasch in ihr Visier.

Im April 2006, nur Monate nachdem Firtaschs großer Gasdeal die Erfolgsaussichten der Orangen Revolution in der Ukraine zunichtegemacht hatte, verkündete das *Wall Street Journal,* dass US-Strafverfolgungsbehörden zu den Verbindungen von RUE zur organisierten Kriminalität ermittelten. Offenbar veranlassten diese Ermittlungen – und nicht jene von Global Witness – Firtasch dazu, öffentlich bekannt zu machen, dass ihm die Hälfte der Anteile an RUE gehörte. Wie das *Wall Street Journal* berichtete, war Asquith für Firtasch nach Washington gereist, um jede Verbindung zu Mogilewitsch zu bestreiten, und Firtasch haben diese Aussage seitdem beständig wiederholt. »Zwischen Mr. Mogilewitsch und mir gibt es keinerlei Geschäftsbeziehungen. Ich habe keine direkte geschäftliche Verbindung zu ihm und er hat keinerlei Interesse an irgendeiner meiner Firmen«, schrieb Firtasch in einem Brief an das *Wall Street Journal* im Jahr 2007. Laut einem Bericht über ein Treffen Firtaschs mit US-Beamten ein Jahr später, den WikiLeaks veröffentlichte, »räumte Firtasch ein, dass er bei der Etablierung verschiedener Unternehmungen Mogilewitschs Genehmigung brauchte und auch erhielt, aber er leugnete jede engere Beziehung zu ihm«. (Nachdem diese Nachricht öffentlich wurde, gab Firtasch eine Stellungnahme ab, in der er bestritt, das je gesagt zu haben, und vermutete, die Behauptung sei »eine Fehlübersetzung oder ein Missverständnis«.)

Doch trotz all dieser Lobbyarbeit setzten die US-Beamten ihre Ermittlungen gegen ihn fort. Während Mitglieder des britischen Parlaments Firtaschs Geld nahmen, der Duke of Edinburgh ihm die Hand schüttelte und Cambridge ihm die höchsten Ehren andiente, schickte die US-Botschaft in Kiew weiterhin Berichte über seine mutmaßlichen Aktivitäten, und FBI-Agenten überprüften diese Einschätzungen. »Angesichts des raschen Aufstiegs Firtaschs vom Leiter eines Unternehmens für Lebensmittelkonserven zum mehrere Milliarden schweren Erdgasmagnaten, könnte er immer noch den Mächten verpflichtet sein, die ihm dabei halfen, so schnell aufzusteigen«, stand lakonisch in einem Bericht, nachdem Firtasch eine Bank gekauft hatte.

Als Victor Orbán in Ungarn an die Macht kam, waren die FBI-Agenten nicht mehr willkommen, was schließlich das Ende des Budapest-Projekts bedeutete, aber die Ermittler hatten bereits ausreichende und vielversprechende Hinweise, denen sie nachgehen konnten. Erst Jahre später konnten die Ermittlungen für sie zufriedenstellend abgeschlossen werden (»Willkommen in der Welt der internationalen Fälle«, sagte meine US-Quelle dazu), aber am Ende hatten sie genügend Beweise, um Anklage erheben zu können. Am 12. März 2014 verhafteten österreichische Polizeibeamte auf Antrag des FBI Dmytro Firtasch in Wien. Das war genau 14 Tage, nachdem die britische Regierung seinen Kauf der U-Bahn-Station Brompton Road abgesegnet hatte. Selten, wenn überhaupt je, trat der unterschiedliche Umgang mit Vermögen fragwürdigen Ursprungs so deutlich zutage wie hier zwischen den USA und Großbritannien.

Die unmittelbare Reaktion auf Firtaschs Verhaftung war Verwirrung, weil US-Vertreter nur wenig darüber verlauten ließen, wessen sie ihn verdächtigten, außer dass es etwas mit »organisierter internationaler Korruption« zu tun hatte. Und sie versicherten, es habe nichts mit der Orangen Revolution zu tun, die gerade die ukrainische Regierung weggefegt hatte. Zwei Wochen später, als die Anklageschrift veröffentlicht wurde, hatte man Klarheit. Die Staatsanwaltschaft beschuldigte Firtasch, er habe Beamte in Indien mit mehr als 18,5 Millionen US-Dollar bestochen, um Zugriff auf Titanvorkommen zu erhalten, die er an Boeing verkaufen wollte. Die Unternehmenszentrale des Flugzeugherstellers befindet sich in Chicago, und das FBI Illinois ermittelte. In der Anklageschrift stand, die mutmaßliche Intrige habe im April 2006 begonnen, kurz nach Firtaschs großem Gewinn bei dem Erdgasdeal nach der Orangen Revolution, und habe Jahre angedauert.

Firtasch schlug mit allen Mitteln zurück, hinterlegte eine Kaution von 125 Millionen Euro und bezeichnete die Anklage in einer öffentlichen Mitteilung als absurd. Er werde aus politischen Gründen verfolgt, sagte er, damit die USA ihren Einfluss auf die neue post-revolutionäre Regierung seines Heimatlandes festigen konnten. »Ich werde nicht zulassen, dass mein guter Ruf von jenen zerstört wird, die von politischen

Motiven angetrieben werden und kein Interesse an der Ukraine und ihren Menschen haben«, wiederholte er hartnäckig in jedem Interview, das er und seine Partner gaben. Bei dieser Haltung wurde er geschickt von Lord Bell, dem altgedienten britischen PR-Magnaten, unterstützt, der seine Fachkompetenz nun Firtasch zur Verfügung stellte, während Robert Shetler-Jones gegenüber dem *Wall Street Journal* sagte: »Es ist kein Zufall, dass die USA die Auslieferung unseres Vorsitzenden just in dem Moment beantragen, in dem Mr. Firtasch für den wirtschaftlichen und politischen Wiederaufbau der Ukraine gebraucht wird.«

Die US-Behörden konnten nichts anderes tun, als derartige Beschuldigungen rundweg zurückzuweisen, weil sie nicht riskieren konnten, ihren Fall zu gefährden. Deswegen sprach meine Quelle auch nur anonym mit mir. Der Informant versicherte, jede Andeutung, die Anklage sei politisch motiviert, sei absurd, weil die Anklageschrift bereits im Juni versiegelt worden war, also lange bevor die Ukrainer sich gegen ihren Präsidenten erhoben. Der Haftbefehl sei erst so spät ausgestellt worden, weil man gewartet habe, bis Firtasch in ein Land geflogen sei, das ihn möglicherweise ausliefern würde. Zwischen den Vereinigten Staaten und der Ukraine gibt es kein Auslieferungsabkommen, daher konnte er nicht zu Hause verhaftet werden, und frühere Auslieferungsanträge an das Vereinigte Königreich hätten die Amerikaner davon überzeugt, dass auch wenig Aussicht bestand, ihn von London nach Chicago schaffen zu können. »Denken Sie nur an Julian Assange. Ob man nun glaubt, dass er die Verbrechen begangen hat oder nicht, das geht jetzt schon wie lange? Zehn Jahre? Bei dem Scheich, der an den Anschlägen vom 11. September 2001 beteiligt war, dauerte es Jahre, bis wir ihn in den Vereinigten Staaten hatten«, sagte meine Quelle. »Die einzige andere Option war Frankreich, und die Franzosen sind sogar noch schlimmer als die Briten. Es gab nur wenige Orte, wo es klappen konnte, weil er sich nur an wenigen Orten aufhielt, daher war Österreich unsere Wahl.«

Und die Andeutung, die Anklage sei politisch motiviert? »Wir erheben niemals Anklage aus politischen Gründen. Für die Spionageabwehr kann ich nicht sprechen, aber im Strafrecht müssen wir alles einem Gericht vorlegen, und wenn etwas politisch motiviert ist, kann man das nicht verbergen. Das ist sehr frustrierend.«

Für eine kleine Weile wurde Firtasch weiterhin in die britische High Society integriert, trotz seiner Verhaftung. Mitte März nahm Cambridge Lada Firtasch bei einer Zeremonie in die Benefactors' Guild auf, aber es gab kritische Presseberichte, und am Veranstaltungsort wurde ihr Wagen von Demonstranten begrüßt. Die Universität kündigte an, man werde die letzte Spende der Firtaschs auf einem Bankkonto deponieren und sie erst anrühren, wenn er freigesprochen war. Außerdem versprach man, die Herkunft aller Spenden in Zukunft genauer zu prüfen. Auch das Verteidigungsministerium musste sich fragen lassen, warum es ihm den Geisterbahnhof Brompton Road verkauft hatte, und kämpfte ähnlich mit einer Antwort.

»Das Gelände wurde auf dem freien Markt verkauft, um das meiste Geld für die Steuerzahler herauszuholen, und wir hatten zum Zeitpunkt des Verkaufs keine Kenntnis von der FBI-Ermittlung gegen Mr. Firtasch. Bei dem Geschäft wurden alle Richtlinien des Finanzministeriums eingehalten, und das Verteidigungsministerium ist überzeugt, dass alle rechtlichen Überprüfungen durchgeführt wurden«, sagte ein Sprecher. Im Parlament erklärte indessen ein Minister, was diese Überprüfungen beinhalteten: »Alle Gelder wurden an das Verteidigungsministerium über einen im Vereinigten Königreich ordnungsgemäß zugelassenen Anwalt bezahlt, wie es übliche Praxis ist, um sicherzustellen, dass die erforderliche Finanzprüfung des Klienten durchgeführt wurde.«

Bereits Jahre zuvor war in der Presse berichtet worden, dass die US-Behörden gegen Firtaschs Unternehmen ermittelten, daher war das kein überzeugendes Argument. Die britische Regierung war darauf fixiert gewesen, so viel Geld wie möglich zu verdienen, und hatte es Firtaschs eigenen Anwälten überlassen, zu überprüfen, woher das Geld stammte, und gleichzeitig alles ignoriert, was einem Verkaufsabschluss im Wege gestanden hätte. Das sah nicht gut aus, und die Parlamentsabgeordneten beider Häuser, die so bereitwillig das Geld angenommen hatten, hatten nun einiges zu erklären. Viele Einzelheiten über Firtaschs Aktivitäten im Vereinigten Königreich wurden durch Helen Goodman bekannt, einer Abgeordneten der Labourpartei, die zur Expertin für die Ukraine wurde und im Rahmen dessen viele Menschenrechts- und Antikorruptionsaktivisten im Land kennenlernte. Sie erzählte, Abgeordnete mit Verbindungen zur BUS hätten angeboten, ihr die Reise nach Kiew zu bezahlen, und angegeben, das Geld käme von »jemandem aus der Öl- und Gasbranche«, aber sie habe das Angebot abgelehnt und ihre Anreise selbst organisiert. »Es war einfach offensichtlich, dass Firtasch die ukrainische Politik korrumpierte, und ebenso offensichtlich, dass Firtasch eine Agenda hat. Warum wollte er neben ukrainischen Politikern auch britische kaufen? Worin bestand seine Agenda? Das habe ich mich gefragt. Was hatte er zu verbergen?«, erzählte sie mir. »Die ganze Sache hat gestunken. Alles daran wirkte sehr eigenartig.«

Asquith reagierte nicht auf meine vielen E-Mails oder Telefonanrufe und ebenso wenig Lord Risby. Ein Parlamentsabgeordneter, der mit der British Ukrainian Society zusammenarbeitete, war bereit, mit mir zu sprechen, unter der Voraussetzung, dass ich seine Identität geheim hielt. Allerdings schien er nicht zu wissen, dass Firtasch an der Gründung der BUS beteiligt war. »Man könnte vielleicht sagen, ich sei ein nützlicher Idiot, aber die Idee kam mir nicht«, sagte die Quelle. Ich frage mich immer noch, ob das besser ist, als sich im vollen Wissen, woher das Geld für die BUS kam, darauf einzulassen.

Der Abgeordnete der Konservativen Partei John Whittingdale war bereit, offiziell mit mir zu sprechen. Ich hatte ihm eine Liste mit Fragen gemailt und er rief mich an, als ich gerade zum Lunch im Golfklub meiner Schwiegereltern war. Whittingdale kappte seine Verbindungen zur BUS erst lange nach Firtaschs Verhaftung und hatte 2015 Spenden von mehr als 3000 Pfund angenommen, Geld, um eine Reise zu einer Konferenz in Wien zu organisieren, auf der Firtasch sprach. Damals wurde auf Firtaschs Website deutlich darauf hingewiesen, dass Whittingdale teilgenommen hatte, und ich fragte Whittingdale – der zum Zeitpunkt unseres Gesprächs Kulturminister war, aber, als die Konferenz stattfand, nur ein Hinterbänkler im Parlament gewesen war –, ob er keine Bedenken gehabt habe, durch seine Teilnahme Firtasch eine Glaubwürdigkeit zu verleihen, die ihm andernfalls gefehlt hätte.

»Glauben Sie? Ich bin nicht sicher, ob ihm das so viel Glaubwürdigkeit verliehen hat. Himmel, man trifft so viele Leute. Nur weil man jemanden getroffen hat, kann dieser Mensch sich das doch nicht als Verdienst zuschreiben. Ich war kurzzeitig Direktor der BUS, aber sie ist eine ziemlich unabhängige Organisation«, sagte er. »Ich weiß, dass er die Universität Oxford unterstützt hat oder Cambridge, eine von beiden. Das ist deren Problem ... Wir sind eine freie Gesellschaft, und solange es legal ist, ist es deren Entscheidung.«

Und die U-Bahn-Station? Beunruhigte es ihn nicht, dass mit möglicherweise schmutzigem Geld Grundbesitz von der britischen Regierung erworben wurde? »Da sind keine Bestechungsgelder geflossen oder so, es war ein einfaches Handelsgeschäft. Ich habe gehört, dass er eine U-Bahn-Station irgendwo im Westen Londons gekauft hat, um daraus eine Immobilie zu machen oder irgendetwas, ich kenne die Einzelheiten nicht. Im Moment sitzt er irgendwo in Österreich, aber es gibt sehr viel fragwürdigere –« Er brach mitten im Satz ab und schien seine nächsten Worte sorgfältig zu wählen. »Wenn die Ukrainer Beweise dafür vorlegen könnten, dass er sein Geld illegal erworben oder vom Volk gestohlen hat, dann sollten wir das natürlich überprüfen und, wenn es sich bewahrheitet, entsprechende Maßnahmen ergreifen. Aber soweit ich weiß, haben sie das nicht getan, und in London gibt es jede Menge andere Oligarchen mit Geld ... Bisher gab es da auch keine Bedenken aus der Ukraine.«

Er war ein Minister der Regierung und hatte ein Land zu leiten, und auf mich wartete mein Mittagessen, daher beendeten wir unser Gespräch an dieser Stelle, aber seine letzte Bemerkung blieb mir im Gedächtnis, weil sie meiner eigenen Erfahrung so sehr widersprach. Ich habe viele Monate in der Ukraine verbracht, und fast jeder, mit dem ich sprach, hatte Bedenken, dass Großbritannien Oligarchen und ihrem Geld einen sicheren Hafen bietet. Whittingdale sagte, die Ukrainer müssten ein Gerichtsverfahren gegen Firtasch gewinnen, wenn sie wollten, dass Großbritannien aktiv wird, aber die Staatsanwälte dort sind so demoralisiert, korrupt und unterfinanziert, dass ein solcher Sieg ein schöner Traum bleibt. (Wie wir noch sehen werden, ist das in Großbritannien schon schwierig genug.) Selbst wenn sie Anklage erheben, zeigen Fälle aus anderen Ländern, dass die betroffenen Oligarchen dann einfach behaupten, das Verfahren sei politisch motiviert, und sie beantragen Asyl im Vereinigten Königreich oder einem anderen westlichen Land. Wenn ein Oligarch nicht angeklagt wird, ermittelt Großbritannien nicht; wenn der Oligarch angeklagt wird, ermittelt Großbritannien auch nicht. Der Umstand, dass ein Regierungsminister diese Ungerechtigkeit nach dem Motto »Kopf, sie gewinnen, Zahl, wir verlieren« nicht eingesteht, erklärt teilweise, warum Großbritannien die Herkunft von verdächtigem Vermögen grundsätzlich nicht hinterfragt.

Ich sage gar nicht, dass Großbritannien Firtasch unbedingt hätte anklagen sollen, wie es das FBI tat, aber es hätte wenigstens etwas distanzierter sein können. Zwischen einer strafrechtlichen Verfolgung und einem begeisterten Empfang samt der Begegnung mit hochrangigen Mitgliedern der Königsfamilie und Parlamentariern und der Möglichkeit, an der Börse zu handeln, gibt es eine ganze Bandbreite an Möglichkeiten. Im Vereinigten Königreich gab es durchaus Menschen, die Bedenken bezüglich der Herkunft von Firtaschs Vermögen hatten. Im Jahr 2010 bekam ein konservativer Politiker die Stelle als nationaler Sicherheitsberater nicht, weil die Sicherheitsüberprüfung ergab, dass er Geld von Shetler-Jones angenommen hatte. Aber das war eine der wenigen Ausnahmen. Im Allgemeinen nahm die Regierung Geld von jedem an. Ein Merkmal Großbritanniens, seit es ins Butlergeschäft eingestiegen ist.

Im Jahr 2020 veröffentlichte das Intelligence and Security Committee des Parlaments einen Bericht über den russischen Einfluss im Vereinigten Königreich. Er bekam nicht die Aufmerksamkeit, die er verdient hätte, was teilweise darauf zurückzuführen war, dass der Premierminister Boris Johnson ihn als Versuch abtat, die Volksabstimmung zum Brexit zu diskreditieren. Das war bedauerlich, weil es eine gute Analyse der blinden Flecken war, die Großbritannien dazu verleitet, Geld direkt von russischen Oligarchen anzunehmen, und von Geschäftsleuten wie Firtasch mit Verbindungen nach Russland, ohne nachzuforschen, woher die Gelder kommen. »Die immanente Spannung zwischen der Wohlstandsagenda der Regierung und dem Schutz der nationalen Sicherheit, die zur aktuellen Situation geführt hat, zieht sich durch alle Ministerien in Whitehall«, wird im Bericht festgestellt.

»Wohlstandsagenda« ist ein anderes Wort dafür, dass für die Regierung das Geldverdienen wichtiger ist als außenpolitische Überlegungen, also das, was ich als »Butler sein« bezeichne. Mein Informant in den Vereinigten Staaten sagte, sein Team habe diese Einstellung bei britischen Kollegen immer wieder erlebt. »›All diese hochrangigen und reichen Leute machen hier nur Urlaub‹, sagte ein Polizist vor ein paar Jahren zu mir. Ich sah ihn an und fragte: ›Was glauben Sie, womit sie diesen Urlaub bezahlen? Sie bezahlen ihn mit gestohlenem Geld.‹ Darauf er: ›Nun ja, deswegen kann man sie nicht anklagen.‹ Aber die Vereinigten Staaten können es und wir werden es. Wir lassen unseren Worten Taten folgen.«

Während ich dies in den kurzen, dunklen Tagen zwischen Weihnachten und Neujahr 2020 schreibe, sitzt Dmytro Firtasch immer noch in Wien und kämpft gegen die Auslieferung an die Vereinigten Staaten. Die Anhörungen werden von einem Gericht an das andere weitergereicht, wobei verschiedene österreichische Richter unterschiedlich entschieden haben. Gleichzeitig bemühen sich Firtaschs US-Anwälte in Chicago, dass der Fall vor Gericht abgewiesen wird. Etliche US-Bürger haben Firtaschs Geld gerne angenommen und setzen sich jetzt für ihn ein, aber die Staatsanwälte lassen sich nicht beirren und hoffen, dass er irgendwann doch in Chicago ankommt.

Ajit Chambers hat sich nicht von dem Rückschlag erholt, als man ihm den Kauf des Geisterbahnhofs Brompton Road im Jahr 2014 verweigerte, und offensichtlich ist das Geld bei ihm heute knapper als zu der Zeit, als er Boris Johnson von einem öffentlichen Auftritt zum anderen folgte. Für dieses Kapitel hat er sich ausführlich mit mir unterhalten, mir dann aber verboten, das Material zu verwenden, wenn ich ihn nicht dafür bezahlte, was schade ist, weil er mir wirklich interessante Sachen erzählt hat und ich ihn gerne zitiert hätte. Es ist wirklich bedauerlich, dass Chambers den Geisterbahnhof Brompton Road nicht bekommen hat und ihn in ein exzentrisches Kulturzentrum verwandeln konnte. Seit der alte Bahnhof Firtasch gehört, ist er verbarrikadiert, ein verlassenes Monument seiner Ambitionen, wie ein toter Delfin, der an einen Strand gespült wird, eine stinkende, verrottende Erinnerung daran, wie hoch die Flut einst stand.

Dass Großbritannien nichts gegen Firtaschs Immobilienimperium unternahm, ärgerte meine amerikanische Quelle offensichtlich sehr, denn gegen Ende unseres Gesprächs erzählte sie mir von einem Fall, den ihr Team Jahre zuvor bearbeitet hatte. Damals hatte eine Frau aus einer religiösen Gemeinschaft ein anderes Gemeindemitglied gemeldet, das mit Wirtschaftsverbrechen Geld verdiente. Offenbar hatte sich die Frau vorher an den Anführer der Gemeinschaft gewandt, ihm die Situation erklärt und gefordert, der andere solle aus der Gemeinschaft ausgeschlossen werden, aber der Anführer hatte nichts unternommen. Die Opfer der Verbrechen seien Nichtgläubige, daher sei es ihm egal, was mit ihnen geschah. »So ähnlich macht es Großbritannien, meinem Gefühl nach, mit Leuten wie Firtasch. Er begeht Verbrechen, aber er begeht sie nicht gegen britische Bürger, und deswegen ist es allen egal.«

Das ist nicht nur jetzt allen egal, sondern schon seit langer Zeit. Gleichgültigkeit ist kein vorübergehendes Phänomen, sondern tief in die Struktur britischer Institutionen eingegraben, wie sie funktionieren und welche Möglichkeiten sie haben. Es ist nicht nur so, dass Großbritannien nicht gegen Firtasch ermittelt hat, sondern es ist noch nicht einmal klar, ob es gegen ihn hätte ermitteln können, selbst wenn es gewollt hätte. Schließlich bringt es kein Geld, wenn man einen Kunden abweist, und ein schlauer Butler minimiert die Wahrscheinlichkeit, dass das je geschieht. Um dieses Thema geht es im nächsten Kapitel.

KAPITEL 8
ZEUGENAUSSAGE

IM MÄRZ 2018 BETRAT ICH einen Korridor im ersten Stock des Houses of Parliament, um zu bezeugen, dass in Großbritannien die Tendenz vorherrscht, Geld egal von wem anzunehmen. Wenige Wochen zuvor hatten Agenten des Kreml in Salisbury einen Giftanschlag auf den russischen Dissidenten Sergei Skripal verübt, und fast gleichzeitig lief im Fernsehen die Serie *McMafia,* in der die Folgen der Korruption am Beispiel einer privilegierten russischen Familie sehr eindrücklich dargestellt wurden. Das hatte bei Politikern plötzlich die Sorge geweckt, dass das nationale Butlergeschäft vielleicht doch keine ganz so gute Sache war, zumindest, wenn es dabei um Russen ging, was einer scharfen politischen Wende gleichkam. Seit den 1990ern hatten britische Politiker russisches Geld sehr begrüßt. Sie hatten sich gefreut, wenn Oligarchen Fußballvereine kauften, gejubelt, wenn sie ihre Unternehmen an die Londoner Börse brachten, und mit ihnen auf ihren Jachten gefeiert. Sie hatten politische Spenden gerne angenommen und die wohltätigen Stiftungen der Oligarchen unterstützt, ohne allzu viele Gedanken darauf zu verschwenden, woher das Geld kam. Die Frage, die das Foreign Affairs Select Committee bei der Anhörung beantwortet haben wollte, war: Könnte dieses Geld unsere Politiker korrumpieren, wie es Politiker in Moskau korrumpiert hatte? Verkauften wir Putin den Strick, an dem er uns dann aufhängen konnte?

Der Giftanschlag war allen noch frisch in Erinnerung, und das öffentliche Interesse an der Anhörung vor dem Parlamentsausschuss war größer, als es sonst gewesen wäre. Sie fand in einem prachtvollen Raum statt, mit geschnitzter Holzvertäfelung und einem Ausblick auf die

Themse, der allerdings nicht sehr groß war. Alle Sitzplätze an der rückwärtigen Wand waren besetzt und die Leute besetzten jeden verfügbaren Platz, sodass es rasch stickig wurde. Ich saß mit drei weiteren Zeugen an einem Tisch gegenüber den Parlamentariern, die uns befragen würden. Ich trug meinen dunklen Anzug (ich hatte ihn zur Beerdigung meiner Großmutter gekauft), weil ich hoffte, in Anzug und Krawatte hätten meine Worten mehr Gewicht, als wenn ich Jeans getragen hätte. Wenn ich mir heute das Video von der Sitzung anschaue, bin ich mir allerdings nicht sicher, ob es eine gute Idee war. Ich hatte weder meine Haare gekämmt noch mein Hemd gebügelt, und so sah ich eher aus wie der Angeklagte in einem Gerichtsprozess und nicht wie ein seriöser Geschäftsmann, als der ich hatte wirken wollen. Den Politikern schien das allerdings nichts auszumachen, und die erste Frage, die sie an mich richteten, war: »Können Sie dem Ausschuss ungefähr sagen, wie viel sogenanntes schmutziges Geld in London gewaschen wird?«

Die Frage erwischte mich auf dem falschen Fuß, auch wenn sie mich nicht hätte überraschen dürfen. Jedes Mal, wenn Parlamentsabgeordnete zu einem Ausschuss zusammentreten, um zu untersuchen, wie klug es ist, als Land so dienstbar zu sein – was überraschend oft geschieht –, stellt immer einer von ihnen die Frage, wie viel Geld die Kunden Großbritanniens ins Land bringen. Dadurch wollen sie wohl entweder herausfinden, ob das Problem so groß ist, dass man sich damit beschäftigen muss, oder ob es so profitabel ist, dass man besser die Finger davon lassen sollte. In jedem Fall ist die Frage ärgerlich, weil sie unmöglich zu beantworten ist, vor allem aber, weil der Versuch, sie zu beantworten, von wichtigeren Punkten ablenkt. Erfahrenere Zeugen als ich geben inzwischen einfach irgendwelche Zahlen an – 36 Milliarden Pfund, 90 Milliarden Pfund, 100 Milliarden Pfund, mehrere Hundert Milliarden Pfund –, um dann über anderes sprechen zu können, aber ich war nicht darauf vorbereitet. »Verdammt, das ist eine schwere Frage«, rutschte es mir heraus, bevor ich dann über Privatschulen, Herrenhäuser, Luxuswaren und die Restposten in der britischen Zahlungsbilanz schwadronierte. Es war keiner meiner Glanzmomente.

Heute ist mir klar, dass ich damals dem Beispiel von Mark Thompson vom Serious Fraud Office (Amt für schwere Wirtschaftskriminalität) hätte folgen sollen, der auf die Frage eines anderen Ausschusses, wie groß das Problem sei und ob man es beziffern könne, knapp antwortete: »Die kurze Antwort lautet: ›Groß‹ und ›Nein‹. Nach mehr als 20 Jahren Erfahrung auf diesem Gebiet stehe ich den meisten Versuchen, den Umfang von Wirtschaftsverbrechen zu beziffern, sehr skeptisch gegenüber.«

Das ist logisch. Großbritannien ist ein Butler, der beste, den es gibt, und ein guter Butler verschleiert die Verfehlungen seiner Klienten nach dem Prinzip, dass der Verbrecher nicht gefunden werden kann, wenn keine Straftat zu sehen ist. Großbritannien bemüht sich schon so lange und so umfassend darum, Kapitalströme zu verschleiern – um Geld von jeglichem Makel zu reinigen, den es durch die Art seines Erwerbs bekommen hat –, dass es fast unmöglich ist, auch nur ansatzweise einzuschätzen, wie viel Kapital seine Kunden im Laufe der Jahre versteckt haben. Ich wünschte, ich hätte die Abgeordnete Priti Patel, die diese Frage stellte, darauf hingewiesen, dass sie unbeantwortbar ist dank Großbritanniens jahrzehntelanger Butlerdienste. Patel ist jetzt Innenministerin, verantwortlich für den britischen Strafverfolgungsapparat, und hat somit die Macht, etwas zu verändern. Vielleicht hätten sich meine Worte in ihrem Gehirn festgesetzt und sie veranlasst, zu handeln. Vielleicht hätte sie sie aber auch ignoriert und wäre damit dem Beispiel ihrer Vorgänger gefolgt, die die Kunden von Butler Britannien nie behelligt haben. Die Geschichte von Dmytro Firtasch mag außergewöhnlich erscheinen, und tatsächlich ist sie das auch, aber nur deshalb, weil wir sie kennen; Männer, die über ein fragwürdiges Vermögen verfügen, integrieren sich fast immer in die Londoner Gesellschaft, ohne dass jemand etwas davon mitbekommt.

Dies wirft jedoch weitere große Fragen auf: Warum ist das nicht allgemein bekannt? Und warum wird Großbritannien deshalb nicht aus der Gemeinschaft der zivilisierten Nationen ausgestoßen? Die Antwort ist, dass sich das, was britische Politiker sagen, von dem, was britische Institutionen tatsächlich tun, stark unterscheidet, was aber kaum einer anspricht. Wenige Tage bevor ich vor dem Ausschuss über russische Oligarchen und ihren Reichtum aussagte, wetterte Premierministerin Theresa May im Parlament: »Diese Leute oder ihr Geld haben in unserem Land keinen Platz.« Die Abgeordneten hinter ihr murmelten zustimmend, aber die Behauptung war offensichtlich unwahr. Es gibt sehr wohl einen Platz für diese Leute und ihr Geld in unserem Land, wie ich ihr leicht hätte aufzeigen können. Der Sohn eines der ältesten Freunde von Wladimir Putin besitzt ein Haus nur wenige Gehminuten vom Parlament entfernt; Putins ehemaliger stellvertretender Premierminister besitzt eine Maisonette-Wohnung einen kurzen Spaziergang entlang der Uferpromenade in entgegengesetzter Richtung. Wäre May bereit gewesen, in ein Taxi zu steigen, hätte ich ihr eine ganze Anzahl von Villen zeigen können, die vielen der reichsten und bestens vernetzten Männern Russlands gehören. Es braucht mehr als ein paar schöne Worte im Unterhaus, um Großbritannien die Geldwäsche abzugewöhnen.

Das Konzept der Geldwäsche – der Vorgang, durch den schmutzigem Geld ein Anschein von Legitimität verliehen wird – geht auf die 1920er-Jahre zurück, als die US-amerikanische Polizei beunruhigt feststellte, wie leicht die Mafia-Banden ihre Einkünfte verschleiern konnten. Ein Phänomen, das mit der Globalisierung des Finanzsystems in den Fünfziger- und Sechzigerjahren erheblich an Umfang und Bedeutung gewann, dank der Offshore-Dienstleistungen, die zunächst von der Londoner City, dann von ihren Ablegern und schließlich von ihren Konkurrenten angeboten wurden. Jahrzehntelang funktionierte das ohne irgendwelche Einschränkungen, doch die Verbreitung von Heroin und Crack und der Reichtum, der den Drogenkartellen zufloss, schockierte die Regierungen so, dass sie handeln mussten. Im Jahr 1989 gründete die G7-Gruppe, ein Zusammenschluss wohlhabender westlicher Länder, die Financial Action Task Force (FATF), um gemeinsame Richtlinien zur Bekämpfung von Drogengeldern zu erarbeiten und darüber zu wachen, dass sie eingehalten werden. Im Laufe der Jahre hat die FATF ihren Fokus von Drogengeldern auf das Vermögen von Terroristen und Kleptokraten ausgeweitet und sich nun dem Kampf gegen Geldwäsche jeglicher Art verschrieben.

»Warum ist Geldwäsche wichtig?«, fragte Alison Barker von der britischen Finanzaufsichtsbehörde Financial Conduct Authority (FCA) im Jahr 2019. »Damit wird der Menschenhandel finanziert. Sie erleichtert den Drogenhandel. Sie betrügt mit einer Schattenwirtschaft die Gesellschaft. Geldwäsche beraubt unsere Schulen, Krankenhäuser und Straßen. Sie führt zu Gewalt und Einschüchterung – sie macht unsere Straßen unsicher.«

Die Grundsätze der FATF folgen einer schlüssigen Logik: Kriminelle begehen Straftaten, um Geld zu verdienen. Wenn wir ihnen also das Geld wegnehmen, werden sie keine Verbrechen begehen. Das ist wie bei jedem anderen Job: Wenn man jemanden nicht mehr bezahlt, wird er nicht mehr zur Arbeit kommen. Das hört sich einfach an, aber diese Einfachheit trügt. Geldwäsche lässt sich nicht leicht bekämpfen, weil alle Beteiligten sie nur zu gerne geheim halten. Der Kriminelle, der das Geld verdient, und der Geldwäscher, der das Geld in das Finanzsystem einschleust, beide machen sich schuldig, während das Opfer ganz woanders sitzt und herauszufinden versucht, wo sein Geld geblieben ist. Das führt dazu, dass die üblichen Methoden der Verbrechensbekämpfung – Berichte von Opfern, Befragungen, Suche nach Hinweisen usw. – bei der Geldwäsche nicht funktionieren. Die Länder der FATF haben schnell erkannt, dass sie dafür die effektive Unterstützung des Finanzsystems brauchen, und zwar nicht nur von Bankern, sondern auch von Anwälten, Buchhaltern und allen anderen Berufen, die Geld bewegen können. All diese »Torwächter« müssen Assistenten des Strafverfolgungssystems werden, indem sie sich nicht nur selbst tadellos verhalten, sondern auch alles melden, was ihnen verdächtig vorkommt.

In den drei Jahrzehnten seit der Gründung der FATF haben britische Politiker deren Richtlinien mit weitreichenden Folgen in nationale Gesetze umgesetzt – und zwar so umfangreich, dass Großbritannien bei der letzten FATF-Bewertung aus dem Jahr 2018 fast die bestmögliche Punktzahl erhielt: »besser als jedes andere bisher bewertete Land«, hieß es in der Pressemitteilung der Regierung damals. Das war ein entmutigendes Ergebnis für jene von uns, die gehofft hatten, dass die FATF etwas mehr Druck auf die Regierung ausüben würde, es besser zu machen, denn das System, das Großbritannien geschaffen hat, sieht nur auf dem Papier gut aus. Es erweckt den Anschein, das Land bekämpfe die Finanzkriminalität, aber es hat keine Substanz. Nach konservativen Schätzungen fließen jedes Jahr Hunderte von Milliarden Pfund aus kriminellen Machenschaften durch die City of London, das meiste davon dem schutzlosen Volk in einigen der ärmsten Länder der Welt gestohlen. Die jährlichen Kosten der organisierten Kriminalität für die Menschen in Großbritannien werden auf 37 Milliarden Pfund geschätzt, Betrug kostet sie weitere 193 Milliarden Pfund – das sind fast 4000 Pfund für jeden Erwachsenen im Land. All dieses Geld wird gewaschen, und nur ein Bruchteil davon wird jemals wieder zurückgeholt. Die Maßnahmen Großbritanniens mit Bestnoten zu bewerten, ist so, als würde man ein Krankenhaus nur danach beurteilen, wie viele Operationen die Chirurgen dort durchführen, ohne zu fragen, wie viele Patienten wieder gesund werden, wie viele von ihnen überhaupt krank waren, warum die Krankheitsfälle steigen und ob die Ärzte an der Verbreitung der Krankheiten, die sie eigentlich heilen sollten, beteiligt sind. Der Butler Britannien hat eine ausgefeilte, teure und aufwendige Anti-Geldwäsche-Maschine aufgebaut, die jedoch inkohärent, ineffektiv und inkompetent ist. Das mag unlogisch erscheinen, ergibt aber durchaus Sinn, denn andernfalls wäre Großbritannien gezwungen gewesen, Kunden abzuweisen.

Um zu verhindern, dass Finanzprofis Geld waschen, müssen sie nach den FATF-Richtlinien reguliert werden, um sicherzustellen, dass sie sich an die Regeln halten, die den Umgang mit schmutzigem Geld einschränken. In einigen Ländern gibt es eine einzige Regulierungsbehörde, die diese Aufgabe übernimmt, während in anderen Ländern die Regulierung von Rechtssystem, Finanzsystem und Rechnungswesen getrennt erfolgt. Großbritannien hat dabei jedoch einen einzigartigen Weg eingeschlagen: Hier gibt es 22 verschiedene Organisationen, in denen Fachpersonal mit der Regulierung betraut ist, plus die Gambling Commission (für Casinos), die Financial Conduct Authority (für Banken) und Her Majesty's Revenue and Customs (für alle, die nicht anderweitig reguliert werden), also insgesamt 25. Vor ein paar Jahren wollte die Regierung die daraus resultierende Inkohärenz beseitigen und schuf dazu eine Superregulierungsbehörde, die die meisten, aber nicht alle anderen Regulierungsbehörden regulieren sollte, wodurch sich die Gesamtzahl auf 26 erhöhte. Trotz der vermeintlichen Rationalisierung durch die Superregulierungsbehörde, die so erfolgreich war, als würde man ein zusätzliches Rad an ein Auto schrauben, damit es schneller fährt, bleibt das System verwirrend. Anwälte haben unterschiedliche Aufsichtsbehörden, je nachdem, welcher Kategorie der Anwaltsberufe – Barrister, Advocate oder Solicitor – sie angehören, und je nachdem, ob sie in England und Wales, Schottland oder Nordirland ansässig sind. Buchhalter haben 14 verschiedene Aufsichtsbehörden – die Association of Account Technicians, die Association of Chartered Certified Accountants, die Association of International Accountants, die Association of Taxation Technicians usw. usw., zwischen denen sie mehr oder weniger frei wählen können, obwohl sie sich von keiner dieser Aufsichtsbehörden regulieren lassen müssen, wenn sie das nicht wollen, denn jeder kann sich einfach so als Buchhalter bezeichnen, wenn er das will.

Großbritannien hat die Verantwortung dafür, die Geldwäsche zu unterbinden, im Wesentlichen an die Geldwäscher ausgelagert, und folglich wird die Geldwäsche nicht gestoppt. Oft sind dieselben Organisationen, die für die Regulierung der Finanztransaktionen zuständig sind, auch damit beauftragt, im Namen der Finanzprofis Lobbyarbeit bei der Regierung zu betreiben, und sie sind auf die Mitgliedsbeiträge dieser Leute angewiesen, um zahlungsfähig zu bleiben. In einem fünf Jahre alten Bericht von Transparency International heißt es: »Die überwiegende Mehrheit der Sparten schneidet sehr schlecht ab, wenn es darum geht, Geldwäsche aufzudecken oder zu melden.« Daran hat sich in den letzten Jahren nicht viel geändert. Laut einer Analyse der FCA aus dem Jahr 2019 übte fast ein Viertel dieser Regulierungsbehörden gar keine Aufsicht aus, fast ein Fünftel hatte nicht genau bestimmt, wen sie beaufsichtigen mussten, und 90 Prozent hatten nicht die Informationen gesammelt, die sie benötigten, um festzustellen, welche Unternehmen auf ihren Listen besonders risikoreich waren. »Insbesondere im Wirtschaftsprüfungssektor hörten wir, die Berufsverbände glaubten, ihre Mitglieder würden austreten, wenn sie energische Durchsetzungsmaßnahmen ergreifen würden«, so die FCA. Man stelle sich einmal vor, man würde ein Fußballspiel veranstalten, und wenn der Schiedsrichter abpfeift, könnten die Spieler zu einem anderen Spiel gehen und der Schiedsrichter würde seinen Job verlieren. Von hoch spezialisierten Finanzprofis zu erwarten, dass sie freiwillig die Durchsetzung von Gesetzen unterstützen, ist eindeutig eine schlechte Strategie bei der Verbrechensbekämpfung.

Dies ist jedoch nicht der überraschendste Aspekt an der britischen Geldwäsche-Strategie. Für mich ist das Merkwürdigste daran die Rolle, die der anglikanischen Kirche zugewiesen wird. Zunächst möchte ich klarstellen, dass ich nichts gegen die anglikanische Kirche habe, und ich erkenne an, dass das Christentum vernünftige Ansichten darüber hat, wie der Finanzsektor reguliert werden sollte, seit Jesus damals die Geldwechsler aus dem Tempel vertrieben hat. Zwei gute Freunde von mir sind Vikare, sie setzen sich unermüdlich dafür ein, die Missstände in der Gesellschaft zu beheben, und unterstützen unter anderem benachteiligte Gemeindemitglieder dabei, Zugang zur Bank zu bekommen. Sie würden jedoch als Erste zugestehen, dass der Finanzsektor seit dem 1. Jahrhundert n. Chr. erheblich komplexer geworden ist und dass ihr eigenes Fachwissen nicht ausreicht, um das Vorgehen raffinierter Geldwäscher aufzudecken.

Und doch steht an zehnter Stelle der langen Liste von Geldwäsche-Aufsichtsbehörden, die für die Integrität des britischen Finanzsystems zuständig sind, das Faculty Office des Erzbischofs von Canterbury, ein seltsamer Auswuchs der anglikanischen Kirche, der in einem honiggoldenen Gebäude im neugotischen Stil neben der Westminster Abbey untergebracht ist und dem, nachdem Heinrich VIII. im Jahr 1533 mit dem Papst gebrochen hatte, verschiedene regulatorische Aufgaben zugewiesen wurden, die es seitdem bewahrt. Insbesondere ist das Faculty Office für Notare zuständig, Mitglieder eines alten und in Großbritannien ziemlich verkümmerten Zweigs des Rechtsberufs, die dort nur bei einigen Immobilientransaktionen eine Rolle spielen. Es handelt sich um eine winzige Aufsichtsbehörde – in England und Wales gibt es weniger als 1000 Notare im Vergleich zu 150 000 Solicitors –, die nichtsdestoweniger das Finanzsystem des 21. Jahrhunderts vor Kriminellen schützen soll. Wenn man herausfindet, dass das Faculty Office des Erzbischofs von Canterbury einen Teil des Finanzsystems überwacht, und zwar aufgrund einer Vereinbarung, die Thomas Cromwell vor 500 Jahren ausgeheckt hat, um dem König zu einer Scheidung zu verhelfen, ist das in etwa so, als würde man entdecken, dass der altehrwürdige Apothekerverband (Worshipful Society of Apothecaries, gegründet 1617) für Impfungen zuständig ist oder dass der mittelalterliche Hafenbund der Cinque Ports von Essex, Kent und Sussex für die Überwachung der Küstengewässer verantwortlich ist. Es ist die Art von Anachronismus, die darauf schließen lässt, dass die Leute, die das System beaufsichtigen, sich mehr um den schönen Schein als um die Ergebnisse kümmern.

»Wenn man das System von Anfang an neu durchplanen würde, dann würde am Ende wahrscheinlich nicht das herauskommen, was wir heute haben«, sagte Neil Turpin, der Leiter des Faculty Office, der letztendlich dafür verantwortlich ist, dass die Notare sich an die Regeln halten. »Aber das tun wir nicht. Wir machen einfach so weiter.«

Seine Inspektoren, selbst erfahrene Notare, überprüfen jährlich etwa 20 Notariate, aber es gibt 700 solcher Einrichtungen, sodass jedes einzelne nur alle dreieinhalb Jahrzehnte oder im Durchschnitt nur einmal im Berufsleben eines Notars überprüft wird, was natürlich keine besonders abschreckende Wirkung hat und bedeutet, dass die Integrität des Berufsstandes sich nicht darauf stützt, dass die Inspektoren unkorrektes Verhalten aufdecken, sondern dass die Notare es selbst melden. Wie andere Finanzprofis auch, sind Notare verpflichtet, eine Verdachtsmeldung (Suspicious Activities Report, SAR) abzugeben, um die Behörden zu alarmieren, wenn ihnen etwas Verdächtiges auffällt. »Wir sammeln Daten darüber, wie viele Verdachtsmeldungen von Notaren jedes Jahr eingehen. In der Regel sind es etwa ein Dutzend. Es gibt einige, die sich ganz klar kümmern und entsprechende Fälle melden«, berichtete Turpin.

Turpin ist enthusiastisch und freundlich und liebt seine Arbeit; er ist Jurist, ehemaliger Gemeindevorsteher und mit einer Pfarrerin verheiratet, sodass die Stelle ziemlich perfekt zu ihm passt. Er stieß zufällig darauf, als er eine Anzeige in der *Church Times* las: »Der erfolgreiche Bewerber sollte Kenntnisse über die Arbeitsweise der anglikanischen Kirche haben; ein juristischer Hintergrund wäre hilfreich, aber nicht zwingend erforderlich.« Das Problematische an dem System ist in dieser letzten Bemerkung bereits angedeutet.

Wenn Finanzfachleute besorgt seien, erklärte Turpin, erstatteten sie Meldung, und so solle es auch sein. Aber was war mit Finanzprofis, die nicht besorgt sind, weil sie selbst an der Geldwäsche beteiligt sind? Sie schweigen, was bedeutet, dass die Strafverfolgungsbehörden keine Ahnung haben, was diese Leute tun. Das System sei so ähnlich, als würde man sich bei der Bekämpfung des organisierten Verbrechens auf den Beichtstuhl der Kirche verlassen: Man hört viele Leute über ihre Nachbarn schimpfen, aber nur wenige über Auftragsmörder der Mafia. Und aus demselben Grund hätten, so erklärt Mark Hayward von Propertymark, dem Berufsverband der Immobilienmakler, »manche Leute Angst, dass, wenn sie einen Verdacht melden, drei Jahre später, an einem Samstagabend um neun, jemand mit einer Schrotflinte vor ihrer Tür steht und wissen will, warum sie das getan haben«.

Das gesamte britische System zur Geldwäscheregulierung basiert auf Whistleblowern, die Geldwäscher verpfeifen, ohne dass es ihnen persönlich zum Vorteil gereicht, und in vollem Bewusstsein, dass sie mit Vergeltung rechnen müssen, wenn die Kriminellen es herausfinden. Es überrascht daher nicht, dass nicht viel verpfiffen wird. Im Jahr 2019/20 haben Anwälte 3006 Verdachtsmeldungen eingereicht, ein leichter Anstieg gegenüber dem Vorjahr, aber nicht besonders viele, wenn man bedenkt, wie viele Milliarden Pfund schmutziges Geld jedes Jahr durch das Finanzsystem geschleust werden. Buchprüfer meldeten ein paar mehr – knapp über 5000 –, während Immobilienmakler und »Güterhändler« (wie zum Beispiel Auktionshäuser) zusammen etwa 1000 Meldungen abgaben. Ein hochrangiger Vertreter der Strafverfolgungsbehörden, den dies schon lange nicht mehr schockiert, sagte mir bei einem Bier: »Wir verlassen uns darauf, dass die Leute unablässig misstrauisch sind, aber damit lässt sich nicht viel Geld verdienen, also ...« Er zuckte mit den Schultern.

In Wirklichkeit ist die Lage noch schlimmer, denn er sprach von Anwälten, und die sind nur ein Teil des Problems. Während Anwälte und Immobilienmakler ihre Verdachtsfälle nur unzureichend melden (»Sie bekommen ein Erfolgshonorar, und wäre es da in ihrem Interesse, eine Verdachtsmeldung in einem Fall abzugeben, bei dem am Ende ein besonders hohes Honorar winkt?«, fragte ein Immobilienmakler rhetorisch vor einem Parlamentsausschuss), tun Banker das Gegenteil. Sie übermitteln so viele Verdachtsmeldungen, dass sie damit das System überlasten. Im Jahr 2019/20 haben Finanzinstitute 546 976 Meldungen eingereicht, mehr als eine pro Minute in jeder Minute des Jahres, und die große Mehrheit davon stammt von Banken. Dafür gibt es einen einfachen Grund: Die Banken sind international tätig, das heißt, sie arbeiten mit Dollars und wollen auf keinen Fall Ärger mit dem US-Justizministerium bekommen, das gerne zehnstellige Geldstrafen verhängt.

Nachdem das US-Justizministerium im Jahr 2012 eine Geldstrafe von 1,9 Milliarden US-Dollar gegen die HSBC (Hongkong & Shanghai Banking Corporation Holdings PLC) verhängt hatte, weil die Bank mexikanische Drogengelder gewaschen hatte, überarbeitete die Bank ihren Compliance-Apparat komplett und gab eine Milliarde Dollar für ein System aus, das mehr als eine halbe Milliarde Transaktionen pro Monat überwachen kann und Bankangestellte automatisch auf alles aufmerksam macht, was zweifelhaft sein könnte. Auf diese Weise werden etwa 450 000 Transaktionen gemeldet und von Mitarbeitern überprüft, die dann alles, was auch nur entfernt verdächtig aussieht, an die Behörden weiterleiten. Jede andere Bank mit Sitz in London tut dasselbe, was den Finanzsektor insgesamt etwa fünf Milliarden Pfund pro Jahr kostet und eine riesige Spam-Flut erzeugt, die sich bei der Financial Intelligence Unit (FIU, Zentralstelle für Finanztransaktionsuntersuchungen) der National Crime Agency (NCA, britische Nationale Kriminalbehörde) stapelt und jedes Jahr um etwa 20 Prozent zunimmt. Für die Banken ist das eine teure Angelegenheit, aber sie bezahlen es wie eine Versicherungsprämie, um nicht eine Katastrophe zu riskieren. Immerhin lagern Banken von Berufs wegen Risiken aus, und wenn eine von ihnen vom US-Justizministerium angeklagt wird, kann sie – völlig zu Recht – darauf verweisen, wie vorbildlich sie mit den Behörden zusammengearbeitet hat. Das gefällt ihnen natürlich nicht. Ganz im Gegenteil, sie sind extrem frustriert über die Zeit- und Geldverschwendung.

»Das derzeitige System verwendet zu viele Ressourcen auf Compliance-Aktivitäten, die wenig zur Aufdeckung von Straftaten oder zum Schutz der Kunden beitragen«, heißt es in einem Bericht von UK Finance, einer Lobbyorganisation des Finanzsektors, der dem Parlament vorgelegt wurde. »Es gibt immer mehr Compliance- und Meldepflichten, aber nicht weniger Wirtschaftskriminalität.«

In einem Bericht der Europäischen Kriminalpolizei Europol aus dem Jahr 2017 wird aufgeführt, wie viele Verdachtsmeldungen zwischen 2006 und 2014 in den einzelnen EU-Mitgliedstaaten eingegangen sind. Der Finanzsektor Großbritanniens ist größer als der in anderen europäischen Ländern, aber es ist bemerkenswert, dass Großbritannien in diesem Zeitraum für 2,3 Millionen Verdachtsmeldungen verantwortlich war, was mehr war als die Zahlen von Deutschland, Frankreich, Italien, Spanien, Luxemburg, Irland und 20 weiteren Mitgliedstaaten zusammengenommen. Das einzige Land, das an Großbritanniens Zahlen heranreichte, waren die Niederlande, und das lag einzig und allein an einer Anomalie der niederländischen Politik, die Geldtransferunternehmen dazu verpflichtete, den Behörden jede Transaktion mit einem Wert von mehr als 2000 Euro zu melden.

Als die Rechtskommission des britischen Parlaments das System einer Überprüfung unterzog, kam sie zu dem Schluss, dass es von Finanzprofis betrieben wird, die sich vor Strafverfolgung schützen wollten und eher nicht darauf aus waren, die Finanzkriminalität zu bekämpfen. »Wir brauchen ein System, das es den Strafverfolgungsbehörden ermöglicht, bei einem Verdacht auf Geldwäsche in einem frühen Stadium zu ermitteln und einzuschreiten«, sagte David Ormerod, ein erfahrener Prozessanwalt, der die Regelung für Verdachtsmeldungen im Auftrag der Kommission überprüfte. »Aber das Meldesystem funktioniert nicht so, wie es sollte. Die Strafverfolgungsbehörden haben mit einer beträchtlichen Anzahl von unwichtigen Meldungen zu tun, und dadurch könnten ihnen die wirklichen Kriminellen durch die Lappen gehen.«

Die Kommission gab der Regierung ein paar Empfehlungen, aber das Problem ist das System. Alle Beteiligten wollen das Risiko minimieren, strafrechtlich verfolgt zu werden. Für große Institutionen, die in den USA tätig sind, ist es daher vorteilhaft, alles zu melden; für Finanzprofis, die nicht Gefahr laufen, ins Visier der Amerikaner zu geraten, ist es dagegen besser, sich ruhig zu verhalten. Gelegentlich geschieht etwas Unerwartetes, das dieses Kalkül über den Haufen wirft und zeigt, wie wenig dieses System tatsächlich dazu beiträgt, Geldwäsche zu stoppen, aber das ist äußerst selten.

Ein solches unerwartetes Ereignis war die Veröffentlichung der Panama Papers im April 2016. Die Millionen von geleakten E-Mails an die und von der panamaischen Anwaltskanzlei Mossack Fonseca (die Firma, die in den 1980er-Jahren so viel dazu beigetragen hat, die Britischen Jungferninseln ins Geschäft zu bringen) enthüllten, wie reiche und mächtige Menschen jahrelang illegale Finanzaktivitäten in den Tiefen des Systems versteckt hatten. Eine der vielen Enthüllungen betraf eine Londoner Anwaltskanzlei, die den Töchtern des aserbaidschanischen Präsidenten geholfen hatte, über Offshore-Strukturen in britische Immobilien zu investieren. Der derzeitige Präsident Aserbaidschans Ilhan Alijew hat die Präsidentschaft von seinem Vater übernommen, und die gesamte Präsidentenfamilie hat in den Jahrzehnten an der Spitze der ölreichen ehemaligen Sowjetrepublik sehr gut verdient. Wie viele reiche Leute haben auch sie gerne Zeit in London verbracht und sich dort luxuriöse Häuser gekauft. Den Alijews Immobilien zu verkaufen war für den Butler Britannien nichts Ungewöhnliches, aber nach dem Geldwäschegesetz gelten die Alijews als »politisch exponierte Personen«, deren Vermögen besonders sorgfältig geprüft werden sollte, um sicherzustellen, dass es nicht durch Korruption erworben wurde. Doch das wurde nicht gemacht, wie der *Guardian* enthüllte.

Der betreffende Anwalt, Khalid Mohammed Sharif von Child & Child, überprüfte die beiden Frauen nicht mal flüchtig, bevor er sich bereit erklärte, in ihrem Namen zu tätig zu werden. Das war nur einer von vielen Skandalen, die durch die Panama Papers aufgedeckt wurden, aber er löste etwas Seltenes aus: eine Anhörung in einem Disziplinarverfahren gegen einen britischen Angehörigen der Rechtsberufe im Vereinigten Königreich, der auch noch zur Elite gehörte.

Child & Child ist eine erstklassige Anwaltskanzlei, deren Büros nur wenige Hundert Meter vom Buckingham Palace entfernt sind. Man erwartet da keine Betrugsmaschine, die Geld wäscht, ganz und gar nicht, aber Child & Child machte es bemerkenswert wenig aus, Geld aus potenziell kriminellen Machenschaften anzunehmen. Die Entscheidung der Solicitors Regulation Authority (SRA) in Sharifs Fall enthüllte, dass er erst einen Monat, nachdem der *Guardian* darüber berichtet hatte, eine Verdachtsmeldung über die Transaktion eingereicht hatte. Bei seiner Anhörung gab Sharif nicht nur zu, dass er nicht einmal eine Internetrecherche über seine Klienten durchgeführt hatte, um festzustellen, ob Korruptionsvorwürfe gegen sie oder ihre Familie bestanden (was der Fall ist), sondern er hatte auch keinerlei direkte Kommunikation mit seinen Klienten.

»Die Warnzeichen deuteten auf ein objektives Risiko hin, dass es sich um Geldwäsche handelte. Insbesondere der Umfang der Zahlungen, die Tatsache, dass die Gelder aus Aserbaidschan stammen, und die Nutzung von Offshore-Gesellschaften stellten ein erhebliches Risiko dar«, heißt es im Urteil.

Sharif verteidigte sich, er habe nur getan, was alle anderen auch taten. »Seine Kanzlei war umgeben von Immobilien im Wert von mehreren Millionen Pfund und er handelte mit einigen der teuersten Immobilien in London ... aus Sicht des Beklagten war an der Transaktion nichts Ungewöhnliches. Der hohe Wert und der Einsatz von Offshore-Gesellschaften waren üblich.« Als mildernde Umstände führte er an, am Namen seiner Kunden habe nichts darauf hingedeutet, dass sie politisch exponiert waren – eine wenig überzeugende Ausrede, wenn man bedenkt, dass sie denselben Nachnamen hatten wie der Präsident von Aserbaidschan.

Die SRA verurteilte ihn zu einer Geldstrafe von 45 000 Pfund, was besser ist als gar nichts, aber die Urteilsbegründung zeigt, dass es in erster Linie darum ging, ob Sharif den Ruf des Berufsstandes geschädigt hatte, mit keinem Wort wurden die negativen Folgen der Geldwäsche für die Opfer der Korruption in Aserbaidschan erwähnt. Man tröstete sich damit, dass »kein Klient durch Sharifs Verhalten einen Schaden erlitten« habe, was besonders pervers ist, da der Sinn einer Verdachtsmeldung darin besteht, den Behörden die Möglichkeit zu geben, kriminelles Vermögen einzuziehen. Die Kunden *sollen* einen Schaden erleiden. Die SRA hat Sharif nicht einmal mit Berufsverbot belegt, sodass er an seinen Schreibtisch zurückkehren und seine Geschäfte weiter betreiben konnte. Eine gesonderte Strafverfolgung gab es nicht. Wenn man der Geschichte ein Motto voranstellen würde, dann: »Lass dich nicht erwischen.«

Ob das typisch für das britische Vorgehen ist, wenn es um Regulierung geht, lässt sich schwer sagen, da es so wenige Fälle gab, aber die Geldstrafen, die verhängt wurden, zeigen, dass Großbritannien im Vergleich zu den USA, wo die HSBC fast zwei Milliarden Dollar zahlen musste, bemerkenswert milde ist. Ein Londoner Geldtransferunternehmen wurde im Jahr 2019 zu einer Geldstrafe von 7,9 Millionen Pfund verurteilt, aber das war ein Ausreißer, denn nur wenige andere Geldstrafen lagen auch nur im sechsstelligen Bereich. Das Immobilienbüro Countrywide musste 2018 wegen seiner Versäumnisse 215 000 Pfund zahlen, was nach viel klingt, bis man erfährt, dass das Unternehmen einen Jahresumsatz von mehr als 600 Millionen Pfund hat. Ein Jahr später wurde der Immobilienmakler Purplebricks zu einer Geldstrafe von 266 793 Pfund verurteilt, was sein Jahreseinkommen von fast 50 Millionen Pfund ebenfalls nicht merklich geschmälert haben dürfte.

»Im Durchschnitt wurden im Bankensektor – dem Wirtschaftszweig, der von der britischen Regierung als der mit dem höchsten Geldwäscherisiko eingestuft wird – pro Jahr circa acht Millionen Pfund an Geldstrafen für Geldwäsche verhängt. Verglichen mit dem vermuteten Gesamtumfang der Geldwäsche im Vereinigten Königreich und den Gewinnen, die die Finanzdienstleister damit machten, bleibt fraglich, ob die Höhe der derzeit verhängten Bußgelder eine ausreichend abschreckende Wirkung hat«, kommentierte Transparency International mit vorsichtigem Understatement.

Die für die Strafverfolgung zuständigen Minister sind äußerst frustriert, weil es Großbritannien nicht gelingt, den kriminellen Geldfluss zu stoppen, und leiden unter der Tatsache, dass man nur schwer feststellen kann, wie viel Geld gewaschen wird. Es ist einfach zu gut versteckt. Deswegen konzentrieren sie sich auf das, was sie messen können – die Anzahl der gemeldeten verdächtigen Transaktionen –, und sind darauf fixiert, als ob es nur eine weitere Meldung bräuchte, um die Flut aufzuhalten. »Alle müssen viel mehr tun. Eine Verdachtsmeldung abzugeben ist keine Raketenwissenschaft«, twitterte Ben Wallace, der für Wirtschaftskriminalität zuständige Minister, im Jahr 2019 – ein Paradebeispiel dafür, welche perversen Folgen es haben kann, wenn man sich auf den Vorgang statt auf das Ergebnis konzentriert. Die Behörden sind mit der Flut der Eingaben, die sie erhalten, überfordert, und Anwälte und Buchhalter beklagen, dass sie keine Rückmeldung für die unbezahlte Arbeit, mit der sie die Strafverfolgung unterstützen, erhalten, geschweige denn Dankbarkeit. Was verständlich, aber auch nicht überraschend ist. Man kann von den Behörden kaum erwarten, dass sie jedes Jahr mehr als eine halbe Million personalisierter Dankesschreiben verschickt.

»Das britische System zur Geldwäschebekämpfung scheint derzeit unter einer Identitätskrise zu leiden«, erklärte das Institute of Chartered Accountants in England und Wales (eine der vielen Regulierungsbehörden für Buchhalter) 2018. »Der Zweck des Systems ist nicht mehr klar. Soll man alle Fälle von Finanzkriminalität (wenn etwa jemand versäumt, 50 Pfund in der Steuererklärung anzugeben) verfolgen oder nur die schwerwiegendsten Fälle (Drogengelder in Milliardenhöhe, die in das Londoner Finanzsystem fließen)?«

Meiner Meinung nach ist beides nicht beabsichtigt; ich denke, es soll den Eindruck höchster Aktivität erwecken, aber den Butler nicht daran hindern, seine Klienten bei der Geldwäsche zu unterstützen. Wäre das nicht der Fall, hätte Großbritannien die Behörden zur Bearbeitung von Verdachtsmeldungen schon vor Jahren aufgerüstet. Das Softwaresystem, das die Verdachtsmeldungen annimmt und liebevoll ELMER genannt wird, wurde für etwa 20 000 Dokumente pro Jahr konzipiert, soll nun aber die 25-fache Menge verarbeiten. Das ist eindeutig zu viel, als dass normale Menschen alles lesen könnten. Um Ordnung in diese

Flut zu bringen, verlangt die Financial Intelligence Unit (FIU), dass die wichtigsten Meldungen anders codiert werden – sie heißen DAML-Meldungen (Defence Against Money Laundering, etwa: Schutz gegen Geldwäsche), und wenn man so eine Meldung einreicht, schützt man sich davor, wegen Geldwäsche strafrechtlich verfolgt zu werden –, aber sogar von diesen Meldungen gibt es inzwischen mehr als 60 000 im Jahr. Die Beamten haben eine Woche Zeit, um auf eine DAML-Meldung zu reagieren, sobald sie eingegangen ist, und die FIU beschäftigt weniger als 200 Mitarbeiter. Wenn diese nichts anderes tun würden, als diese Meldungen zu prüfen, müsste jeder Mitarbeiter an jedem Arbeitstag des Jahres eine Meldung bearbeiten, was angesichts der komplexen Transaktionen, um die es dabei geht, natürlich unmöglich ist.

»Ich versuche herauszufinden, wie hoch die Abschreckung für Sie und Ihre Kollegen in der Branche ist«, sagte ein Abgeordneter zu dem Immobilienmakler Henry Pryor, der auch in den Medien regelmäßig Immobilienfragen kommentiert.

Seine Antwort: »Winzig.«

Zur Verteidigung der Regierung sei angemerkt, dass nicht nur die Bezifferung der gewaschenen Geldmenge schwierig ist, sondern auch die strafrechtliche Verfolgung der Geldwäsche. Bevor man nachweisen kann, dass Geld gewaschen wurde, muss man beweisen, dass es aus kriminellen Aktivitäten stammt. Dazu braucht man Indizien, die vor einem britischen Gericht Bestand haben, was in vielen Ländern, in denen die Gerichte politisch kontrolliert werden, nur schwer zu erreichen ist. Wenn ausländische Gerichtsbarkeiten Beweise vorlegen, können Verteidiger zu Recht darauf hinweisen, dass die Beweise eher dafür sprechen, dass ihr Mandant politisch in Ungnade gefallen, als dass er ein Krimineller ist – der Kreml zum Beispiel verfolgt seine Freunde nicht. Hinzu kommt, dass Offshore-Firmen, die auf den Britischen Jungferninseln oder in noch undurchsichtigeren Steuerparadiesen wie Nevis oder Nevada registriert sind, Vermögen so effektiv verschleiern, dass es oft fast unmöglich ist, zu erkennen, wem etwas gehört. Großbritannien mag der beste Butler der Welt sein, aber es ist nicht der einzige, und wohlhabende Kunden nutzen die Dienste von mehreren Butlern, um sicherzugehen, dass sie den besten verfügbaren Service bekommen, wenn es darum geht, ihr Vermögen zu verbergen.

Dank der Arbeit von Transparency International und Global Witness sowie der Öffentlichkeitswirkung unserer Londoner Kleptocracy Tours, die wir im Jahr 2016 starteten, sehen viele Abgeordnete mit zunehmender Sorge, dass Großbritannien nichts gegen das schmutzige Geld unternimmt, das durch sein System fließt. Um ihre Bedenken zu zerstreuen und die Probleme zu lösen, die dadurch entstehen, dass Kriminelle ihren Reichtum in verschiedenen Zuständigkeitsbereichen verstecken, hat die Regierung ein neues Instrument eingeführt, die Unexplained Wealth Order (UWO, etwa: Verordnung zu Vermögen ungeklärter Herkunft), das Anfang 2018 in Kraft trat. Da dies kurz vor der Ausstrahlung der Fernsehserie *McMafia* geschah, wurde die Verordnung als McMafia-Gesetz bekannt und in der Presse groß gehypt. Die Minister freuten sich über das ungewohnte Lob und ihr neues Image als Sheriffs, die nach London Town reiten, um die Bösen zu vertreiben.

»Diese Regierung ist entschlossen, organisierte Verbrecher – wie die McMafia – nicht ungestraft agieren zu lassen«, schrieb der Minister für Wirtschaftskriminalität, Wallace, in der *Sun*. »Theresa May will hart gegen das ›schmutzige Geld‹ durchgreifen, das die McMafia-Kumpane von Wladimir Putin nach London in Sicherheit gebracht haben«, verkündete die *Daily Mail*.

Die UWOs sind eine gute Idee, und eine Initiative der britischen Regierung mal nicht zynisch zu finden, hatte ich nicht erwartet. UWOs hatten das Potenzial, das Land endlich vom Butlergeschäft abzubringen. Die Verordnung ermöglicht den Behörden, alle Offshore-Schutzwälle und politischen Verschleierungen zu durchbrechen, die man um ein kriminelles Vermögen errichten kann, um eine Beschlagnahme zu verhindern. Wenn eine UWO zugestellt wird, muss nun der Eigentümer des Vermögens erklären, woher es stammt, während sonst die Staatsanwaltschaft nachweisen muss, dass es sich um kriminell erworbenes Vermögen handelt. Das Innenministerium schätzte damals, dass nach der Einführung des Gesetzes etwa 20 UWOs pro Jahr ausgestellt werden würden, bei vergleichsweise geringen Kosten für die Strafverfolgung von nicht mehr als 1,5 Millionen Pfund in den nächsten zehn Jahren, denen die voraussichtliche Beschlagnahme von mindestens sechs Millionen Pfund an kriminellem Vermögen gegenüberstünde. Das bedeutete, dass die Regierung durch das Gesetz sogar Gewinn machen würde.

Die Beamten der National Crime Agency waren begeistert von diesen neuen Befugnissen und befragten inoffiziell viele der führenden britischen Anti-Korruptions-Aktivisten, gegen welche Oligarchen sie zuerst vorgehen sollten, da sie entschlossen waren, ihre ersten Fälle zu gewinnen. Frühe Siege würden nicht nur wichtige Präzedenzfälle schaffen, sondern auch deutlich machen, dass London nicht länger ein sicherer Ort für fragwürdiges Geld war. Der erste UWO-Fall des Jahres 2018 war jedoch eine ziemliche Enttäuschung, denn es ging dabei um die Immobilie der Ehefrau eines aserbaidschanischen Bankiers, der bereits in Baku im Gefängnis saß. In Aserbaidschan war er wegen Veruntreuung angeklagt worden, aber da das Land von einer kleinen Clique von Oligarchen beherrscht wird, bestand sein wahres Verbrechen wahrscheinlich eher darin, dass er sich mit der Herrscherfamilie überworfen hatte. Er war nicht gerade der große Fisch, hinter dem die Regierung laut eigener Erklärung her war; die UWOs sollten eigentlich größere Fische zur Strecke bringen.

Glücklicherweise brachte das Jahr 2019 bessere Neuigkeiten: Es gab eine UWO zu Liegenschaften, die der Herrscherfamilie von Kasachstan zugeordnet wurden, einer postsowjetischen Kleptokratie, die nach der Unabhängigkeit 1991 vom ehemaligen Präsidenten Nursultan Nasarbajew beherrscht wurde. Im Jahr 2015 hatte Global Witness einen umfassenden Bericht über Londoner Immobilien veröffentlicht, die entweder dem Enkel des Präsidenten oder Rachat Alijew zu gehören schienen. Letzterer hatte sich 2007 von der Präsidententochter Dariga Nasarbajewa scheiden lassen und sich dann kurz vor Erscheinen des Berichts in einer österreichischen Gefängniszelle, in der er auf ein Verfahren wegen Mordes wartete, das Leben genommen. Alijew hatte sich mit seinem Ex-Schwiegervater zerstritten und war aus der Präsidentenfamilie ausgestoßen worden, was bedeutete, dass Alijew nicht ganz der hochrangige Kleptokrat war, gegen den die Beamten ein Verfahren anstrengen wollten, aber er war berüchtigt dafür, dass er seine Position als Leiter des kasachischen Sicherheitsdienstes ausgenutzt hatte, um große Geldsummen zu erpressen und sich Unternehmen illegal anzueignen, und damit besaß er genau die Art von »McMafia-Geld«, dem London keinen Unterschlupf mehr bieten sollte. Endlich wurden die Maßnahmen ergriffen, die die Regierung bei der Einführung der UWOs versprochen hatte. Wenn es gelänge, schmutziges Geld aus London zu vertreiben, selbst wenn es einem verstoßenen Ableger der Herrscherfamilie eines ölreichen kleptokratischen Staates gehörte, wäre das ein unmissverständliches Signal, dass Großbritannien aus dem Butlergeschäft ausstieg.

Wenn Sie bis hierher gelesen haben, werden Sie wahrscheinlich nicht mehr allzu überrascht sein, dass nicht alles so lief, wie es sich Optimisten gewünscht hatten.

Wem die betreffenden Immobilien gehörten – zwei Häuser und zwei Wohnungen –, wurde hinter zwei panamaischen Stiftungen, einer auf der niederländischen Insel Curaçao registrierten Stiftung und einer auf der obskuren britischen Insel Anguilla angemeldeten Briefkastenfirma, verschleiert. Die UWO richtete sich daher an diese Scheinfirmen und den Anwalt, der die Stiftungen vorgeblich leitete, nicht an irgendeinen namentlich genannten Tycoon. Aber aus den Unterlagen der NCA ging klar hervor, dass die Ermittler vermuteten, dass die Immobilien mit Alijews Geld gekauft worden waren. Kurz nachdem ein Gericht der Ausstellung der UWO zugestimmt hatte, erhielt die NCA jedoch ein 268-seitiges Schreiben von der bekannten Londoner Anwaltskanzlei Mishcon de Reya (Slogan: »It's business. But it's personal.« Etwa: »Es geht ums Geschäft. Aber es ist persönlich.«), in dem sie darüber informiert wurde, dass die Immobilien gar nicht im Besitz von Rachat Alijew gewesen seien. Stattdessen gehörten die beiden Wohnungen und eines der Häuser seiner Ex-Frau Dariga Nasarbajewa, während das andere Haus Eigentum ihres Sohnes Nurali sei. Sie hatten die Immobilien nach der Scheidung von Dariga Nasarbajewa und Rachat Alijew gekauft, hieß es in dem Schreiben, und damit könne Alijew nicht die Geldquelle gewesen sein.

Die Kanzlei Mishcon de Reya legte gegen alles, was die NCA zu tun versuchte, Widerspruch ein, zog einen Sachverständigen hinzu, der widerlegen sollte, was die Behörde über panamaische Stiftungen wusste, und legte kasachische Gerichtsdokumente vor, um zu beweisen, dass das Vermögen ihrer Mandantin völlig unabhängig von dem Besitz Alijews war. Das letztendliche Urteil liest sich wie der Bericht über ein Spiel zwischen Manchester City und dem FC Hereford: Der angeschlagene Nichtligist gab alles, aber seine Spieler wurden durch überlegene Fähigkeiten, Fitness, Wissen und Ressourcen vom Platz gefegt.

»Der Fall, den die NCA bei der Ex-parte-Anhörung vorbrachte, wies im Hinblick auf die Untersuchung einiger offensichtlicher Ermittlungsansätze Mängel auf«, konstatierte die Richterin im April 2020 in einer äußerst kritischen Begründung. »Darüber hinaus bin ich der Ansicht, dass die NCA es versäumt hat, die vorgelegten neuen Informationen angemessen zu bewerten.« Sie hob die UWOs auf und verhinderte damit alle weiteren Versuche der NCA, die Immobilien zu beschlagnahmen. Die Behörde kündigte an, die Entscheidung anzufechten, aber ein Richter des Berufungsgerichts lehnte den Antrag ab mit der Begründung, »die Berufung hat keine Aussicht auf Erfolg und es gibt keinen anderen zwingenden Grund, warum eine Berufung zugelassen werden sollte«.

Es war eine Niederlage auf ganzer Linie, eine Demütigung, mit einem Endstand, bei dem man sich fragt, ob die Mannschaften Fußball oder Rugby gespielt haben, was noch dadurch verschlimmert wurde, dass die NCA viele gute Torchancen gehabt hatte, die ihre Ermittler offenbar nicht bemerkten. Selbst wenn die Immobilien nicht Alijew, sondern seiner Ex-Frau gehörten, hätte man sich zumindest fragen müssen, wie es der Tochter des Staatsoberhaupts eines Landes, in dem die Durchschnittsperson 600 Pfund im Monat verdient, gelungen war, so viel Reichtum anzuhäufen, dass sie ein Londoner Immobilienimperium erwerben konnte, das von einigen Zeitungen auf 80 Millionen Pfund geschätzt wird. Für mich bedarf ein solches Vermögen auf jeden Fall einer Erklärung. Und wenn sie sich auf kasachische Gerichtsdokumente berief, um zu beweisen, dass sie in Alijews Verbrechen nicht involviert war, dann wäre doch wohl zumindest die Frage angebracht gewesen, wie rechtmäßig die Urteile dieser Gerichte sind, wenn man bedenkt, dass sie von einem Justizsystem erlassen werden, das letztlich ihr Vater kontrolliert. Dies sind nur zwei von vielen Punkten in dem Urteil, bei denen ich Ausrufezeichen an den Rand gekritzelt habe, die aber nach Ansicht der NCA keine weitere Untersuchung rechtfertigten.

Dariga Nasarbajewa und ihr Sohn legten Beweise dafür vor, dass sie erfolgreiche Selfmade-Unternehmer seien, und das Gericht gab ihnen recht. Es ist auffallend, wie stark sich die Eingaben der NCA von den Reaktionen des FBI unterschieden, als Firtaschs Anwaltsteam wiederholt versuchte, die Rechtsklage in Chicago abweisen zu lassen: Die NCA unternahm keinerlei Anstrengungen, die kasachische Politik oder Wirtschaft zu analysieren, und stützte sich bei ihren Informationen in fast peinlichem Umfang auf den Bericht von Global Witness.

In dem Dokument, das die NCA dem Gericht vorlegte, wird der Begriff »Kleptokratie« nur einmal und der Begriff »Korruption« nur zweimal verwendet. In der zusammenfassenden Beurteilung taucht der Begriff »Präsident« mehr als 50-mal im Kontext mit der organisatorischen Struktur der Stiftungen in Panama und Curaçao auf, denen die Immobilien gehörten, aber nur einmal im Kontext als Vater von Dariga Nasarbajewa. Dass in dieser einzigen Erwähnung der Name von Präsident Nasarbajew auch noch falsch geschrieben ist, ist vielleicht bezeichnend dafür, dass die NCA von der Richterin keine besondere Sorgfalt erwartete.

Ein Akademiker, den ich kenne, ein Experte in Sachen Korruption, war über die Kapitulation der NCA so verblüfft, dass er – durchaus nicht im Scherz – vermutete, dies müsse von oben angeordnet worden sein: Vielleicht hatten leitende Beamte einen Anruf von der britischen Botschaft in Kasachstan erhalten, in dem sie aufgefordert wurden, sich bei dem Fall bewusst keine Mühe zu geben? Ich bin sicher, dass dem nicht so war, aber der wahre Grund für das Versagen der Behörde ist noch beunruhigender. Die NCA hatte vielleicht überzeugende Beweise dafür, wo dieses Vermögen herkam, aber sie hatte keine Chance, den Fall zu gewinnen, weil ihr ganz einfach die Ressourcen fehlen, um es mit einer Anwaltskanzlei wie Mishcon de Reya aufzunehmen, und bei allen anderen britischen Strafverfolgungsbehörden sieht es genauso aus. Sie wurden so lange kaputtgespart, dass sie durch die Niederlagen demoralisiert und durch die ständige Abwanderung ihrer Beamten in andere, besser bezahlte Positionen geschwächt sind.

Der parlamentarische Geheimdienst- und Sicherheitsausschuss zitiert in einem Bericht über russische Einflussnahme in Großbritannien, der im Juli 2020 erschien, also einen Monat nachdem der Berufungsantrag gegen die Nasarbajewa-Entscheidung abgelehnt wurde, die Generaldirektorin der NCA, Lynne Owens, ihre Beamten seien in Zukunft möglicherweise gar nicht mehr in der Lage, UWOs gegen Oligarchen einzusetzen. »Offen gesagt sind wir besorgt, was das für Auswirkungen auf unser Budget hat, diese reichen Leute haben Zugang zu den besten Anwälten«, sagte sie. »Ich habe ein sehr gutes juristisches Team innerhalb der National Crime Agency, aber ich habe viele Ressourcen aus meinem relativ kleinen Budget für diese Arbeit aufgewendet.« Mit anderen Worten: Großbritannien, ein G7-Land mit einer Wirtschaftsleistung von fast drei Billionen US-Dollar, ist nicht bereit, seine Strafverfolgungsbehörden mit einem Budget auszustatten, das ihnen erlaubt, gegen schmutziges Geld adäquat zu ermitteln. Vergleicht man dies mit dem Vorgehen des FBI gegen Dmytro Firtasch, gegen den fünf Jahre lang ermittelt wurde, bevor das FBI ihn anklagte, und den die Behörde immer weiter bekämpft, obwohl er ein hartnäckiges US-amerikanisches Anwaltsteam hat, das gegen jeden Schritt der Behörde vorgeht, dann wird deutlich, wie schwach die NCA ist.

Dies ist keine Überraschung, wenn man bedenkt, wie wenig Geld die britische Behörde hat. Die Abteilung für internationale Korruption der NCA verfügt über ein Jahresbudget von etwas mehr als 4,3 Millionen Pfund. Ein Richter ordnete die sofortige Zahlung einer halben Million Pfund an, um die Gerichtskosten von Dariga Nasarbajewa und Nurali zu decken, und wahrscheinlich muss die NCA noch eine weitere Million bezahlen, bevor das Verfahren abgeschlossen ist. Ohne die eigenen Kosten wird dieser Fall allein die Abteilung für internationale Korruption mehr als ein Drittel ihres Jahresbudgets kosten. Die UWO ist eine mächtige Waffe, aber wenn den Strafverfolgungsbehörden die nötigen Mittel fehlen, um sie einzusetzen, wird sie im Regal verstauben. Das ist so, als würde man einem Krankenhaus einen leistungsstarken neuen Scanner geben, aber kein Geld, um Techniker einzustellen, oder als würde man der Marine ein paar Flugzeugträger genehmigen, aber kein Geld für Flugzeuge. Aus Sicht der Regierung waren die UWOs ein Triumph, die ihr zahlreiche Artikel über ihre harte Haltung gegenüber Kleptokraten und ihren Kleptobälgern einbrachte. Aus Sicht von Butler Britannien waren sie ebenfalls ein Erfolg: Reiche Klienten und ihre Kinder können weiterhin ihren Reichtum ungestört genießen. Aus Sicht der Strafverfolgungsbehörden waren sie jedoch ein Rohrkrepierer.

Ein Informant aus der Strafverfolgungsbehörde erzählte mir, er war so genervt, dass er versucht war, »zu einer Bank zu wechseln und eine Null hinter mein Gehalt zu setzen«. Erfahrene Polizeiermittler können ihr Gehalt verdoppeln, wenn sie in die Privatwirtschaft wechseln. Und die National Crime Agency, die 2013 als Großbritanniens Antwort auf das Federal Bureau of Investigation gegründet wurde, ist in einem noch schlechteren Zustand. Ihre Beamten arbeiten mit Kollegen von der regulären Polizei zusammen, aber ihr angeblicher Elitestatus wird mit einem Gehalt belohnt, das 14 Prozent unter dem der Kollegen in den örtlichen Polizeibehörden liegt. In einem 2019 veröffentlichten Bericht über ihre personelle Ausstattung enthüllte die NCA, dass jedes Jahr etwa ein Zehntel der Belegschaft die Behörde verlässt, was sich unweigerlich negativ auf die Effizienz auswirkt, und dass die meisten weggehen, weil sie mit der Bezahlung unzufrieden sind.

Noch ausgeprägter ist das Phänomen im Command and Control Centre der Behörde, das für die Koordinierung der Reaktion Großbritanniens auf Schwerverbrechen zuständig ist und im Durchschnitt alle drei Jahre seine gesamte Belegschaft verliert, wobei viele Mitarbeiter von Banken abgeworben werden. Die NCA ist quasi zu einer Ausbildungsstätte für Compliance-Beauftragte für die Privatwirtschaft geworden, die dort auf Anhieb bis zu 30 Prozent mehr Gehalt als bei der vermeintlichen Eliteeinheit zur Verbrechensbekämpfung kriegen. »Die

Leute wandern in Scharen ab; sie werden zu schlecht bezahlt und die Motivation reicht nicht, um zu bleiben«, sagte mir ein Informant.

Nach dem Scheitern des Dariga-Nasarbajewa-Falles erklärte ein Finanzermittler der NCA gegenüber der *Mail on Sunday,* es sei Zeitverschwendung, sich mit Oligarchen anzulegen, wenn diese erstklassige Anwaltskanzleien beschäftigten – ein Eingeständnis, das dafür sorgen wird, dass die Oligarchen genau das auf jeden Fall tun werden, wenn es weitere UWOs wie diese gibt. Allerdings ist es sehr unwahrscheinlich, dass die NCA es erneut mit einem so reichen Gegner aufnehmen wird. Die Behörde wollte ursprünglich innerhalb von zehn Jahren 200 UWOs beantragen und rechnete mit Gesamtkosten von etwa 1,5 Millionen Pfund, gab aber schon mehr Geld allein für diesen einen Fall aus, der mit einer Niederlage endete, durch die die gesamte britische Strategie zur Geldwäschebekämpfung zum Scheitern verurteilt sein könnte. Deprimierenderweise wurde das schon 2017, als das Parlament über die UWOs debattierte, vorausgesehen. Ein Änderungsantrag des Abgeordneten Nigel Mills hätte die Ausgaben der Beklagten gedeckelt, damit sie die NCA nicht ausstechen konnten, indem sie teure Anwälte engagieren, die dann letztlich vom Steuerzahler bezahlt werden müssten. Die Regierung lehnte diesen Vorschlag jedoch mit dem Argument ab, dass die Aussicht, im Falle einer erfolglosen UWO die Kosten des Beklagten übernehmen zu müssen, eine wichtige Kontrollfunktion gegen den Missbrauch der neuen Befugnisse durch den Staat darstellten. Und so ist es auch gekommen. Tatsächlich wird die Aussicht darauf den Staat davon abhalten, die neuen Befugnisse überhaupt zu nutzen.

Und es ist nicht das erste Mal, dass so etwas geschieht. In den frühen 2000er-Jahren schuf die britische Regierung – in dem Bestreben, den Erfolgen in anderen Ländern, insbesondere in Irland und Südafrika, nachzueifern – die Assets Recovery Agency, die als einziges Organ mit der Beschlagnahme unrechtmäßig erworbener Vermögenswerte betraut werden sollte. Anfangs war die Begeisterung groß, wie viel sie erreichen könnte und wie wenig es kosten würde, ähnlich wie bei den UWOs, doch die Erwartungen erfüllten sich nicht einmal ansatzweise. Im Jahr 2008 wurde die Behörde nach nur fünf Jahren, in denen sie ihre völlig unrealistischen Ziele nicht erreichte, abgeschafft, und ihre Befugnisse wurden auf verschiedene andere Behörden verteilt, die auch nicht viel damit anfangen konnten. Einem Bericht der Denkfabrik RUSI (Royal United Services Institute for Defence and Security Studies) zufolge aus dem Jahr 2019 hat der Crown Prosecution Service – eine dieser Behörden – in den elf Jahren, seit die vorherige britische Strafverfolgungsbehörde gescheitert ist, die ihr übertragenen Befugnisse nur ein einziges Mal genutzt.

Besonders verhängnisvoll daran, dass die Wirtschaftskriminalität nach wie vor nicht so ernst genommen wird, wie es notwendig wäre, ist, dass die Behörden selbst dann, wenn sie nichts tun, weiter ins Hintertreffen geraten. Die Aufgabe der Compliance-Beauftragten der Privatwirtschaft besteht darin, Verdachtsmeldungen an die Financial Intelligence Unit der National Crime Agency zu übermitteln. Doch weil die Beamten der NCA abgeworben werden, fehlt es der Behörde an erfahrenen Mitarbeitern, die in der Lage sind, die gemeldeten Straftaten zu untersuchen. Das war vorhersehbar, denn es ist eine logische Folge der Forderungen an private Unternehmen, immer mehr Meldungen zu machen, und der Tatsache, dass die NCA-Beamten so schlecht bezahlt werden. Und das ist kein Geheimnis. In Parlamentsberichten wurde seit mindestens einem Jahrzehnt darauf hingewiesen, und dennoch hat die Regierung so gut wie nichts unternommen, um die Lage zu verbessern.

Kriminell erworbenes Vermögen wird reinvestiert, was Kriminelle immer reicher und zu immer mächtigeren Gegnern macht, während die Unternehmen in der City Strafverfolgungsbeamte für ihre Compliance-Abteilungen abwerben. Das ist, als würde man von der Armee erwarten, dass sie einen Krieg gegen einen immer stärker werdenden Gegner führt, während ihre Soldaten und Soldatinnen ständig abgeworben werden, um als private Sicherheitsdienstleister oder, schlimmer noch, als Söldner für ihre vormaligen Gegner zu arbeiten. Man muss kein Verschwörungstheoretiker sein, um da mehr dahinter zu vermuten, denn dieses System funktioniert nicht einmal ansatzweise.

Im Jahr 2013 berechnete das National Audit Office (der britische Rechnungshof), dass von 100 Pfund aus kriminellen Geschäften höchstens 26 Pence beschlagnahmt werden. Und das ist eher hoch geschätzt, denn dabei ist das illegale Vermögen, das im Ausland gestohlen und entweder nach Großbritannien importiert oder auf dem Weg anderswohin durch das britische Finanzsystem gewaschen wird, noch nicht einmal eingerechnet. »Die relativ niedrigen Bußgelder und die geringe Wahrscheinlichkeit, überhaupt erwischt zu werden, führen dazu, dass Bußgelder für Verstöße gegen Geldwäschevorschriften eher als Kosten der Geschäftstätigkeit angesehen werden, als dass sie abschreckend wirken«, so Global Witness in einem Bericht aus dem Jahr 2018.

Die Regierung hat seit 2015 versprochen, ELMER, das IT-System, das alle eingereichten Verdachtsmeldungen entgegennimmt, durch ein moderneres System zu ersetzen, aber dazu ist es bisher nicht gekommen, vielleicht weil ein solches System schätzungsweise eine halbe Milliarde Pfund kosten würde, abgesehen davon, dass das Geld für geschultes Personal in den Strafverfolgungsbehörden nicht reicht. Da von den Banken erwartet wird, dass sie immer mehr Geld für die Einhaltung der Vorschriften ausgeben, brauchen sie immer mehr Compliance-Beauftragte, und die findet man am besten in den Strafverfolgungsbehörden. »Ich habe theoretisch 40 Mitarbeiter, von denen aber nur 30 im Dienst sind. Es ist mir unmöglich, die richtigen Leute anzuwerben und auch zu halten«, sagte Mark Thompson vom Serious Fraud Office im Jahr 2016. »Es ist sehr schwierig. Wenn wir das in den Griff bekämen, hätte ich die Möglichkeit, nicht nur reaktiv vorzugehen.«

Aufgabe eines Butlers ist es, seinen Klienten zu helfen, mit ihren Missetaten davonzukommen, und nicht, den Opfern zu ihrem Recht zu verhelfen. Dies führt jedoch zu einem Problem: Was passiert, wenn ein Klient von Butler Britannien betrogen wird und der Täter sich die Weigerung des Landes, Finanzkriminalität angemessen zu untersuchen oder zu verfolgen, zunutze macht, um ungestraft davonzukommen? Mit anderen Worten, was ist, wenn ein Klient Großbritanniens die Dienste des Landes gegen einen anderen Klienten einsetzt?

Zum Glück hat Butler Britannien eine Lösung für dieses Problem. Natürlich hat er das.

KAPITEL 9
»GERECHTIGKEIT«

KASACHSTANS ERSTES JAHRZEHNT der Unabhängigkeit war hart. Es war vorher kein eigener Staat gewesen – seine Grenzen waren in den 1930er-Jahren von sowjetischen Raumplanern festgelegt worden –, und nun musste es aus dem Nichts zugleich eine politische Kultur und eine kapitalistische Wirtschaft aus dem Boden stampfen. Zum Glück kriegten es die Kasachen ohne offenen Bürgerkrieg oder extreme Diktatur hin, von denen einige ihrer Nachbarländer gezeichnet waren, doch das bedeutete nicht, dass das Leben einfach war. Die durchschnittliche Lebenserwartung ging zurück, Hunderttausende verließen das Land, Millionen verarmten, und der Reichtum des Landes war fest in der Hand einer kleinen Elite mit engen Beziehungen zur machthabenden Familie. In den frühen 2000er-Jahren kam die Wirtschaft jedoch in Gang und davon profitierte auch die Bevölkerung. Da die Ölpreise hoch und Geld billig waren, gaben die Banken bereitwillig Kredite. Das führte zu einem Bauboom und einem Anstieg des Konsums, was wiederum zum Wachstum aller damit verbundenen Wirtschaftssektoren führte. Da erkannte Argyn Khassenov seine Chance. Die Eigentümer der Shoppingmalls und die Bauherren der tollen neuen Gebäude wollten sich vor unvorhersehbaren Risiken schützen und benötigten Versicherungsschutz.

»Meine Aufgabe bestand darin, Kunden für Versicherungsgesellschaften zu akquirieren. Dafür habe ich Provision erhalten und so meinen Lebensunterhalt bestritten«, erklärte er mir in einem Telefonat nach Kasachstan (wir telefonierten, weil meine Reise nach Kasachstan, um ihn persönlich zu treffen, wegen des COVID-Lockdowns ausgefallen war). »Es war die Zeit des Wirtschaftsaufschwungs und es gab einen riesigen Bauboom. Alle verdienten gutes Geld.«

Dieser Umstand brachte Khassenov jedoch in ähnliche Bedrängnis wie die Menschen damals in den 1960er-Jahren, die sehr viel Geld in den ehemaligen Kolonien verdient hatten: Was sollte er damit tun? Natürlich könnte er es bei einer Bank deponieren, die es wiederum an andere Menschen verleihen würde, die es in neue Geschäfte steckten. Rein theoretisch eine schöne Idee, doch er traute den kasachischen Banken nicht und das mit gutem Grund: Im Jahr 2006 wurde eine zu schnell gewachsene Bank insolvent. Ihr Konkurs löste eine schwere Finanzkrise aus, die die Regierung zwang, den Großteil des Finanzsystems zu übernehmen. Nach ehemaligen Sowjetstandards war die kasachische Regierung gar nicht so übel, doch sie wurde nach wie vor von der langfingrigen Nasarbajew-Familie dominiert, und umsichtige Menschen zögerten, ihnen ihr Geld anzuvertrauen, das 50 Jahre zuvor noch Funk Money genannt worden wäre.

Es handelt sich um ein Szenario, das im Laufe der vergangenen Jahrzehnte unzählige Male durchgespielt wurde: Jemand wird reich, ist in Sorge, man könnte ihm sein Vermögen wegnehmen, und sucht nach einem sicheren Ort zur Verwahrung. Dadurch landet er beim Offshore-Finanzsystem, das zugleich überall und nirgends existiert und auf das selbst bestens ausgestattete Regierungen kaum Zugriff haben. Wenn es Khassenov gelänge, sein Vermögen in Übersee in Sicherheit zu bringen, müsste er sich keine Sorgen mehr darum machen. Also suchte er jemanden, der ihm dabei helfen könnte, und fand Andrey Kulich, einen in England lebenden Russen, der ihm von Geschäftspartnern wärmstens empfohlen wurde.

»Ich entschied, den Zahlungsverkehr ins Ausland zu verlagern, und gründete dafür eine eigene Firma«, erzählte Khassenov. »Andrey Kulich versprach mir, eine Firma in Hongkong einzurichten, alles dort zu registrieren und die nötigen Genehmigungen zusammenzustellen.«

Kulichs Vorschläge waren ziemlich kompliziert und beinhalteten unter anderem die Einrichtung eines Netzwerks aus miteinander verwobenen Unternehmen in Hongkong und Großbritannien, die wiederum

Eigentum einer Firma auf den Britischen Jungferninseln wären. Über diese Unternehmen hätte Khassenov ein Bankkonto bei der Hongkonger Filiale der Standard Chartered, einer Großbank mit Sitz in London. Er würde nach wie vor in Kasachstan Kunden für multinationale Versicherungsunternehmen akquirieren, doch gemäß Kulichs Plan würden sie ihn in Hongkong bezahlen, damit er sich nicht länger mit den kasachischen Banken herumschlagen müsste. Der Plan klang durchdacht, und im September 2007 zahlte Khassenov Kulich eine Anzahlung von rund 20 000 Pfund, um alles in die Wege zu leiten, und buchte einen Flug nach Hongkong, wo er die Banker treffen, die Unterlagen unterschreiben und das neue Unternehmen auf den Weg bringen würde.

In Hongkong traf sich Khassenov mit Kulichs Sohn Aleksandr, der zu der Zeit an einer chinesischen Universität studierte und eingewilligt hatte, den Kunden seines Vaters herumzuführen. Kulich hatte offenbar andere Verpflichtungen. Sie besuchten das Gebäude der Bank of China, ein berühmtes Hongkonger Wahrzeichen, und nahmen den Aufzug in den 25. Stock. »Alles war voll mit Menschen und Tischen und wirkte sehr geschäftig. Ich hegte keinerlei Verdacht – alles sah genauso aus, wie man es erwarten würde. Wir wurden in einen abgetrennten Raum geführt und dort von einem Repräsentanten der Standard Chartered begrüßt«, erklärte Khassenov. »Alles schien bestens zu laufen. Leute gingen ein und aus und händigten uns ihre Geschäftskarten aus. Sie führten uns herum, erklärten alles und legten Dokumente zur Unterschrift vor. Eben das ganz normale Prozedere, wenn man ein Konto eröffnet.«

Anschließend kehrte Khassenov nach Hause zurück, wo er darauf wartete, dass sein Bankkonto aktiviert wurde. Es dauerte ein paar Monate, doch schließlich erhielt er die Unterlagen zusammen mit einigen Instruktionen, wie er zum Onlinebanking-Portal gelangte. Dafür bekam er einen Zufallsgenerator, durch den sichergestellt wurde, dass niemand außer dem Kontoinhaber über das Geld verfügen konnte. Nun konnte er online gehen, seine Daten eingeben, die auf dem Gerät angezeigte Nummer eintippen und seine verfügbaren Geldmittel einsehen. Er testete das Konto, indem er 60 000 Dollar auf das Konto einer anderen Firma überwies, dessen Teilhaber er war, und gab seine Kontodaten beruhigt an seine Kunden weiter. Sie sollten ihre Zahlungen in Zukunft auf das Hongkonger Konto überweisen. »Alles schien zu funktionieren. Alles lief gut«, sagte Khassenov.

Nun konnte er sich zufrieden zurücklehnen. Sein Vermögen war nicht länger von Gaunern oder der Instabilität Kasachstans gefährdet, sondern lag sicher bei einer Großbank verwahrt, an einem internationalen Finanzstandort in einer zuverlässigen Hartwährung. Im Januar 2009 waren bereits über eine Million Dollar von Khassenovs Geld auf das Konto bei der Standard Chartered geflossen und er sah jedes Mal, wenn er sich auf der Website einloggte, den beruhigenden siebenstelligen Betrag. Es war großartig.

Allein durch die Tatsache, dass ich diese Geschichte erzähle, ist wohl inzwischen jedem klar, dass in Wahrheit nicht alles großartig lief. Das ist noch untertrieben. Khassenov war unwissentlich einem auf spektakuläre Weise komplizierten Betrug zum Opfer gefallen. Wäre Kulich ein ganz gewöhnlicher Hochstapler gewesen, dann hätte er Khassenovs Anzahlung über 20 000 Pfund eingesteckt, hätte aufgehört, seine Mails zu beantworten, und wäre mit dem Bargeld verschwunden. Aber er war mehr als das. Er war ein außergewöhnlicher Hochstapler, der einen außergewöhnlichen Schwindel erdacht hatte. Tatsächlich war der Betrug, dem Khassenov zum Opfer fiel, so bemerkenswert, dass ich immer noch Mühe habe, zu glauben, dass er wirklich geschah.

»Ich weiß nicht, wie viele Einzelheiten Argyn Ihnen erzählt hat, aber da wäre jeder drauf hereingefallen«, sagte Ian Horrocks, ein inzwischen pensionierter Police Detective der Metropolitan Police, der uns später noch begegnen wird. »Ich wäre es auch, und ich bin wirklich einer der misstrauischsten Menschen überhaupt. Das war der raffinierteste Onlinebetrugsfall, den ich oder irgendjemand sonst, mit dem ich gesprochen habe, je erlebt hat.«

Als Khassenov Anfang 2009 einen Teil des Geldes verwenden wollte, dämmerte ihm, dass er ein Problem hatte. Aus irgendeinem Grund konnte er kein Geld von dem Konto bewegen, egal, wie er es anging. Er bat Kulich um eine Erklärung, und Kulich antwortete, dass die Compliance-Abteilung der Standard Chartered den Verdacht hegte, er könnte in

Geldwäsche involviert sein, und daher sein Konto eingefroren hätte. Um die Angelegenheit zu klären, musste Khassenov den Ursprung seines Vermögens offenlegen. Also schrieben Khassenovs Kunden Briefe, in denen sie erklärten, wo das Geld herkam, und damit sollte das Problem gelöst sein. Doch das war es nicht. Im Gegenteil, er erhielt eine neuerliche Mitteilung, in der es hieß, dass er wahrscheinlich angezeigt werden würde, weil er mutmaßlich Geldwäsche unterstützt und terroristische Aktivitäten finanziert hätte. Das FBI, so hieß es, würde seine Auslieferung fordern. Khassenov verstand überhaupt nichts mehr. Er war Versicherungsmakler und arbeitete mit integren, internationalen Unternehmen zusammen. Er hatte nichts getan. Ganz offensichtlich musste es sich um ein Missverständnis handeln und er war fest entschlossen, dorthin zu reisen und dem netten Kundenbetreuer, den er im 25. Stock eines Hongkonger Wolkenkratzers getroffen hatte, alles zu erklären.

»Ich sagte zu Andrey Kulich: ›Lassen Sie uns nach Hongkong fliegen, Sie und ich. Dann schaffen wir die Sache umgehend aus der Welt. Ich habe nichts zu befürchten‹«, erzählte mir Khassenov. »Aber er sagte, ich solle nicht gehen: ›Wenn Sie dorthin fliegen, werden die Sie festnehmen und ins Gefängnis stecken – Sie werden im Knast sitzen.‹«

Dennoch flog Khassenov entgegen Kulichs Warnung im August 2009 nach Hongkong. Zu seiner Überraschung musste er vor Ort jedoch feststellen, dass es im Wolkenkratzer der Bank of China gar keine Filiale der Standard Chartered gab. Aber er trieb einen Dolmetscher auf und ging zu einer anderen ihrer Filialen. Dort legte er seinen Pass vor, erklärte, wer er war, gab den Namen seines Unternehmens an, legte dem Mann die Papiere vor und erklärte, dass er verstehen wolle, was man ihm vorwerfe. Der Bankangestellte nahm seine Dokumente entgegen, sah in seinem Computer nach und ließ dann die Bombe platzen: »Er sah im System nach und sagte: ›Ja, dieses Unternehmen ist hier registriert, aber zu Ihnen gibt es keinerlei Verbindungen.‹ Da fing ich an, mir ernsthaft Sorgen zu machen.«

In den nächsten Tagen und Wochen dröselte Khassenov mithilfe einer Anwältin vor Ort auseinander, was ihm widerfahren war, und jede Entdeckung war schlimmer als die vorige. Im Gebäude der Bank of China gab es keine Filiale der Standard Chartered und es hatte auch noch nie eine gegeben. Die geschäftlichen Räumlichkeiten im 25. Stock waren nur Fassade gewesen. Eine Kulisse, entworfen, um Menschen hereinzulegen und mit ihrem Geld durchzubrennen. Auch der Kundenbetreuer mit dem gewinnenden Auftreten und der authentisch wirkenden Geschäftskarte war nicht echt gewesen, ebenso wenig wie der Wirtschaftsprüfer, der ihm bei der Unternehmensgründung geholfen hatte. Das Webportal – www.standardchartered-online.org – war ebenfalls eine Fälschung. Der Zufallsgenerator, den er benutzt hatte, um sich in sein Konto einzuloggen, war Betrug. Die Dokumente für das Unternehmen, von dem er gedacht hatte, es gehöre ihm, waren gefälscht. Die verschiedenen Papieren, nach denen diese Unternehmen von der britischen Finanzmarktaufsichtsbehörde zugelassen worden waren, dass sie ein »gutes Standing« genossen und dass alles mit der Hongkonger Steuerbehörde abgeklärt war – gefälscht. Die Behauptungen, dass er der Geldwäsche verdächtigt wurde, waren gelogen und sollten ihm Angst einjagen, damit er sich von den Behörden fernhielt. Alles an der Geschichte war falsch, von Anfang bis Ende. Das Einzige, was tatsächlich existierte, war das Bankkonto, auf das seine Kunden einzahlten und über das er keinerlei Verfügungsgewalt hatte.

Als Khassenovs Anwältin mir diesen Betrug beschrieb, musste ich unwillkürlich an den Film *Nur über eine Leiche* von 1968 denken, in dem Richard Attenborough und eine Gruppe Betrüger eine falsche Bankfiliale einrichten, um ihrem Opfer einen großen Scheck zu entlocken. Doch als sie näher ins Detail ging, ging mir auf, dass der Coup im Film nicht einmal annähernd anspruchsvoll genug war. Das hier war mehr wie *Der Clou*, in dem die von Paul Newman und Robert Redford gespielten Charaktere ein ganzes Wettbüro fälschen und eine aufwendige Strafverfolgungsscharade inszenieren, um einen Chicagoer Gangster zu täuschen. In Khassenovs Fall handelte es sich um einen Clou, der einfach nur ein Update für die Ära des Internets bekommen hatte.

Das Schlimmste an der ganzen Sache: Das Geld war spurlos verschwunden. Das vertrauenerweckende Banking-Portal, das ihm angezeigt hatte, dass er nach wie vor mehr als eine Million Dollar besaß, log.

In Wahrheit lagen auf seinem Konto derzeit 63,78 Dollar. All sein Geld war gestohlen worden. Es war zunächst auf Konten überwiesen worden, die von einer Briefkastenfirma namens Billion Bright Trading kontrolliert wurden, und von dort verschwunden.

Daraufhin stellte Khassenov Kulich zur Rede. Der bot ihm umgehend Hilfe gegen neuerliche Zahlungen an und verschwand dann ganz von der Bildfläche. »Er rief nicht mehr an und tauchte auch nicht mehr auf. Auf meine Nachrichten antwortete er stets, dass er krank sei und geschäftlich nach Amerika gereist wäre.« Nun war Khassenov auf sich gestellt, doch er war wütend und wild entschlossen, sein Geld zurückzubekommen.

Zunächst konzentrierte er sich auf Hongkong und schilderte seine Notlage der dortigen Polizei. Nachdem die Beamten zwei Jahre lang ermittelt hatten, erklärten ihm die Staatsanwälte, dass sie nichts tun könnten, da sich der Verdächtige außerhalb ihres rechtlichen Geltungsbereiches befand. Khassenov reiste daraufhin nach China, um Kulichs Sohn zu suchen, erhielt von der chinesischen Polizei jedoch auch keine erfreulichere Antwort als von der Hongkonger. »Sie haben gesagt: ›Sie sind ein kasachischer Bürger, er lebt irgendwo in England und wir wissen nichts über irgendwelche Straftaten in Hongkong.‹ Ja, sie haben mich sehr freundlich hinausgeworfen.«

Also trat Khassenov im Jahr 2012 mit seinem Anliegen an das Vereinigte Königreich heran, wo er den Butler zwang, sich mit dem schwierigen Dilemma auseinanderzusetzen, das ich am Ende des vorigen Kapitels beschrieben habe. Kulich lebte in den Midlands und nutzte demzufolge die Dienste des Butlers: Er verbarg seine Betrugsfälle hinter dem unterregulierten Finanzsystem und wusste, dass er von ihrer schlecht ausgestatteten Strafverfolgung nichts zu befürchten hatte. Doch bei Khassenov handelte es sich um einen vermögenden möglichen Kunden, der denselben Butler in seinen Dienst stellen wollte. Wie würde sich Butler Britannien zwischen den miteinander im Widerspruch stehenden Interessen zweier verfeindeter Kunden entscheiden? Ein schweres Dilemma, doch wie wir sehen werden, gibt es eine elegante Lösung.

Khassenovs erster Impuls war, Kulich wegen des entstandenen Schadens zu verklagen. Darum nahm er sich einen Anwalt. Doch der Anwalt sagte ihm, der Betrug klänge eher nach einer Strafsache, und riet ihm, einen Privatdetektiv zu beauftragen, um mehr Erkenntnisse zu erhalten, was tatsächlich geschehen war. Das führte ihn zu Horrocks, dem ehemaligen Polizisten, der inzwischen für die Privatdetektei BGP arbeitete. Horrocks klingt genau, wie ein Londoner Detektiv klingen sollte: entschlossen, rau, mit einem breiten Cockney-Akzent, angemessen zynisch und immer wieder entsetzt davon, was Verbrecher sich so ausdenken.

»Es war zweifellos das umfangreichste – wenn das das richtige Wort ist – und komplexeste Cyberverbrechen, mit dem ich je zu tun hatte«, sagte Horrocks mir gegenüber. »Keine Ahnung, ob das als Film funktioniert, aber man könnte eine Miniserie darüber drehen, die *McMafia* wie eine Amateurserie aussehen lassen würde.«

Horrocks versuchte die britischen Strafverfolgungsbehörden für das Verbrechen zu interessieren. Zunächst wandte er sich an die National Crime Agency, in deren Zuständigkeitsbereich es am besten zu passen scheint. Doch ihre Agenten weigerten sich zu ermitteln – laut Horrocks fehlten ihnen angeblich die Mittel. Dann rief er bei Action Fraud, der zentralen Hotline für Betrugsfälle, an, die Berichte zu Wirtschaftsverbrechen für die Polizei aufnimmt und an die jeweiligen Behörden verteilt. Action Fraud leitete ihn an die West Midlands Police weiter, wo Kulich lebte, doch auch die dortigen Polizisten wollten den Fall nicht haben (»zu groß für sie«). Danach versuchte er es bei der City of London Police, die das Finanzsystem des gesamten Landes überwacht, doch sie zeigten nicht mehr Interesse als ihre Kollegen in Birmingham (»außerhalb ihres Zuständigkeitsbereiches«). Es hatte allen Anschein, als wäre Großbritannien nicht geneigter, Hilfe zu leisten, als es bei Hongkong oder China der Fall gewesen war. »Das wanderte einfach bei allen in das ›zu schwierig‹-Fach«, kommentierte Horrocks. Diese Nachricht Khassenov überbringen zu müssen, war überhaupt nicht lustig.

»Ich habe mich ziemlich geärgert«, erzählte mir Khassenov. »Ich dachte, verflucht, es kann doch nicht so schwierig sein, Gerechtigkeit zu bekommen?«

Es blieb jedoch noch eine Möglichkeit – eine, die der Butler Britannien nur seinen wohlhabendsten Kunden vorbehält. Wenn die Polizei nicht ermittelt und der Crown Prosecution Service nicht strafrechtlich verfolgt, können die Klienten es selbst tun. Und genau das tat Khassenov. Er zahlte weiterhin Horrocks' Dienste als Ermittler, heuerte einen besonderen Anwalt an und machte von seinem Recht Gebrauch, eine Privatklage vorzubringen – ein immer häufiger angewandter, aber nach wie vor überraschend unbekannter Vorgang, der letzten Endes eine besondere Form der Gerechtigkeit für sehr reiche Menschen darstellt.

Bevor ich den Fall vorstelle, möchte ich kurz innehalten und erklären, wo die Privatklage herkommt, denn es handelt sich um ein eigenartiges und ziemlich widersprüchliches Phänomen. Ich sollte zudem darauf hinweisen, dass es diese rechtliche Besonderheit lediglich in England und Wales gibt, Schottland hingegen verfügt über ein viel vernünftigeres System.

Zunächst muss festgehalten werden, dass Khassenov Kulich nicht auf Schadensersatz verklagte. Streitigkeiten zwischen zwei Personen, bei denen eine Partei die andere verklagt, werden oft in Zivilverfahren beigelegt. Doch diese Prozesse sind für vergleichsweise kleine Fälle wie Vertragsbruch oder Verleumdung vorgesehen. Wenn die Straftat schwer genug ist, um als Verbrechen gegen die Gesellschaft gewertet zu werden, wird sie beim Strafgericht vorgebracht, das schwere Strafen verhängen kann, aber einen viel höheren Standard der Beweisführung verlangt als Zivilprozesse. In diesen Fällen ermittelt normalerweise die Polizei, während der Crown Prosecution Service die zuständige Strafverfolgungsbehörde ist. Wenn diese Behörden sich weigern, ist das sehr frustrierend, doch in den Tiefen der althergebrachten Praktiken des Common Law ist noch ein alternatives System verankert.

Zu den Grundprinzipien des Common Law zählt, dass alle Straftaten Verbrechen gegen die Krone sind, da, wie ein Kommentator es vor der Zeit der Queen ausgedrückt hat, »alle Vergehen entweder gegen den königlichen Frieden oder aber gegen die Krone und ihre Würde [gerichtet sind]«. Ein weiteres Grundprinzip des Common Law besagt, dass jeder Bürger eine Straftat strafrechtlich verfolgen kann und dabei im

Namen der Krone handelt. Tatsächlich gab es über viele Jahrhunderte überhaupt keine staatliche Strafverfolgung. Wer einem Verbrechen zum Opfer gefallen war und dafür Gerechtigkeit wollte, musste die Strafverfolgung selbst durchführen.

Es war also gänzlich Aufgabe des Opfers, Zeugen zu finden, sie mit zum Gericht zu bringen und zu versorgen. Das Opfer musste den Polizisten, die Anwälte und die Gerichtsgebühren für den Richter bezahlen. Das war teuer und die hohen Kosten hielten normale Bürger natürlich davon ab, Straftaten zu verfolgen. Hin und wieder bastelte der Staat ein wenig am System herum, um mehr Opfer zu ermuntern, eine Strafverfolgung anzustreben, doch das machte die Dinge umso schlimmer. Wenn Zahlungen an Zeugen geleistet worden waren, wurde ihre Aussage infrage gestellt. Erhielten Ermittler ein Entgelt, dann zweifelten die Gerichte ihre Motive an. »Im 18. Jahrhundert wurde in England ein System mit einem professionellen Polizeiapparat und Strafverfolgungsbehörden, das vom Staat bezahlt und beauftragt wurde, als potenziell tyrannisch und, noch schlimmer, als französisch angesehen«, heißt es in einem wissenschaftlichen Text.

Angesichts des untätigen Staats kamen einige faszinierende Formen der Verbrechensbekämpfung auf den Markt, darunter Strafverfolgungsvereine, deren Mitglieder geschworen hatten, jede Straftat zu verfolgen, die gegen eines von ihnen verübt worden war, doch selbst das griff nur bei ganz bestimmten Verbrechen (die mit der Verletzung von Eigentumsrechten zusammenhingen) und für ganz bestimmte Menschen (reiche). Aus der Sicht eines Kriminellen kam man im Grunde immer davon, solange man seine Verbrechen nicht gegen sehr vermögende Menschen richtete. Das damalige Strafrechtssystem war ein stumpfes und wirkungsloses Werkzeug.

Irgendwann im 19. Jahrhundert gelangten britische Politiker schließlich zu der Einsicht, dass es möglicherweise besser war, dem Beispiel der Franzosen zu folgen, als die hohe Mord- und Diebstahlrate weiter zu tolerieren. Wenn sie Verbrechen bekämpfen wollten, dann war es besser, Menschen für gute Arbeit zu bezahlen, als sich auf Amateure zu verlassen, die einen schlechten Job machten. Im Jahr 1829 erhielt London seine Berufspolizei, und von da an breitete sich die professionelle Strafverfolgung im gesamten Land aus. Ein halbes Jahrhundert später folgte der Generalstaatsanwalt. Im Zuge der Professionalisierung von Verbrechensermittlung und Strafverfolgung verloren sich die traditionellen Formen. Wer Gerechtigkeit anstrebte, machte eine Aussage bei der Polizei und verließ sich dann darauf, dass der Staat den Rest für ihn erledigte. Die Strafverfolgung war in die öffentliche Hand gewandert.

Doch wir haben es hier mit England zu tun, wo die Politiker gern neue Schichten über die Verfassung legen, statt die alten auszumisten. Als sie das neue System ins Leben riefen, schafften sie das alte nicht ab. Aus diesem Grund waren Privatklagen weiterhin möglich und wurden in geringer Zahl weiterverfolgt. Bei den Klägern handelte es sich oft um Wohltätigkeitsorganisationen wie die Royal Society for the Protection of Animals oder die National Society for the Prevention of Cruelty to Children. Niemand verschwendete einen Gedanken daran, und wenn sie es taten, dann oft in Huldigung alter Freiheiten, als Erinnerung daran, dass die Engländer frei geboren sind (ganz im Gegensatz zu, sagen wir, den Franzosen). Die Vorstellung, dass es tyrannisch ist, den Behörden das Monopol auf die Strafverfolgung zuzugestehen, ist tief verwurzelt, und die private Verbrechensbekämpfung wurde als »hilfreiche verfassungsrechtliche Schutzvorrichtung gegen launenhaftes, korruptes oder voreingenommenes Versagen oder Weigerung dieser Behörden, Täter zu verfolgen, die gegen das Strafrecht verstoßen«, angesehen, wie ein Richter es ausdrückte. Die private Strafverfolgung galt im Grunde als harmloser Anachronismus, ähnlich wie die königliche Familie oder Channel 5.

Dann kam jedoch in den Jahren 2007 und 2008 die Finanzkrise und die Regierung beschloss, der Staat müsse sparen und seine öffentlichen Ausgaben kürzen. Ein Bereich, in dem die Minister drastische Einschnitte vornahmen, war die Strafverfolgung. Das war politisch einfach zu handhaben: Die Regierung würde an Juristen sparen, die dem Klischee nach ohnehin gut bezahlt werden. Warum sollten diese fetten Kater Geld vom Staat erhalten, während der Rest von uns den Gürtel enger schnallen muss?

Dem Strafjustizsystem die Gelder zu kürzen, hatte jedoch unmittelbare und weitreichende Folgen. Die Polizeikräfte verloren das Interesse an Fällen im Bereich der Wirtschaftskriminalität, da diese meist komplex und ressourcenintensiv sind und nicht mit der Dringlichkeit behandelt werden wie die Art von Verbrechen, die in den Medien die Runde machen. In den Jahren nach 2010 führte der Crown Prosecution Service zunehmend mangelnde Ressourcen als Grund für Ermittlungsversagen an, insbesondere in Bezug auf Betrugsfälle. Die wenigen vorhandenen Ressourcen wanderten tendenziell in die Ermittlung und strafrechtliche Verfolgung von Verbrechen, die am meisten Aufmerksamkeit in der Öffentlichkeit erhielten – meist Gewaltverbrechen. Ausgerechnet als durch die Verbreitung von Onlinebanking und Onlinezahlungen Betrug leichter wurde als jemals zuvor, entzog sich der Staat seiner Verantwortung, solche Fälle zu verfolgen. Einer wissenschaftlichen Studie zufolge werden 98,5 Prozent der Betrugsfälle nicht bei der Polizei gemeldet, und von den wenigen Anzeigen haben lediglich 0,4 Prozent strafrechtliche Folgen.

Mehr Beschwerden sind über Action Fraud, die zentrale Hotline für Betrugsfälle, eingegangen, doch sie funktioniert inzwischen – genau wie die SARS-Datenbank – mehr als Archiv, nicht als Anlaufstelle für Ermittlungen. Ihre Direktoren haben sogar zugegeben, dass sie – genau wie bei SARS – nicht alle eingereichten Berichte lesen. Laut Horrocks, der nach wie vor gute Kontakte zur Polizei hat und der über die Fälle seiner Kunden mitkriegt, worauf sie vorbereitet sind, ermitteln die Behörden lediglich in Fällen, die ihnen eine gute Presse bringen. »Wenn da irgendein Promi drinsteckt, Simon Cowell oder gar der Name Ecclestone fällt, dann ist die Polizei sofort mit Feuereifer dabei«, sagte er. »Aber wenn die alte Mrs. Smith bei einem Telefonschwindel betrogen wird und ihr ganzes Geld verliert, vielleicht nur ein paar Tausend Pfund, was aber ihr Leben zerstört, das kümmert keinen.«

Für viele, die die Dienste des Butlers Britannien in Anspruch nehmen, sind das sicherlich großartige Nachrichten. Wären die englischen Strafverfolgungsbehörden angemessen ausgestattet gewesen, dann hätte Dmytro Firtasch wohl nicht so angenehme Jahre als Philanthrop in

Knightsbridge verbracht, und diverse Anwälte und Buchhalter wären weniger geneigt, Geld für die Kriminellen dieser Welt zu waschen. Für Großbritanniens normale Bürger sind es jedoch denkbar schlechte Nachrichten, wenn sie Betrügern zum Opfer fallen und sie ihr Recht praktisch nirgends einklagen können.

All das erklärt die erstaunliche Wiedergeburt der Privatklagen.

Angesichts des Rückgangs der von öffentlicher Hand finanzierten Ermittlungen und Strafverfolgungen sind wohlhabende Einzelpersonen dazu übergegangen, ihre eigenen Prozesse zu finanzieren, genau wie damals im 18. Jahrhundert. In vielen Fällen bedeutet das, dass sie sich an Edmonds Marshall McMahon (EMM) wenden, eine auf Privatklagen spezialisierte Anwaltskanzlei, die 2012 als direkte Antwort auf die Einsparungen gegründet wurde. Ihre drei Gründer sind erfahrene Anwältinnen und ein Anwalt, die vorher für das Department of Health, den Crown Prosecution Service und das Serious Fraud Office gearbeitet haben. »Ich habe jahrelang als Staatsanwältin gearbeitet und weiß noch genau, wie es am Anfang war. Wir hatten ausreichend Mittel zur Verfügung, um gute Arbeit zu leisten«, erzählte mir Tamlyn Edmonds, eine der Gründerinnen. »Ich hatte genug Zeit, um auch in umfangreichen Fällen zu ermitteln. Aber das hörte plötzlich auf. Uns Staatsanwälten wurde immer mehr Arbeit aufgeladen, wodurch alle irgendwann völlig zermürbt waren. Es hat überhaupt nicht funktioniert.«

Wenn die staatlichen Organe sich weigern, in einem Finanzverbrechen zu ermitteln und es strafrechtlich zu verfolgen, übernimmt EMM. Nachdem Horrocks also daran gescheitert war, irgendeine der staatlichen Behörden für Argyn Khassenovs Notlage zu gewinnen, wandte er sich an EMM.

»Ich würde auf die Begründung der Polizei, warum sie nicht ermittelt, nicht zu viel geben«, sagte Edmonds, deren Diskussionsbereitschaft und Offenheit zum Thema Wirtschaftskriminalität erfrischend waren nach all den Monaten der meist gescheiterten Versuche, den geplagten Angestellten des Justizsystems Informationen zu entlocken. »Meiner Erfahrung nach versuchen sie Betrugsfälle immer vom Tisch zu bekommen. Und wenn ein Fall eher in die Schublade ›zu schwierig‹

fällt, kommen sie mit allen möglichen Begründungen daher, um ihn nicht annehmen zu müssen.«

Die Tatsache, dass die Ermittlungen in Khassenovs Fall die Zusammenarbeit mit den Behörden in Hongkong erforderten und es nötig machte, Zeugen in Kasachstan und Russland aufzustöbern, waren für die Polizei gute Gründe, ihn abzulehnen. Für Edmonds hingegen waren es gute Gründe, um Horrocks in ein Flugzeug zu setzen. Horrocks besuchte das falsche Büro in Hongkong und nutzte die örtlichen Gerichte, um Kontodetails von der Standard Chartered herauszubekommen. Es gelang ihm, den E-Mail-Verkehr zwischen Khassenov und Kulich mit konkreten Überweisungen auf den Kontoauszügen zu vergleichen und so ein Bild davon zu bekommen, was wirklich mit den verlorenen Millionen geschehen war.

Natürlich verfügte Horrocks nicht über die Möglichkeiten eines Polizisten. Da er keinen Durchsuchungsbeschluss hatte, konnte er nicht Kulichs Computer durchsuchen oder ihn als Verdächtigen befragen. Dennoch machten seine Ermittlungen erstaunliche Fortschritte. Als Kulich bestritt, Khassenov je getroffen zu haben, machte Horrocks den Verkäufer eines T-Shirts ausfindig, das Kulich Khassenov als Geschenk übergeben hatte, und durchkämmte Kulichs Kontoauszüge, bis er die betreffende Abrechnung fand.

Der Fall kam vor Gericht, und im Dezember 2017 verkündeten die Geschworenen ihr einstimmiges Urteil: Kulich wurde schuldig gesprochen. Die Richterin verurteilte ihn zu fünf Jahren Haft, verbunden mit der Einziehung von Vermögenswerten. »Es handelt sich um einen raffinierten, sorgsam geplanten und ausgeführten Betrugsfall ... Der Straftat kommt die größtmögliche Schwere der Schuld zu«, sagte Richterin Francis Laird. Khassenov war hellauf begeistert. Ihm war Gerechtigkeit widerfahren und der Butler hatte schließlich doch seinen wahren Kunden erkannt.

Es war eine Meisterleistung an Ermittlungsarbeit vonseiten Horrocks' gewesen, eine ausgezeichnete Aufbereitung des Falles vonseiten Edmonds', und Khassenov hatte unglaubliche Beharrlichkeit an den Tag gelegt. Ich bin ihnen allen dankbar, dass sie sich die Zeit genommen haben, mir alles zu erzählen, entschied mich am Ende aber, auch Kulich zu schreiben, für den Fall, dass es Aspekte gab, die ich nicht berücksichtigt oder von denen ich nicht erfahren hatte. Also suchte ich heraus, in welchem Gefängnis er seine Strafe absaß, und schrieb ihm einen Brief mit elf Fragen, die die gesamte Geschichte abdeckten, von seinem ersten Kontakt mit Khassenov über die Beschaffenheit der falschen Website, seine Meinung zu dem Gerichtsprozess, im Verlauf dessen er am Ende verurteilt worden war, und ob es noch andere Betrugsopfer gab als Khassenov. Ich tat es mehr aus dem Wunsch nach Vollständigkeit als in Erwartung einer Antwort. Ich hatte mit keiner gerechnet.

Doch ich wurde eines Besseren belehrt. In der darauffolgenden Woche übergab mir der Postbote einen dicken DIN-A4-Umschlag, der verschiedene Dokumente und 20 handschriftliche, beidseitig dicht beschriebende Seiten enthielt. Meine Fragen waren konkret ins Detail gegangen, da ich die Richtigkeit von Khassenovs Vorwürfen hatte überprüfen wollen. Aber Kulich hatte keinerlei Interesse an meinen Fragen. Stattdessen wollte er den gesamten Fall aus seiner Sicht erzählen.

Viele seiner Behauptungen waren völlig aus der Luft gegriffen. Er behauptete, mit Russlands Dienst für Außenaufklärung zusammengearbeitet und lediglich mit Khassenov in Kontakt gekommen zu sein, weil einer der kasachischen Kollegen Geldwäsche betrieb. Wir können mit ziemlicher Sicherheit sagen, dass diese Behauptungen widerlegt sind, da er sie bei seinem Versuch, Berufung einzulegen angebracht hatte – zusammen mit weiteren Anschuldigungen, dass die Anwälte auf beiden Seiten korrupt seien, die Zeugen logen und die Beweise gefälscht waren. Die Richterin hatte sich so unbeeindruckt von seinen Argumenten gezeigt, dass sie ihn zusätzlich zu seiner Gefängnisstrafe zu weiteren acht Wochen Haft verdonnerte, da er einen »vollkommen haltlosen« Berufungsantrag gestellt habe.

Andere Behauptungen sind von der Art, die man von einem ertappten Dieb erwartet, der dachte, er wäre mit seiner Beute davongekommen. Er ließ sich lang und breit darüber aus, dass Khassenov der wahre Betrüger sei, da er entgegen der kasachischen Bestimmungen Zahlungen im Ausland entgegengenommen hatte. »Khassenov ist ein Idiot. Er gibt viel Geld aus für etwas, was wirtschaftlich überhaupt keinen Sinn macht, nur um Geld zu sparen«, schrieb er.

Kulich schrieb außerdem ausführlich darüber, dass er all sein Geld verloren hätte und seine Kinder ihn vermissten. Das ist natürlich sehr traurig, aber gänzlich ihm selbst zuzuschreiben, mein Mitleid für ihn hielt sich in Grenzen. Dann folgen seitenweise Anschuldigungen, dass Großbritannien zu bereitwillig Geld aus der ehemaligen Sowjetunion entgegennähme und zu wenig Bereitschaft zeige, die Geldwäsche russischer Vermögen zu ermitteln. All das waren berechtigte Punkte, aber auch ein wenig anmaßend für einen im Vereinigten Königreich lebenden Russen, der eine lange Strafe absitzt, weil er einen Bürger aus der ehemaligen Sowjetunion betrogen hat.

Ein Absatz gab mir jedoch zu denken. Er fand sich nicht in seinem handgeschriebenen Brief, sondern in einer Beschwerde an den Premierminister, die er ebenfalls verfasst, aber nie abgeschickt hatte. »Ich hatte lediglich einen Pflichtverteidiger, der mich vor Gericht gegen eine millionenschwere Armee aus Anwälten, Privatdetektiven und unzähligen Juristen nebst ihren Sekretären vertreten hat«, schrieb er. »Dieser Fall wurde von Ms. Tamlyn Edmonds übernommen ... bei ihr ist es nicht nur eine Frage des Geldes. Sie konfisziert nicht nur, sondern vernichtet alles, was die unglückselige Person besitzt. Im Namen ihrer rachsüchtigen Klienten kennt Tamlyn Edmonds keine Gnade. Sie sorgt dafür, dass man alles verliert.«

Da sich diese Anklage zwischen seitenlangen Anschuldigungen und Verschwörungstheorien verbarg, war sie leicht zu übersehen, doch tatsächlich legte er den Finger auf einen wunden Punkt. Stellen wir uns einen Moment lang vor, Kulich wäre tatsächlich derjenige, der er behauptet zu sein – ein unschuldiger Vermögensberater, der freiberuflich für die russischen Behörden arbeitet, um Geldwäsche zu bekämpfen, und darum nun das Ziel von Kriminellen geworden ist –, hätte er eine Chance gehabt? Wäre er tatsächlich in England von einem reichen und rachsüchtigen Widersacher mittels einer Privatklage vor Gericht gebracht worden, was wäre mit ihm passiert?

Eine hypothetische Frage, aber die Antwort ist dennoch alarmierend. Durch Schritte, die im Rahmen des im Jahr 2010 eingeläuteten Sparprogramms vorgenommen wurden, haben Angeklagte wie Kulich im Falle einer Verurteilung keinerlei Aussichten mehr, ihre Auslagen vom Staat zurückzubekommen. Selbst wenn sie freigesprochen werden, bekommen sie ihre Ausgaben nur dann zurück, wenn zuvor ein Antrag auf staatliche Rechtshilfe abgelehnt wurde. Und wurde er als Unternehmen und nicht als Einzelperson angeklagt, kann er seine Auslagen überhaupt nicht zurückverlangen. Privatkläger können hingegen – ganz egal ob Einzelpersonen oder Unternehmen – alle angemessenen Auslagen zurückverlangen, selbst wenn sie den Prozess verlieren. Um es im Finanzjargon zu sagen: Privatklagen sind eine Wette, die man nicht verlieren kann. Wer es sich leisten kann, die anfallenden Kosten vorzufinanzieren, um den Fall aufzurollen, bekommt sein Geld zurück, da er gemäß des Common Law im Namen der Krone handelt.

Es heißt mitunter, wer die Welt verändern möchte, muss nur einen Weg finden, wie Anwälte daraus Profit schlagen können. Nun, da haben wir es.

»Aus persönlichen Gesprächen mit Privatklägern weiß ich, dass das niedrige finanzielle Risiko als wirtschaftlicher Anreiz gesehen wird, um Privatklagen in Gang zu setzen. Dieser ungleiche Kostenaufwand ist unerhört und birgt das Risiko, dass Privatklagen von großen Unternehmen mit starken finanziellen Mitteln strategisch ausgenutzt werden«, schrieb der Anwalt Jamas Hodivala in seinem Gutachten für einen Parlamentsausschuss im Jahr 2020. Er sprach aus eigener Erfahrung. Schließlich hatte er zwei Klienten erfolgreich gegen eine Privatklage von Apple verteidigt, die trotz eines Freispruchs verarmt aus dem Prozess hervorgingen. »In diesem Punkt herrscht hier gerade ein einziges Chaos«, schrieb er.

Die Situation ist zutiefst unlogisch. Privatklagen sind viel teurer als polizeiliche Ermittlungen. Sie kosten oft drei Mal so viel, da die involvierten Anwälte für ihre Arbeitszeit den Höchstsatz verlangen, der oft fünf Mal so hoch ist wie der der Anwälte des Crown Prosecution Service. Im Zuge ihres Sparprogramms im Jahr 2010 hatte die Regierung die Mittel der Polizei drastisch gekürzt, wodurch die Beamten weniger Fälle ermitteln können. Das Ergebnis: Privatkläger treten an ihre Stelle und legen dem Staat dann eine teure Rechnung vor.

Leider haben wir zur Anzahl der vorgebrachten Privatklagen keine Statistiken, aber Richter wie Anwälte sind sich einig, dass ihre Zahl rasant steigt. Was wir jedoch sehen können, ist, dass die Aufwendungen für den staatlichen Rechtshilfefonds, aus dem die Prozesskosten von Privatklagen finanziert werden, in die Höhe schnellen. In den Jahren 2014–2015 beliefen sich die Gesamtkosten auf lediglich 360 000 Pfund, wohingegen sie in den Jahren 2019/2020 bereits auf 12,3 Millionen Pfund angestiegen waren. Bei diesen Wachstumsraten wird es nicht mehr lange dauern, bis die Ausgaben für Privatklagen die gesamten Einsparungen an Polizei- und Gerichtsetat nach 2010 überstiegen haben.

Das ist nicht der einzige Weg, wie öffentliche Mittel in Richtung der Privatklagen verschoben werden. Wenn staatliche Ermittler einen Fall gewinnen, verlangen sie von den Angeklagten selten mehr als die Prozesskosten. Doch es gibt nichts, was die privaten Ermittler daran hindern könnte, sehr viel mehr zu verlangen, oder die Gerichte zu hindern, sie dabei zu unterstützen. Das bedeutet, dass die Angeklagten, sollten sie verlieren, vor dem finanziellen Ruin stehen. Selbst wenn sie eine Rechtsschutzversicherung haben, die ihre eigenen Auslagen übernimmt, kommt sie nicht für die Prozesskosten des Klägers auf. Das verzerrt unweigerlich die Risikokalkulation der Angeklagten: Selbst wenn sie nicht schuldig gesprochen werden, könnte es sich für sie lohnen, die Schuld auf sich zu nehmen, um nicht private Insolvenz anmelden zu müssen. Kurz gesagt: Privatkläger haben einen Freifahrtschein auf Staatskosten, während ihre Kontrahenten nicht nur ihre eigene Verteidigung finanzieren müssen, sondern zudem vor der Aussicht stehen, bei einem Schuldspruch alles zu verlieren.

Diese alarmierende Situation wurde von der Öffentlichkeit überhaupt nicht wahrgenommen. Privatkläger, die mediale Aufmerksamkeit erhalten, werden oft durch Crowdsourcing-Programme finanziert. In einem Fall vertrat EMM eine Radfahrerstiftung bei dem (erfolglosen) Versuch, einen Fahrer für den Tod eines Radfahrers zu belangen. In einem anderen Fall sammelte ein Mann 300 000 Pfund, um Boris Johnson zu verklagen, weil er während der Brexit-Kampagne gelogen hatte. Noch bevor es überhaupt zum Prozess kam, sortierte der Richter den Fall aus. Doch es gab genug Medienrummel, um den Eindruck zu erwecken, dass es sich bei Privatklagen um ein nützliches Mittel für Aktivisten handelt, um Gerechtigkeit einzufordern. Beispiele wie diese sind jedoch keineswegs repräsentativ. Beinahe alle Privatklagen werden von großen Unternehmen oder vermögenden Einzelpersonen angestrengt, die ein Verbrechen an ihrem Besitz vorbringen, genau wie es im 18. Jahrhundert schon der Fall war.

Die romantische Idee, dass Privatklagen ein uralter, in der Verfassung verankerter Schutzschild für die Machtlosen sind, ein Vermächtnis angelsächsischer Freiheit, ist irreführend. In Wahrheit sind sie genau das Gegenteil: ein mächtiges Werkzeug, das lediglich den Superreichen zur Verfügung steht. »Eine Einzelperson ist schlecht aufgestellt, um eine Anklage erfolgreich durchzubringen: die Kosten sind unerschwinglich, und öffentlichen Rechtsbeistand gibt es nicht«, hieß es im Bericht des parlamentarischen Gerechtigkeitsausschusses im Jahr 2020. »Dieses Recht wird vor allem von Organisationen in Anspruch genommen, die über die nötigen Mittel verfügen, um die Ermittlungsarbeit und die juristische Aufarbeitung in Auftrag zu geben.« Als Folge der Kürzungen der öffentlichen Gelder hat Butler Britannien eine Zwei-Klassen-Justiz geschaffen. Reiche Einzelpersonen oder Unternehmen können Gerechtigkeit kaufen, normale Menschen nicht.

»Dieses Szenario löst ernste Bedenken angesichts der Ungerechtigkeit aus, die durch die ungleichen Mittel entsteht«, schrieb Anwältin Vivienne Tanchel im Jahr 2018, kurz nachdem sie einen Klienten in einer Privatklage verteidigt hatte. Ihr Klient war eines besonders üblen Betrugsfalls für schuldig befunden worden und verdient nicht viel Sympathien, doch das Grundprinzip, dass Reiche in der Lage sind, das Strafjustizsystem als Waffe zu benutzen, sollte jedem zu denken geben. »Was dort entstanden ist, ist eine stetige und signifikante Auflösung der Rechtsgarantie auf einen fairen Prozess aufgrund einer Ungleichheit zwischen den finanziellen Mitteln der Verteidigung und den Mitteln, die dem Privatkläger zur Verfügung stehen«, schrieb sie.

Und das ist erst der Anfang. Aggressive Privatkläger fangen an, ihre Macht auszukosten, indem sie Fälle gleichzeitig bei den Straf- und den Zivilgerichten vorbringen und auf diese Weise einen Prozess als Druckmittel auf den anderen nutzen. Im Jahr 2020 versuchte der russische Oligarch Oleg Deripaska nach seiner Niederlage bei einem Schlichtungsgericht gegen einen anderen reichen Russen eine Privatklage gegen ihn vorzubringen. Zwar schritten in diesem Fall die Staatsanwälte rechtzeitig ein, doch es war ein alarmierendes Vorzeichen, was womöglich auf uns zukommt.

Wenn Privatklagen in Zukunft routinemäßig als Ergänzung zu Zivilprozessen verwendet werden, bedeutet das, dass ärmere Angeklagte kampflos aufgeben müssen. Nur wenige Einzelpersonen oder kleinere Unternehmen können es sich leisten, an einer juristischen Front zu kämpfen, von zweien ganz zu schweigen. Ich habe viele Anwälte getroffen, die sich enthusiastisch über Privatklagen als effiziente Methode ausließen, um in komplexen und internationalen, staatsübergreifenden Verbrechen Recht zu sprechen, was zweifellos stimmt. Es ist gut, dass Andrey Kulich hinter Gittern sitzt, und dazu wäre es nicht gekommen, wäre Khassenov nicht in der Lage gewesen, auf eine entschlossene Art zu handeln, wie es die staatlichen Behörden Englands nicht vermochten. Ich habe nicht viele Anwälte gefunden, die bereit waren, mit mir offen über die Risiken zu sprechen, die es mit sich bringt, die Rechtsprechung an reiche Einzelpersonen auszulagern und sie damit zu Ermittlern, Prozessanwälten, Zeugen, Opfern und Justizministern gleichzeitig zu machen. Doch hinter vorgehaltener Hand zeigten sich mehrere Anwälte mir gegenüber angesichts der Richtung, die Butler Britannien einschlägt, besorgt.

»Erst heute habe ich mich mit jemandem über ein ethisches Problem unterhalten, das als Ergebnis genau dieser Entwicklung entstanden ist: Da ist ein Handelsstreit immer verbitterter geworden und der Verlierer versucht eine Privatklage vorzubringen – nicht unbedingt, weil er oder sie sich im Namen der Gerechtigkeit empört, sondern weil sie Rache wollen«, kommentierte ein Anwalt.

»Wenn man die Objektivität entfernt, für die die staatliche Strafverfolgung steht, dann ist es ein Fall ins Nichts oder zumindest ein Sturz in die Pleite. Wir befinden uns gerade an diesem Wendepunkt. Wir haben die erschreckende Aussicht von zwei russischen Oligarchen, die einerseits die Handelsgerichte aussaugen, und dann beschließt einer von beiden plötzlich eine Privatklage gegen den anderen vorzubringen. Wenn so was passiert, sind alle Dämme gebrochen.«

Sollten Sie nun finden, das klingt alles viel zu weit hergeholt, dann denken Sie an das vorige Kapitel dieses Buches zurück. Hätten Sie jemandem in den 1970er-Jahren erzählt, dass die Britischen Jungferninseln – »Wo?« – einmal das weltweit führende Territorium für finanzielle Verschwiegenheit werden, dann wären Sie ausgelacht worden. Hätten Sie jemandem in den 1980er-Jahren erzählt, dass Gibraltar – »Dieser Marinestützpunkt?« – einmal einen sicheren Hafen für gnadenlose Glücksspielunternehmen bieten würde, die Jagd auf sozial Schwache machen, dann hätte man Sie für verrückt erklärt. Wenn Sie jemandem in den 1990er-Jahren erklärt hätten, dass eine Rechtsform, die vorwiegend für schottische Pachtverhältnisse in der Landwirtschaft genutzt wird, schon bald ein Schlupfloch für Hunderte Milliarden Pfund gestohlenen Geldes werden – »Eine Scottish Limited was?« – und der Staat auch noch tatenlos dabei zusehen würde, dann hätte es nach einem Plot geklungen, den selbst ein Autor drittklassiger Thriller abgelehnt hätte.

Wenn Sie andersherum jemandem in den frühen 2000er-Jahren erzählt hätten, dass ein ukrainischer Tycoon, der es für nötig gehalten hatte, seine Verbindungen zu dem weltweit schlimmsten Kriminellen zu leugnen, eines Tages in das Vereinigte Königreich ziehen würde und binnen weniger Jahre den Ehemann der Queen und den Sprecher des House of Commons treffen, offen Handel an der Londoner Börse treiben und dem Außenministerium als Ratgeber beiseitestehen würde, dann hätte man Sie als abgedrehten Verschwörungstheoretiker abgeschrieben.

Und dennoch sind all diese wenig glorreichen Geschichten wahr, ebenso wie viele weitere, die so komplex und verwoben sind, dass es Tausende Seiten erfordern würde, sie zu erzählen. Und die Moral von der Geschichte ist, dass Butler Britannien so ziemlich nichts scheut, um sich ein wenig dazuzuverdienen. Wenn das Vereinigte Königreich denkt, es könnte daran verdienen, wenn es seine Strafgerichte in Waffen für die Rachegelüste der weltweiten Oligarchie verwandelt, glauben Sie wirklich, man würde davon absehen?

Das ist die Entwicklung des Vereinigten Königreichs, wie sie in den vergangenen hundert Jahren stattgefunden hat, doch so muss sie nicht aussehen. Geld muss nicht die höchste Priorität im britischen Leben einnehmen. Daher werde ich mir im letzten Kapitel dieses Buches ansehen, was bereits unternommen wurde und was in Zukunft getan werden könnte, damit Großbritannien einen neuen – und besseren – Weg findet, um sich zu finanzieren.

KAPITEL 10

DAS ENDE?

IN DEN SPÄTEN 1970ER-JAHREN expandierte der Eurodollar-Pionier und Grande der Londoner City, Robert Renny St. John – »John« – Barkshire, in die Vereinigten Staaten und übernahm dort einen Devisenmakler namens Lasser Bros. Von einem Historiker als »ungeheuer energischer Visionär und ausgezeichneter Networker« beschrieben, war Barkshire im Laufe seiner Karriere unter anderem Colonel des Territorial Army Regiment der City of London, Chairman der größten Londoner Terminbörse und Friedensrichter. In seiner Freizeit bewirtschafteten er und seine Frau 300 Acre (rund 121 Hektar) in East Sussex. Sein Unternehmen Mercantile House war ein wichtiger Player in dem sich zunehmend global ausrichtenden Devisenmarkt und wollte als solches ein zweites Standbein in New York. Doch die Stadt war für Barkshire ein Schock.

»Es ist schwer zu sagen, was es genau war, es war einfach die Art, wie der New Yorker Markt funktionierte. Ich schätze, es war dieses Mafia-Element, die ethnische Komponente, das Junk Food, die Tatsache, dass es keinen Lunch gab, keinen Alkohol, alles funktionierte einfach völlig anders. Der Markt dort war einfach viel rauer«, sagte er in einem Interview für das Zeitzeugenprojekt *City Lives*. Der Mann, der Lassers, das Unternehmen, das Mercantile House übernommen hatte, führte, hieß Anthony – »Tony« – Aloi und verkörperte den Unterschied zwischen den beiden Ländern. Während Barkshire mit Rugby aufgewachsen und auf eine englische Privatschule gegangen war, bevor er seinem Vater in die Londoner City folgte, hatte der junge Aloi den Anführer einer Kinderstraßengang in der Bronx abgelöst, indem er dessen Finger in einer Autotür eingequetscht hatte. So begann sein Aufstieg. Er war ein harter Chef und guter Kollege, aber schwer übergewichtig, weil er sich vor allem von Hamburgern ernährte. Nur 18 Monate nach der Übernahme von Barkshires Unternehmen starb er an einem Herzinfarkt, und der Engländer flog zur Beerdigung nach NY.

»Da fuhren ein Dutzend Limousinen mit getönten Scheiben vor, und wirklich ungewöhnliche Typen mit schwarzen Hemden und weißen Krawatten, dunklen Sonnenbrillen und schwarzen Hüten stiegen aus«, erinnerte er sich.

> Ich hatte eine Art private Audienz mit seiner Frau und der Leiche, und man musste hingehen und die Leiche küssen. Das war anders, so was hatte ich noch nie zuvor getan. Aber da lag er in seinem blauen Anzug in einem offenen Sarg, mit geschminktem Gesicht, und das war dann noch mal ein Schock mit dem halben Dutzend seiner weiblichen Verwandten vor dir in der Reihe, die ihr Herz ausschütten ... Und dann die Beerdigung am nächsten Tag, wieder mit Menschen, die sich auf das Grab warfen, und diesen Typen mit ihren dunklen Sonnenbrillen, die überall herumstanden, und ihre Bodyguards mit Händen in den Taschen, als wären sie jederzeit bereit, eine Waffe zu ziehen.

Ob er sich damals nicht Sorgen gemacht hätte, dass er im Grunde Geschäfte mit der Mafia machte, fragte ein Interviewer. »Seine Beziehungen waren privater und nicht geschäftlicher Natur«, erwiderte Barkshire nicht ohne Witz.

Die Geschichte dieser ungewöhnlichen Partnerschaft wäre ein guter Stoff fürs Theater oder einen Film – wie sich der schlanke Engländer und der kugelrunde New Yorker treffen, zusammenarbeiten und mit der Zeit Freunde werden. Und bei der Beerdigung kulminiert alles in einem Aufeinanderprallen der Kulturen. Es wäre die lebensechte Version von *Mickey Blue Eyes* mit Hugh Grant, in dem sich ein schicker britischer Aktionär mit der Mafia einlässt. Noch lieber würde ich jedoch das Treffen aus der anderen Perspektive erzählt bekommen. Die Beschreibungen der italo-amerikanischen Sitten an der Wall Street durch einen Engländer sind lustig und aufschlussreich, aber es wäre faszinierend zu hören, was ein New Yorker in seiner Erzählung aus den City-Gentlemen machen würde: ihre seltsame Sprechweise, ihre Reserviertheit, ihr spezieller Sinn für Humor, ihre gehobene Erziehung und ihre eng verbundene Bruderschaft.

Im Laufe dieses Buches sind uns mehrere Männer wie Barkshire begegnet, die aufgebrochen sind, um Menschen davon zu überzeugen, sie als Butler in den Dienst zu nehmen. Wäre er ein Jahrhundert früher geboren, dann hätte er Geld durch die Rohre des britischen Empire gepumpt, doch da das Empire seinerzeit bereits der Vergangenheit angehörte, war er Teil einer Generation, die Britannien ins Butlergeschäft einführte und dabei die Kompromisse einging und Entscheidungen traf, die alles veränderten. »Wir waren Rebellen von oben und ich nehme an, dass ich mich da in gewisser Weise ganz gut einfügte – geringfügig rebellisch meine ich natürlich, damals war niemand in der City sehr rebellisch. Aber es herrschte eine gemäßigt rebellische Atmosphäre und sie entsprach mir sehr«, sagte Barkshire.

Ich habe versucht, die Schäden aufzuzeigen, die das britische Geschäftsmodell angerichtet hat, an Beispielen wie dem großen Korruptionsskandal in Tansania und dem unkontrollierten Glücksspiel im Vereinigten Königreich selbst. Aber solche Geschichten sind mühsam zu recherchieren und auch schwer wiederzugeben, mangels primären Materials. Warum Tony Aloi seine Gedanken nicht niederschrieb, lässt sich denken: Er hatte kaum Zeit, sein Büro auch nur für eine Mahlzeit zu verlassen, ganz zu schweigen davon, seine Memoiren zu schreiben. Außerdem scheint er mir nicht der analytische Typ gewesen zu sein. Und es lässt sich auch denken, warum so viele der Auftraggeber des Butlers Britannien, ob nun Kleptokraten, Geldwäscher, Oligarchen oder Steuerhinterzieher, gezögert haben, Material für Historiker und Journalisten zu hinterlassen: Dieses Material wäre für die Strafverfolgungsbehörden ebenso nützlich wie für Menschen wie mich.

Deswegen betrachten wir das Verhalten des britischen Butlers durchweg aus britischer Perspektive. Wir sehen die New Yorker Beerdigung durch den erstaunten Blick eines Granden der Londoner City, der auf eine ihm völlig fremde italo-amerikanische Kultur trifft, und nicht durch den eines New Yorkers, der sich über diesen zugeknöpften Briten wundert, der nicht kapiert, dass er die Leiche küssen muss. Das verzerrt nicht nur unsere Wahrnehmung von den Begegnungen des Butlers, sondern auch, wie wir die Folgen dieser Begegnungen beurteilen. In Großbritannien wird das Butlertum beinahe ausnahmslos als eine Job- und Geldquelle gesehen, da es nur aus der Perspektive des Butlers und nicht aus der seiner Kunden oder Opfer gesehen wird. Würden Bertie Woosters Pannen ausnahmslos von Jeeves – oder noch besser, von einer von Berties Tanten – erzählt werden, dann wären P. G. Wodehouses Geschichten völlig anders. Großbritannien hat sein Empire verloren und ist nicht mehr in der Lage, sich an den Ressourcen anderer zu bereichern. Doch das Land macht sich die Fähigkeiten zunutze, die es sich bei der Verwaltung des Empire angeeignet hat. Auf diese Weise hilft es anderen, genau das zu tun, was es einst selbst tat, und erhält im Gegenzug ein hübsches Einkommen. Großbritanniens Einstieg in das Butlergeschäft erfolgte bewusst und ohne jegliche Illusionen.

Im Vereinigten Königreich erfolgte die Einführung des Eurodollars durch Banken und Makler praktisch unter der Hand, da sie es nicht für nötig hielten, Politikern oder der Öffentlichkeit zu erklären, was sie taten. Die Bank of England war damit mehr als zufrieden, da ihre Vorstände mit der politischen Richtung des Landes größtenteils nicht einverstanden waren – all dieser »sozialistische Nonsens«, wie Lord Cromer es ausdrückte –, und die Politiker waren mit so vielen anderen Dingen beschäftigt, dass sie die Entwicklung erst bemerkten, als es bereits zu spät war.

In kleineren britischen Überseeterritorien wurde die Entscheidung, sich dem Butlertum als Einkommensquelle zuzuwenden, viel offensichtlicher. Welche Auswirkungen diese Entscheidung anderswo haben würde, war hier völlig egal.

Als frühes Beispiel können die Kaimaninseln gelten, eine abgelegene karibische Kolonie, die Großbritannien behielt, da Jamaika sie nicht haben wollte. Die rund 8000 Einwohner des Archipels bestritten ihren

Lebensunterhalt traditionellerweise damit, dass sie Meeresschildkröten fingen und auf Segelschiffen anheuerten, doch da beide Einkommensformen in der Nachkriegszeit bedroht waren, sah ihre Zukunft schlecht aus. Die Versuche, Touristen anzuziehen, waren wegen der Abgeschiedenheit, der vielen Moskitos und den schlechten Verbindungen nur partiell erfolgreich. In einer Werbebroschüre aus den 1950er-Jahren heißt es mit entwaffnender Ehrlichkeit: »Sie müssen sich mit dem Gedanken trösten, dass es nirgendwo ein Leben ohne ein wenig gesunden Frust gibt.« Um mehr Einkünfte aus Funk Money zu generieren und die Entwicklung voranzutreiben, beschloss der Gouverneur, die Einschränkungen aufzuheben und die Steuersätze der Nachbarstaaten zu unterbieten. »Sie hatten keine Einkommenssteuer, und zwar aus gutem Grund: Sie hatten kein Einkommen«, erzählte mir Milton Grundy, ein Anwalt aus der Londoner City und ein Experte für Treuhandgesellschaften. »Es gab einfach nichts zu besteuern. Die Kaimaninseln waren schlicht eine totale Ödnis.«

Grundy traf im Jahr 1966 auf den Kaimaninseln ein, rund ein Jahrzehnt nachdem die erste Bankfiliale auf den Inseln eröffnet hatte. Er war dort, um einen Kunden zu treffen, und erlebte hautnah mit, wie bemüht die Lokalverwaltung war, ihre Dienstleistungen zu erweitern. Der Gouverneur fing ihn höchstpersönlich ab und bat ihn, ein Treuhand-Gesetz zu verfassen, damit die Inseln für die wenigen ansässigen Anwälte bessere Geschäfte generieren. »Der Gouverneur hat gesagt: ›Wir haben hier keine Treuhand-Branche. Wir hätten aber die Möglichkeit, da wir keine Einkommenssteuer erheben. Die Leute haben an allen möglichen Orten Treuhandgesellschaften. Was wir brauchen, ist ein Gesetz, um sie zu regeln‹«, erinnerte sich Grundy. Bereitwillig schuf er ein Treuhand-Gesetz, das auf die Bedürfnisse der Inseln zugeschnitten war, fügte einige Elemente hinzu, die eher an die Strukturen in Kontinentaleuropa erinnerten, und fertig war das neue Finanzprodukt. Das Geld floss und der Aufschwung hatte begonnen.

Fünf Jahre später schickte das Auswärtige Amt Lord Asquith – nicht den, der Lobbyarbeit für Dmytro Firtasch betrieben hat, sondern seinen Vater – dorthin, um sich dort umzusehen. Er war begeistert, was die Inseln dank ihrer jährlichen Wachstumsrate von 29 Prozent bereits erreicht hatten. »Der spektakuläre wirtschaftliche Fortschritt der Inseln ist äußeren Faktoren zu verdanken: ausländischen Geschäftsleuten, die von der Steueroase angezogen werden, und Touristen«, schrieb Asquith in seinem Bericht. »Ob das so bleibt, hängt von dem Vertrauen in die politische Stabilität der Inseln ab und dem Vertrauen, dass die Regierung wirtschaftliche Unternehmungen fördert. Bei den Einwohnern, mit denen ich gesprochen habe, findet diese Position breite Anerkennung und Rückhalt.«

Das sind viele Worte für ein simples Konzept: Die Inseln haben sich von reichen Ausländern abhängig gemacht und können es sich daher nicht leisten, sie zu verärgern, genauso wenig wie Bertie Wooster es sich leisten konnte, seine Tanten zu verärgern. »Das Hauptanliegen des Auswärtigen Amts bestand darin, die Ausgaben für die Inseln zu reduzieren«, kommentierte Grundy.

Die Strategie, drei obskure Inseln, die nach einem Reptil benannt wurden und auf einem Meeresrücken auf halbem Weg zwischen Jamaika und Kuba liegen, in einen Butler zu verwandeln, war aus Sicht der Inseln ein überaus erfolgreiches Unterfangen. Inzwischen sind die Kaimaninseln das weltweit führende Domizil für Hedgefonds und rangieren in der Branche der Versicherungskonzerne an zweiter Stelle. Ihre Wirtschaft ist pro Kopf gerechnet doppelt so stark wie die Großbritanniens. Anscheinend fließt das Geld an diesem Ort ungestört ein und aus, und die Informationen seines Eigentümers werden eifersüchtig gehütet.

Obwohl die Inseln nicht mehr wie in den 1980er-Jahren am Geldwäschegeschäft beteiligt sind, als dort noch riesige Mengen Bargeld für Drogenkartelle gewaschen wurden – aus Gründen, zu denen wir noch kommen werden –, sind sie letzten Endes immer noch darauf angewiesen, den Bürgern anderer Staaten dabei zu helfen, ihr Vermögen vor lästigen Aufsichtsbehörden zu schützen. Und das zuvorkommender als irgendjemand sonst. Laut des neuesten *Schattenfinanzindex*, einer zweimal jährlich vom Tax Justice Network veröffentlichten Listung der weltweit mächtigsten Schattenfinanzzentren nach dem Maßstab, wie viel »Geheimhaltung [sie] nutzen, um illegale und illegitime oder ausbeuterische Finanzflüsse anzulocken«, landen die Kaimaninseln auf Platz 2 der schädlichsten Orte der Welt.

»Die Schattenfinanzwelt schafft ein kriminogenes Treibhaus für viele Straftaten, darunter Betrug, Steuerhinterziehung, Flucht vor Finanzverordnungen, Veruntreuung, Insiderhandel, Bestechung, Geldwäsche und viele mehr«, heißt es im Vorwort des 2020 vom TJN herausgegebenen *Index*. »Sie bietet Insidern viele Möglichkeiten, um auf Kosten der Gesellschaft Vermögen zu verschleiern, und zwar bei politischer Straffreiheit, und unterwandert das gesunde Grundprinzip ›keine Besteuerung ohne Mitspracherecht‹, das das Wachstum zahlloser moderner Nationalstaaten ermöglicht hat. Viele ärmere Länder, die mangels steuerlichen Einkommens und Kapitalflucht zu Schattenfinanzzentren verkommen sind, sind von Entwicklungshilfe abhängig.«

Damit stehen die Kaimaninseln natürlich nicht alleine da. In den Top 20 der vom TJN aufgelisteten weltweiten Schattenfinanzzentren rangieren zudem die Britischen Jungferninseln, Jersey, Guernsey und das Vereinigte Königreich selbst, während sich Gibraltar, die Isle of Man und Anguilla etwas weiter unten tummeln. All diese britischen Territorien haben dieselbe Rechnung aufgemacht wie die Kaimaninseln: Vermögenden Ausländern dabei zu helfen, mit Taten davonzukommen, die sie sich in ihrer Heimat nicht erlauben können, bringt gutes Geld ein. Das Butlergeschäft rentiert sich.

Ich sprach mit Grundy in seinem luftigen, sonnendurchfluteten Büro in der Londoner City, nur einen kurzen Spaziergang von der Themse und der St. Paul's Kathedrale entfernt. Soweit er es beurteilen konnte, rührten die Probleme – sofern es sie überhaupt gab – eher von einer extremen Nutzung der Dienstleistung im Hinblick auf Steuerprüfung und Steuerhinterziehung her und nicht von den Dienstleistungen selbst. Sie ein bisschen zu nutzen ist schon in Ordnung. Aber in einem derartigen Ausmaß wird es zum Problem. »Jeder hat schon einmal eine Flasche Duty-free-Whisky am Flughafen gekauft – die gewissermaßen keinem gehört –, aber wenn Sie das mit Hunderten Millionen tun und sie in Bermuda verstecken, um in Frankreich oder England oder wo auch immer keine Steuern zu zahlen, dann ist das in gesellschaftlichem Interesse«, sagte er. »Große amerikanische Unternehmen haben auf ein oder zwei simple Steuersparideen zurückgegriffen und diese in so großem Umfang angewandt, dass die Öffentlichkeit empört war.«

Natürlich hat er recht: Der durch Britanniens Butlerdienste verursachte Schaden ist heute viel größer als in den 1950er-Jahren, aus dem simplen Grund, dass es einfach um viel mehr Geld geht. Es ist vergleichbar mit einem Bauern, der einen einzigen Benzinkanister zwischen Irland und Nordirland hin- und herschmuggelt, um von den unterschiedlichen Mineralölsteuern zu profitieren, und einem, der einen riesigen unterirdischen Tank mit jeweils einem Zugang auf beiden Seiten der Grenze baut, um massenweise Öl umzuleiten. Doch da die Saat der heutigen Situation damals gelegt wurde, sind die ursprünglichen Erfinder der Butler-Strategie ebenso schuldig wie ihre derzeitigen Befürworter. Um sich zu bereichern, stürzten sich britische Beamte, Politiker, Bankiers, Anwälte und viele mehr in ein Geschäft, das anderen Menschen massiven Schaden zugefügt hat. Die Konsequenzen ihres Handelns haben sie bestenfalls nicht bedacht, schlimmstenfalls war es ihnen egal.

Als Beispiel kann Großbritanniens Vorgehen bei der Deregulierung der Glücksspielindustrie in den 1990er- und frühen 2000er-Jahren dienen. Auch andere Länder, darunter die USA, hatten eine Lockerung der Bestimmungen ins Auge gefasst, doch dort hatte Bill Clintons Verwaltung im Vorfeld eine gründliche, ausführliche und genaue Untersuchung möglicher positiver und negativer Folgen der Gesetzesänderung in Auftrag gegeben. In Großbritannien hingegen war die Untersuchung flüchtig und die Lockerungen wurden überhastet beschlossen. Um »innovative neue Angebote« zu beflügeln, wurde ein völlig neuer Rahmen geschaffen, ohne vorher kritisch zu betrachten, ob Innovationen in einer Branche, die Produkte und Dienstleistungen mit Suchtpotenzial verkauft, zwangsläufig etwas Positives sind. Schließlich waren Crack und Heroin zu ihrer Zeit auch Innovationen. Zwar versucht die Politik den Schaden inzwischen zu begrenzen, indem sie die Behandlung Süchtiger fördert und wieder Steuern einführt, doch in der Zwischenzeit haben Millionen Familien unter der Einstellung des britischen Butlers gelitten, seine Auftraggeber bei allem zu unterstützen – mit anderen Worten: erst zu verdienen und dann Fragen zu stellen.

Dieses Muster – etwas erst zu erlauben und daran zu verdienen und im Nachhinein zu versuchen, die daraus entstandenen Schäden einzudämmen – hat sich vielfach wiederholt. So zu beobachten an der Cambridge University, die Dmytro Firtaschs Geld zunächst angenommen hat und sich nach seiner Verhaftung durch das FBI gezwungen sah, es auf einem Sonderkonto zu deponieren. Auch der laxe britische Umgang mit Briefkastenfirmen fällt unter dieses Muster. Um Fondsverwalter anzulocken, wurden die Bestimmungen so locker wie möglich gemacht, und das hat bei Leuten aus der ehemaligen Sowjetunion geradezu eine Flut der Geldwäsche ausgelöst. Immer wieder hat der Butler Britannien bewiesen, dass er sich in erster Linie um die Interessen seiner Kunden kümmert, um die aller anderen später, wenn überhaupt.

Wenn man Politiker dazu befragt, weisen sie gerne darauf hin, dass dieses fragwürdige Vorgehen zumeist in anderen Teilen des britischen Archipels stattfindet und es demzufolge nicht in ihrer Macht steht, das zu unterbinden. Englische Politiker zeigen auf Jersey, Politiker aus Jersey zeigen auf Gibraltar, in Gibraltar zeigt man auf die BJI und BJI-Politiker verweisen wiederum auf England. Natürlich würden sie liebend gern helfen, aber diese Territorien haben nun einmal andere Gesetze und ihre eigenen politischen Systeme, weshalb ihnen die Hände gebunden sind.

Dass diese gesetzlichen Regelungen so zersplittert sind, begünstigt das Butlergeschäft, weil die Aktivitäten der Kunden zwischen verschiedenen Territorien aufgeteilt werden können und so der Blick auf das ganze Geschehen verhindert wird. Wenn Sie ein Haus in London besitzen, das über ein BJI-Unternehmen läuft, das wiederum einem Treuhandunternehmen in Jersey gehört, haben nur Sie als Eigentümer und vielleicht noch Ihr Anwalt volle Einsicht in Ihre Geschäfte. Aufsichtsbehörden, Strafverfolgungsbehörden und neugierige Außenstehende wie ich sehen nur Fragmente. Und die Autonomie der britischen Rechtssprechung ist zwar einerseits total, andererseits aber auch partiell. Wenn es um die Vorteile des Butlers Britannien geht, beharrt man auf der Unabhängigkeit, in anderen Fällen wird sich jedoch beliebig darüber hinweggesetzt, und die überall verstreuten Inseln (plus die Halbinsel Gibraltar) werden in einem Reich vereinigt, das von einem Stamm aus Anwälten, Buchhaltern und anderen Fachkräften betreut wird. Es handelt sich um einen ganz ähnlichen Zugang, wie ihn Bertie Wooster zu seiner Familie hat: Wenn es um ein Dinner geht, ist er begeistert von seiner Verwandtschaft, da seine Tante einen sehr begabten französischen Koch beschäftigt, der ein köstliches *Suprême de fois gras au champagne* und *Sylphides à la crème d'écrevisses* kredenzt. Doch wenn es darum geht, auf seinen Cousin Thomas – »Englands größten Unhold in menschlicher Gestalt« – aufzupassen, dann zeigt er sich weitaus weniger begeistert von familiären Banden.

Den Wooster'schen Zugang zur Beziehung zwischen verschiedenen britischen Territorien konnte ich hautnah miterleben, als ich im Jahr 2016 versuchte, auf die BJI zu kommen. Mein Flug von St. Kitts und Nevis wurde gestrichen, was zu einer Welle der Besorgnis unter den Passagieren führte, zumeist Londoner Anwälte, die für Gerichtsprozesse nach Road Town flogen. Für sie war es eine Sache von fünfzehn Minuten, jemanden zu finden, der ein Flugzeug besaß, und ihn dafür zu bezahlen, dass er sie dorthin flog. Sie alle saßen am nächsten Morgen im Gerichtssaal. Als ich dann endlich ankam, waren die Prozesse vorbei und ich versuchte tagelang vergebens, etwas herauszufinden.

Ebenso wie die Eurodollars zugleich Dollars und keine Dollars sein können, je nachdem, als wie profitabel sie sich zum gegebenen Zeitpunkt erweisen, sind die BJI zugleich britisch und nicht britisch, je nachdem, wie es dem Kunden gerade passt. Wenn es darum geht, dass englische Anwälte Unternehmen vertreten, sind sie britisch. Wenn es jedoch um Journalisten geht, die Recherchen zu diesen Unternehmen anstellen wollen, oder um englische Polizisten, dann sind sie es nicht.

Zwei Jahre später nutzten zwei clevere englische Politiker die außergewöhnliche politische Situation, in der sich Großbritannien nach dem Brexit befand, für ihre Zwecke, um die bequeme On-off-Autonomie der britischen Überseegebiete infrage zu stellen. Die Wahl 2017 hatte zu einer konservativen Minderheitsregierung geführt, und da sich die Briten in der Frage pro- oder anti-EU wie mit ihrer jeweiligen politischen Partei identifizierten, war die Loyalität gespalten. Dadurch hatten Margaret Hodge von der Labourpartei und der konservative Politiker Andrew Mitchell die Chance, die Regierung zu zwingen, neue Bestimmungen gegen das Verschleiern von Vermögen in den verbliebenen Kolonien zu erlassen. »Steuervermeidung und Finanzverbrechen sind keine unbedeutenden Störfälle, sondern ein weitverbreitetes und tiefgreifendes Problem. Wenn wir nicht handeln, machen wir uns mitschuldig, genau jene Korruption zu beflügeln, die diese Regierung und ihr Premierminister laut eigener Aussage so entschlossen bekämpfen wollen«, sagte Hodge. »Unsere Überseeterritorien sind ein integraler Bestandteil Großbritanniens und sollten denselben Werten unterstehen. Streng gegen Korruption und toxische Vermögenswerte vorzugehen ist moralisch richtig. Wirklich global kann Großbritannien nur mit den richtigen Grundsätzen werden.«

Mitchell und Hodge stellten einen Gesetzesentwurf vor, der durch das Parlament ging. Dieser sah vor, dass alle Territorien Großbritanniens verpflichtet werden, offenzulegen, wer die Eigentümer der bei ihnen registrierten Unternehmen sind. Auf diese Weise sollte das auf Briefkastenfirmen basierende Geschäftsmodell, das die BJI erfunden und das in Tansania und an anderen Orten so großen Schaden angerichtet hat, ausgehebelt werden. Einen derartigen Schritt hatte die Regierung lange mit der Begründung abgelehnt, dass man die Autonomie der verschiedenen Territorien respektieren müsse, während die Territorien selbst erklärten, sie würden ihre gesetzlichen Standards nur dann erhöhen, wenn ihre Konkurrenz dasselbe täte. Und wenn in der Zwischenzeit nicht sie dieses Geschäft machten, dann würde es jemand anders tun. Es handelte sich um dieselben Argumente, die bereits in den 1960er-Jahren in der Londoner City vorgebracht worden waren und in den seither vergangenen Jahrzehnten nichts von ihrer Wirkmacht eingebüßt hatten.

Mitchell und Hodge gelang es, eine parteiübergreifende Koalition an Abgeordneten hinter ihrem Vorschlag zu versammeln: »Wir können keine Antwort aus Delaware, Panama oder anderen Orten erwarten, wenn wir nicht den ersten Schritt machen«, kommentierte der ehemalige Unterhausabgeordnete Kenneth Clarke. »Es ist kein durchschlagendes Argument, zu sagen: ›Nun, wir sollten weiterhin Milliarden Pfund krimineller Geldflüsse in unseren Überseeterritorien zulassen, während wir darauf warten, dass Panama den ersten Schritt macht.‹ Das ist nun wirklich kein starkes Argument.« Die Regierung räumte ihre Niederlage ein und die Gesetzesänderung wurde angenommen. Ein Schlupfloch, das Steuervermeider und Kriminelle jahrzehntelang genutzt hatten, wurde geschlossen.

Ich besuchte die BJI, kurz nachdem Hodge und Mitchell die englische Regierung mit ihrer Gesetzesänderung zur Transparenz der Eigentumsverhältnisse von Briefkastenfirmen in britischen Territorien konfrontiert hatten, und traf auf Lokalpolitiker, für die sich die Situation vollkommen anders darstellte. Wütend, dass ihre Autonomie von der Londoner Regierung verletzt worden war, fürchteten sie nun den Bankrott. »Es ist ungefähr so, als würde man mit undemokratischen Mitteln etwas durchsetzen, das man für eine wichtige Grundlage einer Demokratie hält. Das ist unweigerlich paradox«, kommentierte es der stellvertretende Premierminister Sowande Wheatley an einem Sonntagmorgen beim Kaffee. »Wir haben genauso das Recht, über unser Schicksal zu bestimmen, wie die Menschen im Vereinigten Königreich.«

Er befürchtete, dass die Inseln durch diese Gesetzesänderung den Wohlstand und den Lebensstandard, die sie sich seit den 1970er-Jahren erarbeitet hatten, wieder verlieren würden. »60 Prozent des gesamten Staatshaushalts hängt davon ab; das ist eine enorme Bedrohung unserer Lebensweise«, stellte er fest. »Der gesamte Staatsapparat ist auf die Gebühren der Finanzdienstleistungsbranche angewiesen: Schulen, Krankenhäuser, Straßen, Renten, Hilfe für psychisch anfällige Menschen, alles hängt davon ab.«

Natürlich hatte er nicht ganz unrecht. Es ist unangemessen, dass Großbritannien seine Kolonien zunächst zur Selbstständigkeit ermuntert, sich aber nicht darum gekümmert hat, wie sie zurechtkommen, und jetzt eine Kehrtwendung macht und ihnen untersagt, auf ihre Weise ihren Lebensunterhalt zu bestreiten. Das bedeutet natürlich nicht, dass das Vereinigte Königreich den BJI und anderen britischen Territorien zugestehen, zu machen, was sie wollen. Es gibt keinen eleganten Ausweg. Entweder verletzt London die lokale Autonomie oder es lehnt sich zurück und toleriert die massiven Betrugsfälle. Mit Butlerdiensten den Lebensunterhalt zu verdienen, ist nicht akzeptabel. Aber natürlich werden die Butler ihre Dienste nicht freiwillig an den Nagel hängen, schließlich hängt ihr Einkommen davon ab. Jemand muss einschreiten und sie aufhalten.

Dieses Paradox ist einer der Gründe, warum die englische Regierung, anders als behauptet, so viele Jahre nichts getan und es Hodge und Mitchell überlassen hat, zu handeln. Aber einfache Abgeordnete haben natürlich nicht den gleichen Handlungsspielraum wie die Regierung. Ohne Zugriff auf Staatshaushalt und Verwaltungsapparat können Parlamentsmitglieder beispielsweise nicht einfach die Gelder der National Crime Agency und anderer Strafverfolgungsbehörden aufstocken oder den diplomatischen Druck auf Orte wie Panama erhöhen, damit sie dem Vorbild des Vereinigten Königreiches folgen. Aber gelegentlich können sie die Sitzverteilung im Parlament für ihre Zwecke nutzen und einen Einzelsieg feiern.

Was also sollte die englische Regierung tun? Zunächst einmal muss sie mehr tun, um die Schlupflöcher zu stopfen, durch die sich die verheerenden Instrumente des Butlergeschäfts entwickeln können, wie es bei Briefkastenfirmen der Fall war. Das setzt voraus, dass die Überseeterritorien politisch und öffentlich viel stärker als bisher wahrgenommen werden. Auch der neue Reichtum, zu dem die BJI und die Kaimaninseln gelangt sind, hat ihnen in der Öffentlichkeit keine größere Aufmerksamkeit beschert. Mag sein, dass die Briten mehr über Gibraltar wissen, doch die meisten wären überrascht zu hören, dass es mehr ist als ein tapferer Militärstützpunkt, der an den Toren des Mittelmeers Wache hält.

In Gibraltar führte ich ein langes Gespräch mit Albert Isola, dem Minister für Digital- und Finanzdienstleistungen, der mit seinem offenen Hemd und seinem bunten Armband überraschend hip daherkam. Bereitwillig erzählte er von einem neuen Gesetzesvorschlag, der die Halbinsel wirtschaftlich noch attraktiver machen soll: Man wollte Bestimmungen für Unternehmen erlassen, die Blockchain nutzen, einen Mechanismus, mit dem finanzielle oder andere Transaktionen dezentral erfasst werden und der Kryptowährungen wie Bitcoin unterstützt.

Aus Gibraltars Perspektive handelt das Land clever und rasch, um eine neue wirtschaftliche Chance zu nutzen, und natürlich ist es gut möglich, dass sich die Unternehmen, die sich den Regeln unterwerfen, als vorteilhaft für die Welt erweisen. Es ist aber auch gut möglich, dass sich diese neue Technologie zur Briefkastenfirma des 21. Jahrhunderts entwickeln und Kriminellen und Steuervermeidern helfen wird, ihr Vermögen demokratischer Kontrolle zu entziehen. Meine Bedenken sind, dass Gibraltar mit seinem Gesetzesvorstoß vorgeprescht ist, um Unternehmen, die in Blockchain-Aktivitäten verwickelt sind, zu fördern und zu schützen, ohne irgendeine Diskussion oder öffentliche Debatte der potenziellen Schattenseiten. Genauso war es ja schon mal, als Gibraltar die Glücksspielindustrie willkommen hieß. Und tatsächlich zog Isola den direkten Vergleich zwischen Gibraltars Vorstoß, die neue Technologie gesetzlich zu verankern, und seiner früheren Öffnung für das Glücksspiel.

»Was ist unser Ziel? Erfolgreich erstklassige Unternehmen in Gibraltar anzusiedeln. Das wird uns auf lange Sicht wirtschaftliche Aktivität bringen und damit Arbeitsplätze, Gewerbemieten und Unternehmenssteuer«, sagte er. »So haben wir es auch mit dem Glücksspiel gemacht und es hat sehr gut funktioniert. In 25 Jahren hatten wir nicht eine einzige Insolvenz.«

Isola verglich Gibraltar mit Malta, wo es laxere Gesetze gab, mehr Glücksspiellizenzen vergeben wurden und dementsprechend auch mehr Unternehmen scheiterten. Dennoch wirkt seine Aussage etwas unglücklich. Das Glücksspiel hat dem Felsen zu Arbeitsplätzen und Wohlstand verholfen, aber auch Leute süchtig gemacht und ins Elend gestürzt. Gibraltar hat kein einziges insolventes Glücksspielunternehmen zu beklagen, weil die Insolvenzen in die Gebiete verlagert werden, wo die Kunden dieser Branche leben. Inzwischen ist es für englische Politiker aus dem gleichen Grund schwer, gegen das Glücksspiel vorzugehen, wie bei den Briefkastenfirmen – weil sie Gibraltars Autonomie respektieren müssen. Könnten Blockchain-Unternehmen Geld zugunsten von Gibraltar und einiger weniger sehr reicher Ausländer absaugen, zum Schaden von normalen Bürgern und Regierungen, die versuchen, eine gute Grundversorgung zu gewährleisten? Vielleicht. Wir wissen es schlicht nicht, weil das Thema im Vereinigten Königreich überhaupt nicht diskutiert wurde und Gibraltar ohne Rücksicht auf Verluste vorgeprescht ist.

Das Problem entstand mit dem Zusammenbruch des britischen Empire. Während Frankreichs verbliebene Kolonien als Teil des Landes verwaltet, besteuert und repräsentiert werden, hat Großbritannien nie versucht, einen einheitlichen Rahmen für seine verstreuten Territorien zu schaffen. Gibraltar, Anguilla und die Kaimaninseln hatten die Unabhängigkeit abgelehnt, doch es gab schlicht keinen Mechanismus der Integration in das Vereinigte Königreich, und so blieben sie in einer Art rechtlichem Limbo. Das bedeutet letzten Endes, dass sie unabhängig sind, wenn es für die Butler und ihre Kunden profitabel ist, aber als britisches Herrschaftsgebiet gelten, wenn es darum geht, den englischen Steuerzahler bei kostspieligen Ausgaben zur Kasse zu bitten. Besonders deutlich illustriert das ein Vorfall im Jahr 2019, als iranische Streitkräfte lediglich durch das Einschreiten einer Fregatte der Royal Navy davon abgehalten wurden, einen Öltanker im Persischen Golf zu beschlagnahmen. Zwar wurde der Tanker in den Medien als britisch bezeichnet, er fuhr in Wahrheit jedoch unter der Fahne der Isle on Man, einer der vielen, lose verbundenen Zipfel des britischen Mutterlandes. Nur durch diese Flagge umgingen die Eigentümer des Tankers eine kräftige Steuerzahlung und dic Regularien der EU. Der Tanker war britisch genug, um von der Marine des Vereinigten Königreiches geschützt zu werden, jedoch unabhängig genug, um seine Eigentümer nicht um ihren Beitrag zu bitten, die Fregatte zu finanzieren.

Die Antwort auf jede Kritik an solchen Schlupflöchern lautet unweigerlich, dass, wenn Großbritannien es nicht täte, jemand anders es tun würde. Und bevor Großbritannien einschreitet, um unrechtmäßiges Handeln zu beenden, müsse man warten, bis alle dazu bereit wären, andernfalls wäre es nutzlos. Denn sicherlich ist es besser für den Tanker, an einem Ort gemeldet zu sein, der halb-britisch ist, als ganz woanders.

Letzten Endes müssen die Briten diese Art von Argumenten kritischer hinterfragen. Als klassisches Beispiel kann der Verkauf des »Goldenen Visums« an vermögende Ausländer gelten, die mit dem Gedanken liebäugeln, ins Vereinigte Königreich zu ziehen. Dass es zumindest moralisch fragwürdig ist, das Recht, nach England zu ziehen, zum Verkauf anzubieten und auf diese Weise reichen Leuten zu ermöglichen, die Visaschlange zu überspringen – dem würden fast alle zustimmen. Doch da es bereits viele Länder vor Großbritannien angeboten haben – darunter die USA, Kanada, Australien –, schloss sich Großbritannien an. In der Folge verkaufen auch Portugal, Griechenland, Italien, usw. Visa, warum also sollte Großbritannien aufhören? Im Jahr 2014 untersuchte das Migratory Advisory Committee (der Migrationsberatungsausschuss) das Goldene-Visa-Programm und kam zu dem Schluss, dass es zwar große Vorteile für die Antragsteller mit sich bringt, für Großbritannien insgesamt jedoch so gut wie gar keine. Im Gegenteil, die Ungleichheit nahm zu und die sozialen Probleme auch.

»Viele Stakeholder – die großen Beratungsunternehmen und Vermögensverwalter – behaupten, dass England Stempelgebühren erhält, wenn ihre Kunden Häuser kaufen. Das ist Unfug«, sagte Professor David Metcalf, der Vorsitzende des Ausschusses. Der einzige positive Grund, den er sich für die Beibehaltung des Goldenen-Visa-Programms vorstellen könne, wäre, dass Großbritannien sich »offen und einladend« zeigen wolle. Das könne jedoch auch auf anderem Wege erreicht werden. Insbesondere, wenn man bedenkt, dass jeder Vorteil, den England durch ein Programm hat, das vermögende Ausländer anlocken soll, von dem Leid, das dadurch an anderen Orten entsteht, wieder aufgehoben wird. Antragsteller für das Goldene Visum kommen nicht in das Vereinigte Königreich, um Unternehmen zu gründen und für Wohlstand zu sorgen, sondern, um Steuern und lästige Aufsichtsbehörden zu umgehen.

Dasselbe gilt für die Scottish Limited Partnerships. Als sie die Reformvorschläge prüften, hielten britische Politiker den (äußerst geringfügigen) Gewinn, den die Londoner Fondsverwaltungsbranche aus einer Deregulierung ziehen konnte, offenbar für wichtiger als den dramatischen Schaden, den osteuropäische Geldwäscher verursachen, die diese Schlupflöcher nutzen. Mag sein, dass es ein bisschen viel verlangt ist, von englischen Politikern zu erwarten, dass sie einen Verlust in anderen Ländern gleich bewerten wie einen Gewinn des eigenen Landes, aber es ist sicher nicht zu viel verlangt, neben den Interessen der Kunden auch die ihrer »Opfer« zumindest ein wenig zu berücksichtigen. Auch hier haben wir es wieder mit mangelnder Information und fehlender Vorstellungskraft zu tun.

Das Butlergeschäft floriert mit Schlupflöchern. Die Unterschiede zwischen den einzelnen Teilen Großbritanniens – ob es nun um die Diskrepanz zwischen der Glücksspielbesteuerung in Gibraltar und dem Vereinigten Königreich, die verschiedenen Gesetze zu Limited Partnerships in Schottland und England oder die außergewöhnlichen Unternehmensgesetze auf den BJI im Vergleich zum Rest der Welt geht –, das alles kreiert Schlupflöcher, die ein scharfsinniger Butler nutzen kann, um Vermögen, Verhalten und sogar die Existenz seiner Kunden zu verbergen. Wenn dieses Buch eine Botschaft hat, dann die, dass Großbritannien diese Unterschiede glätten sollte. Wenn Gibraltar weiterhin britisch sein möchte – und das sagen seine Politiker schließlich oft genug –, dann müsste sich das zumindest darin zeigen, dass sie die englischen Bestimmungen und Steuern nicht unterwandern. Derzeit besinnen sich britische Territorien nur dann auf ihre britische Kultur, wenn es ihnen Vorteile bringt, verwehren sich jedoch dagegen, wenn sie Opfer fordert. Das muss aufhören.

Das Butlergeschäft blüht auch durch das Versagen Englands, die Gesetze, die das Parlament beschlossen hat, durchzusetzen, weil es seinen Strafverfolgungs- und Aufsichtsbehörden die Mittel kürzt. Es grenzt an Absurdität, dass sich die Strafverfolgungsbehörden in einem derart reichen Land fragen müssen, ob sie es sich leisten können, einen Geschäftsmann mit fragwürdigem Vermögen unter die Lupe zu nehmen. Oligarchen sind reich, aber so reich sind sie auch wieder nicht.

Zweifellos ist es unterhaltsam, wenn Jeeves den Dorfpolizisten austrickst oder Bertie Wooster mit einem Betrug davonkommt, da es sich bei dem örtlichen Richter um einen Freund handelt, aber so verwaltet man kein Finanzsystem. Betrug und Geldwäsche sind auf dem Vormarsch, viel zu oft ist Großbritannien tief darin verstrickt, und der einzige Weg, diesen Trend zu stoppen, besteht darin, die Polizei mit der Macht und den Mitteln auszustatten, die sie benötigt. Ein paar Monate vor dem ersten COVID-Lockdown verbrachte ich im Rahmen einer Polizeikonferenz einen ausgelassenen Abend mit einigen Beamten aus Westengland, die auf die Ermittlung von Finanzverbrechen spezialisiert waren. Ich hätte Klagen erwartet, wie schwer es für sie war, an Beweise aus Übersee zu gelangen, aber das war keineswegs ihre größte Sorge. Vielmehr bereitete es ihnen Probleme, verwertbares Beweismaterial von der benachbarten Polizeistation fünfzehn Meilen entfernt zu erhalten. Die britische Polizei ist regional aufgebaut, ganz so, als würden die Verbrechen noch genauso begangen werden wie im 19. Jahrhundert. Wirtschaftsverbrechen laufen jedoch anders ab. Mit Lichtgeschwindigkeit rasen sie durch Kabel, sodass der gleiche Betrug gleichzeitig an vielen Orten stattfinden kann. Um diese Straftaten zu bekämpfen, muss die Polizei auf nationaler – oder noch besser auf länderübergreifender – Ebene organisiert sein. Scottish Limited Partnerships wurden unter anderem deshalb als Instrumente für massenweise Geldwäsche entlarvt, weil Schottland eine einzige Polizei hat, die die Gefahr erkannte und strategisch darauf reagieren konnte. In England und Wales hingegen versuchten Beamte aus Dutzenden Lokalbehörden nach wie vor herauszufinden, was eine Limited Partnership überhaupt war.

Großbritannien muss auch wissen, wie andere Länder an das Problem herangehen, selbst wenn das unser Feingefühl beleidigt. Jeder Ermittler wird bestätigen, dass es unmöglich ist, einen komplizierten Betrugsfall zu lösen, ohne dass ein Insider ausplaudert, wie das Geld bewegt wurde. Die sogenannten Whistleblower müssen die Rache ihrer früheren Kollegen fürchten, wenn sie mit den Ermittlern kooperieren, und begeben sich mitunter in große Gefahr. Während sie in anderen Ländern für ihre Informationen bezahlt werden, gilt ein solches Verhalten im edel gesinnten Großbritannien nach wie vor als höchst verdächtig. Edle Gesinnung ist schön und gut, jedoch nur, wenn man bereit ist, die Konsequenzen zu tragen: In diesem Fall, dass Kriminelle gestohlenes Geld behalten, da Großbritannien keinen Weg findet, um sie dingfest zu machen.

Wenn im Vereinigten Königreich und auf den BJI das Butler-Geschäftsmodell vor dem Aus steht, riskiert man natürlich, dass viele einflussreiche Leute ihre Existenzgrundlage verlieren. Um der Lobbyarbeit, die unweigerlich stattfinden wird, entgegenzuwirken, müssen die, die entschlossen sind, Großbritannien aus dem Butlertum rauszuholen, ihre eigene Lobby aufbauen. Dabei können sie sich ein Beispiel an den USA nehmen, wo engagierte Parlamentsmitglieder sich der Mission verschrieben haben, finanzpolitische Kungeleien zu untersuchen, die verursachten Schäden aufzudecken und mit Gesetzesanträgen darauf zu antworten. In einem dieser Untersuchungsausschüsse – geführt von Senator Carl Levin – kam ans Licht, dass die Kaimaninseln für massive Geldwäschefälle aus den USA verantwortlich sind. In der Konsequenz wurde politisch Druck auf die Regierung der Inseln ausgeübt, um die Machenschaften zu stoppen. Es waren amerikanische Kongressmänner und -frauen, die die Kaimaninseln aus der Schattenwirtschaftsbranche gedrängt haben, und nicht etwa britische Parlamentsmitglieder. Levin und seine republikanischen Kollegen ermittelten nicht nur, sondern sie schlugen auch Lösungen vor. Oft führen die Vorschläge von solchen Ausschüssen zu nichts, doch manchmal sind sie genau das, was gebraucht wird. Als nach den Anschlägen des 11. September 2001 klar wurde, dass neue Regularien für das Finanzsystem unerlässlich waren, waren es die bereits auf den Weg gebrachten Gesetze von Levins Ausschuss, die das möglich machten.

Der 2018 unternommene überparteiliche Vorstoß von Hodge und Mitchell, für Transparenz in den britischen Steueroasen zu sorgen, lieferte einen Hinweis, wie ein britisches Äquivalent aussehen könnte, wurde jedoch dadurch gebremst, dass die englischen Parlamentsausschüsse über wenig Einfluss und noch weniger Ressourcen verfügen. Als Hodge zwischen 2010 und 2015 das Public Accounts Committee (den Rechnungsprüfungsausschuss) leitete, wurde sie zwar bekannt dafür, Steuervermeidung bei großen Konzernen aufzudecken, war jedoch für ihr Beweismaterial auf die Arbeit von Investigativjournalisten angewiesen. Ich war erfreut über die Chance, vor dem Foreign Affairs Committee 2018 (Parlamentsausschuss für Auswärtige Angelegenheiten) als Zeuge auszusagen, doch dessen Möglichkeiten, ernsthaft zu untersuchen, inwiefern die russische Elite die britischen Butlerdienste in Anspruch nahm, waren dadurch stark eingeschränkt, dass sie keine Befugnisse hatten, Zeugen zu befragen oder Einsicht in Dokumente zu verlangen. Man stelle sich nur vor, was Hodge alles hätte bewirken können, wenn englische Ausschüsse mehrere Ermittler für sich arbeiten lassen und Unternehmen und Einzelpersonen verpflichten könnten, Dokumente herauszurücken.

Und das wäre nur ein Anfang. Im zentralen Regierungsapparat muss noch eine Menge geschehen. Die Berufung des russischen Oligarchensohns Evgeny Lebedev in das House of Lords – er ist inzwischen Baron of Siberia, was zwar klingt wie eine Figur aus einem Agatha-Christie-Roman, ihn in Wahrheit jedoch in die seriöse Position versetzt, die britische Gesetzgebung zu überwachen – bewies endgültig, dass es an der Zeit ist, Großbritanniens marode zweite Kammer zu überdenken. Jedwede Reform sollte zum Ziel haben, die Parlamentsmitglieder mit ausreichend Befugnissen auszustatten, um zu überprüfen, was die Regierung tut und was sie zu tun versäumt, und Lords auszuwählen, die sie darin unterstützen.

Lediglich durch die Einführung vernünftiger Regularien und Gesetze im gesamten britischen Archipel, durch ihre entschlossene und unerbittliche Durchsetzung und durch die Ermittlung und Aufdeckung dabei unterlaufener Fehler können Briten, die von den Butlerdiensten ihres Landes entsetzt sind, es zwingen, einen neuen Weg zu finden, sich zu finanzieren. Und sie sollten sich nicht scheuen, es zu tun. Dank der Verwerfungen von COVID und Brexit hinterfragt Großbritannien seine Stellung in der Welt auf eine Weise, wie es möglicherweise nur einmal in einer Generation geschieht. Das ist nicht nur eine einzigartige Gelegenheit für die normalen britischen Bürger, die unter den Verfehlungen ihrer Regierung leiden, sondern auch für Menschen überall, deren Verbrechen auf diesen Inseln ermöglicht wurden.

In den vergangenen fünf Jahren hat sich die politische Differenz der Parteien erhöht, die häufig eine extrem unterschiedliche Sicht auf die britische Geschichte haben. Brexiter beziehen sich oft auf 1940, als Großbritannien allein mit einem feindlichen Europa konfrontiert war. Einige Linke beziehen sich auf 1945, als der Krieg vorbei war und Großbritannien den Frieden nutzte, um einen freundlicheren und großzügigeren Staat aufzubauen. Pro-Europäer hingegen nehmen oft auf das Jahr 1973 Bezug, als das Land den Verlust seines Empire in Kauf nahm und akzeptierte, integraler Teil des Kontinents zu werden und dem Vorläufer der Europäischen Union beizutreten. Andere haben ihre eigenen Schlüsselmomente.

Diese Jahreszahlen symbolisieren unterschiedliche Sichtweisen der Welt, haben jedoch eines gemein. In all diesen für die Nation entscheidenden Momenten – nach der Schlacht von Dünkirchen, nach dem Krieg oder den Krisen in den 1960er-Jahren – hatte Großbritannien eine Prinzipienentscheidung getroffen, und zwar die, sein Handeln nicht an Profit auszurichten, sondern daran, was richtig war. Das ist auch das Bild, das die Nation von sich hat und sich gern auf die Fahne schreibt: ein Land, das das Richtige tut, koste es, was es wolle. Großbritannien ist das Land, das die Sklaverei abschaffte, das die Kolonien in die Freiheit entließ, das die Nazis besiegte, etc. Doch für mich sind die Schlüsseldaten nicht 1940, 1945 oder 1973 oder irgendeine der vielen anderen Jahreszahlen, die ich noch gehört habe. Es ist 1956, das Jahr der Suezkrise und das Jahr, als die Londoner City den Offshore-Finanzmarkt ins Leben rief.

Aber bei allen Unterschieden in der Sichtweise, welches Jahr entscheidend für das eigene Großbritannien war, das Jahr, als unser Land zum Butler wurde, lehnen wir alle ab. Großbritannien kann mehr als das.

QUELLEN

Ich habe alle Interviews, auf die ich mich in diesem Buch beziehe, aufgezeichnet, und ihre Abschriften befinden sich in meinem Besitz. Wenn Interviewpartner nicht genannt werden, geschieht dies normalerweise zum Schutz der Informanten oder gelegentlich, weil sie nicht die Erlaubnis hatten, über ihre Arbeit zu sprechen. Viele andere haben sich ausführlich mit mir unterhalten und mir Einblicke gewährt, die für die Entwicklung der Ideen in diesem Buch wichtig waren, auch wenn ich sie nicht zitiert habe, weil ich die Dinge kurz und prägnant halten wollte. Ihnen möchte ich für ihre Zeit danken, und ich hoffe, das hat sie nicht verletzt.

Die Korruptionsforschung nimmt zwar zu, aber nicht so schnell wie die Korruption, es gibt immer wieder einen neuen Sumpf. Wenn Sie einen trockenlegen wollen, aber nicht wissen, wo Sie anfangen sollen, schreiben Sie mir eine Nachricht. Sie finden mich auf Twitter und LinkedIn, und wenn Sie das Zeug zum Enthüllungsjournalisten haben, wird es Ihnen wahrscheinlich nicht schwerfallen, meine E-Mail-Adresse herauszufinden.

Ich denke auch, dass die Empire-Studien ausgebaut werden müssen. Großbritannien beherrschte fünf Jahrhunderte lang weite Teile der Welt – wirtschaftlich, militärisch oder beides –, und es ist traurig, dass diese Geschichte zu einem politischen Schlachtfeld wird, bei dem alle Schattierungen ausgeblendet werden. Großbritannien ist in vielerlei Hinsicht bemerkenswert, aber nichts, was es in Zukunft tut, wird je so bemerkenswert sein wie die Tatsache, dass eine kleine Insel im Atlantik einst ein Viertel der Erdoberfläche beherrscht hat, und ich finde es deprimierend, dass britische Politiker und andere Personen des öffentlichen Lebens nicht mehr Neugierde dafür aufbringen, was das bedeutet und wie es im Vereinigten Königreich von heute nachwirkt. Wenn man das Empire kritisiert, ist man nicht automatisch unpatriotisch. Wie in jeder Familie gibt es auch unter unseren Vorfahren Helden und Schurken, und es nützt uns nichts, so zu tun, als wäre es nicht so.

Kürzlich habe ich Sathnam Sangheras *Empireland* gelesen und ich würde es jedem empfehlen, der sich für die Folgen des Empires mehr interessiert als für das, was ich in diesem Buch beschreibe.

Während der Recherchen zu *Der Welt zu Diensten* habe ich Hunderte von Büchern, Berichten, Artikeln und anderen Veröffentlichungen gelesen, Fernsehsendungen gesehen und Podcasts gehört. Alle Sekundärquellen, die in meinen Text eingeflossen sind, hier aufzulisten, ist unmöglich, aber ich habe nachfolgend für jedes Kapitel die wichtigsten Bücher und andere Sekundärquellen, die ich gelesen habe, zusammengestellt mit gelegentlichen Vorschlägen für weiterführende Literatur.

1 Das Butlergeschäft

Dass die ukrainischen Oligarchen das Eigentum an dem »stattlichen Gebäude« am Trafalgar Square untereinander getauscht haben, ist dank der Panama Papers bekannt. Das Organised Crime and Corruption Reporting Project (OCCRP) schrieb über die Affäre am 15. Dezember 2017, der Artikel ist online zu finden. Das Gebäude, in dem sich die Buchhandlung befindet, war bei dem Tausch das wertvollere von den beiden; das andere steht in Knightsbridge und hat einen Wert von 75 Millionen Pfund.

Die P.-G.-Wodehouse-Zitate und Verweise im ganzen Buch stammen aus dem fünfbändigen *Jeeves Omnibus* und ich habe sehr genossen, einen Vorwand zu haben, um mich systematisch durch all die Geschichten zu lesen.

Für alle, die gerne echte Butler werden wollen (und nicht nur im übertragenen Sinn), gibt es in Großbritannien viele Schulen, oft auch mit internationalen Niederlassungen. Manche Kurse sind online verfügbar und nicht besonders teuer. Auf der Website des British Butler Institute gibt es zum Beispiel für nur 4,99 Pfund Anleitungen, »wie man eine Tür öffnet und schließt«, zum »Serviettenfalten« oder »wie man einen Gast platziert«.

Die Richteransprache hielt Sir Geoffrey Vos, Kanzler des High Court, vor der Jahreskonferenz der Chancery Bar Association am 19. Januar 2018.

2 Sonne, Sand, Kanal

Die Suez Veterans' Association hat eine Website – www.sunsandcanal.co.uk –, auf der viele Informationen zu der Organisation zu finden sind. Ich danke Richard Woolley und Jeff Malone sehr, dass sie ihr Archiv mit SVA-Newslettern, ihre Zeit und ihre Erinnerungen mit mir geteilt haben.

Keith Kyles *Suez* und John Darwins *Das unvollendete Weltreich* lieferten mir den historischen Hintergrund zur Suezkrise.

3 Ein praktisch denkendes Völkchen

Richard Frys Aufsatz ist in »A Banker's World« enthalten, einer Redensammlung, herausgegeben von George Bolton; auch die verschiedenen Bolton-Zitate stammen überwiegend aus diesem Buch. Die Vorstellung von dem Trilemma stammt ursprünglich aus Catherine R. Schenks Buch *The Decline of Sterling*. Sie schrieb außerdem über die Ursprünge des Eurodollar-Marktes, die Beziehung zwischen der City und der Regierung und vieles mehr. Sie nahm sich die Zeit, mir den Eurodollar zu erklären, und korrigierte meine falschen Vorstellungen davon, wofür ich ihr sehr dankbar bin. Wenn ich es trotzdem irgendwie durcheinandergebracht haben sollte, ist es natürlich ganz allein meine Schuld.

Werke über den Eurodollar, die ich nützlich fand, waren unter anderem *Anglo-American Development, the Euromarkets, and the Deeper Origins of Neoliberal Deregulation* von Jeremy Green, der auch *The Political Economy of the Special Relationship* schrieb, in dem dieselben Themen ausführlicher beschrieben werden. *The State, the City, and the Euromarkets* von Gary Burn ist ein Klassiker, ebenso wie sein *The Re-Emergence of Global Finance.* Geoffrey Bell untersuchte dieses Phänomen als Erster in seinem bahnbrechenden Werk *The Euro-Dollar Market and the International Financial System.* Andrea Binders *The Politics of the Invisible, Offshore Finance and State Power* war ebenfalls sehr nützlich.

Andrew Shonfields *British Economic Policy Since the War* (1958) ist seltsamerweise nicht so veraltet, wie man vermuten könnte; tatsächlich würde ich mir wünschen, dass heute jemand ein ähnlich zugängliches Buch über Wirtschaftswissenschaften schreibt. In David Kynastons *Club No More,* dem vierten und letzten Band seiner meisterhaften Reihe über die City of London, findet sich nützliches Material über die Entwicklung des Offshore-Finanzmarktes.

Die *City-Lives*-Interviews sind über die Website der British Library recherchierbar. Viele davon wurden transkribiert, aber auch die Originalaufnahmen sind verfügbar, und es ist faszinierend, die Stimmen dieser Pioniere zu hören. Ich hatte viel Spaß in den Archiven der Bank of England, wobei ich von den extrem hilfsbereiten Archivaren dort unterstützt wurde, auch wenn dieser Ort nicht annähernd so prunkvoll ist, wie es klingt.

Woher ich die Geschichte von dem irischen Bauern und dem Benzintank habe, weiß ich leider nicht mehr. Ich habe gesucht, konnte sie aber nicht finden. Wenn es jemand weiß, schreiben Sie mir bitte.

4 Postkolonialer Schock

Vanessa Ogles »Funk Money, the End of Empires, the Expansion of Tax Havens, and Decolonization as an Economic and Financial Event« wurde in der Zeitschrift *Past & Present* veröffentlicht. Derzeit schreibt sie eine historische Abhandlung über Steueroasen, und, offen gestanden, ich wünschte, sie würde sich damit beeilen, denn wenn die Abhandlung auch nur annähernd so gut ist wie der Artikel, dann wäre sie für mich extrem hilfreich. Lewis Huntes *Memoirs of a Caribbean Lawyer* ist online einsehbar, oder Sie schauen in seinem Büro vorbei. Es gibt keine geschichtlichen Abhandlungen der BJI in Buchformat, aber in wissenschaftlichen Zeitschriften sind einige informative Artikel erschienen. Bei dem Chicagoer Ökonomen handelt es sich um Simon Rottenberg, der in *Caribbean Quarterly* über seinen Besuch auf den Inseln schrieb.

Der tansanische Radarskandal ist sehr gut von Aktivisten des Corner House und der Campaign Against the Arms Trade dokumentiert worden, ebenso wie in Andrew Feinsteins *The Shadow World*.

Vielen Dank an Freeman Rogers auf den BJI. Er machte mir einige sehr hilfreiche Artikel aus dem Archiv des *BVI Bacon* zugänglich.

5 Fels in der Brandung

Wenn Sie die Geschichte des mehrfachen Flüchtlings und Cousins meiner Urgroßmutter Billie Stephens interessiert, können Sie mehr darüber in Pat Reids *The Colditz Story* nachlesen. Wobei in dem Buch das Beste unterschlagen wird. Als Billie nach London zurückkehrte, wurde er weggesperrt, um die Einsatznachbesprechung abzuwarten. Doch er stieg aus dem Fenster, um sich einen Drink im Ritz zu genehmigen, und war bei seiner Rückkehr so betrunken, dass er das Regenrohr nicht mehr hochklettern konnte. Also klopfte er an die Tür und bat, eingelassen zu werden. Er war eine echte Legende, und wenn es einen Himmel gibt, dann ist er sicher einmal ausgebrochen, nur um sich draußen ein wenig umzusehen.

Was die neuere Geschichte Gibraltars angeht, habe ich auf *Fortress to Democracy, The Political Biography of Sir Joshua Hassan* von Sir William Jackson und Francis Cantos zurückgegriffen sowie auf *Rock of Contention* von George Hills und *Gibraltar: a Modern History* von Chris Grocott und Gareth Stockey.

Für meine Recherchen zum Glücksspiel zog ich *Better Betting with a Decent Feller* von Carl Chinn und die bereits erwähnte phänomenale Studie *Vicious Games* von Rebecca Cassidy heran. Vielen Dank an James Noyes für die Erläuterung vieler Probleme rund um das Thema. Ich fand die Einblicke, die Shoshona Zuboff in ihrem Buch *Das Zeitalter des Überwachungskapitalismus* gibt, sehr wichtig, um zu verstehen, wie das

Onlineglücksspiel die Menschen in seinen Bann zieht. Zudem bin ich sehr dankbar für die vielen Parlamentsberichte über die Wettindustrie, die erhellende Statistiken, Einblicke und Mitschriften enthalten. Ich bin ein großer Fan von Parlamentsberichten, und ginge es nach mir, dann gäbe es viel mehr davon.

Als Antwort auf einen detaillierten Fragebogen erhielt ich von Victor Chandler eine höfliche E-Mail, in der er mich an seine Biografie *Put Your Life on It: Staying at the Top in the Cut-Throat World of Gambling* verwies, die von Jamie Reid geschrieben wurde und just zu dem Zeitpunkt erschien, als ich das Manuskript zu diesem Buch fertig hatte. Es handelt sich um ein außergewöhnliches Buch voller Dramen und Ereignisse, die weit über den kleinen Ausschnitt hinausgehen, den ich hier gegeben habe. Jemand sollte es unbedingt verfilmen. Zudem fand ich seinen YouTube-Kanal sehr hilfreich, um zu verstehen, wie er das Glücksspiel revolutioniert hat.

Was meinen Besuch in Gibraltar angeht, bin ich dem Pärchen, das mich herumgeführt hat, sehr dankbar, werde jedoch ihre Namen nicht nennen, für den Fall, dass meine Schlussfolgerungen Kontroversen nach sich ziehen. Doch Sie beide wissen, dass Sie gemeint sind. Ich danke Ihnen außerordentlich für Ihre Freundlichkeit, die Einblicke und Ihre Gastfreundschaft.

Während meines Besuchs in der Kolonie habe ich viele interessante Unterhaltungen geführt, auf die ich mich in diesem Kapitel zu einem Großteil auch beziehe. Ich danke allen, die sich die Zeit genommen haben, um mit mir zu sprechen, und von denen, die ich nicht zitiere, geht ein ganz besonderer Dank an Marlene Hassan Nahon.

6 Der schottische Waschsalon

Der Roman von Ian Rankin, in dem er die Scottish Limited Partnerships und die vornehmen Herrschaften beleuchtet, die das organisierte Verbrechen unterstützen, trägt den Titel *Ein kalter Ort zum Sterben*. Ein fantastisches Buch, wie übrigens alle Bücher der John-Rebus-Reihe. Der Kroll-Bericht über den moldauischen Bankraub ist mit Leichtigkeit online zu finden. Ich bin David Leask und Ian Fraser sehr dankbar, dass sie mir geholfen haben, all diese Dinge zu verstehen, ebenso wie meinem alten Mitverschworenen Richard Smith. Seine Blogeinträge zu »Naked Capitalism« liefern viele wichtige Einblicke. Wie immer war auch Graham Barrow sehr hilfreich.

Der Bellingcat/Transparency-International-Bericht über SLPs – »Smash and Grab, The UK's Money Laundering Machine« – wurde 2017 veröffentlicht und ist auf den Websites beider Organisationen frei verfügbar. Über Limited Partnerships wurde nicht viel geschrieben, doch Elspeth Perry hat mich voller Geduld und Freundlichkeit in dem Thema herumgeführt. Ich danke Ihnen.

Sollte ich es versäumt haben, einen der vielen Skandale zu erwähnen, bei denen SLPs eine wichtige Rolle gespielt haben, dann bitte ich um Nachsicht: Angesichts der Fülle ist es schwer, die Übersicht zu behalten.

7 In die Röhre geschaut

Seit ich erfahren habe, dass Dmytro Firtasch eine U-Bahn-Station gekauft hat, wollte ich diese Geschichte erzählen, daher ist dieses Kapitel das Ergebnis vieler Jahre, in denen ich immer wieder daran gearbeitet habe. Um die Eigenheiten der Ukraine zu verstehen, habe ich *Energy Dependency, Politics and Corruption in the Former Soviet Union* von Margarita Balcameda und Simon Piranis *Ukraine's Gas Sector* gelesen. Ich ließ mich außerdem von Darja Kalenjuk und ihren Kollegen im Anti-Corruption Action Centre in Kiew beraten.

Der leitende Ermittler für Global Witness bei den Untersuchungen zum ukrainischen Gas war Tom Mayne, der mich bei diesem Kapitel und dem nachfolgenden Abschnitt über die Unexplained Wealth Order sehr großzügig mit Zeit und Gedanken unterstützte. Ich danke den verschiedenen Politikern mit Verbindungen zur British Ukrainian Society, die sich die Zeit genommen haben, um mit mir zu sprechen, obwohl sie keinen Nutzen daraus ziehen konnten. Ich danke außerdem den Informanten und Informantinnen, die mir die rechtliche Situation in Amerika verständlich machten, die Verbindungen Firtaschs nach Cambridge und in die britische Politik.

8 Zeugenaussage

Ich bin dem Abgeordneten Tom Tugendhat dankbar für die Einladung, vor dem Foreign Affairs Select Committee auszusagen. Er ist einer der Guten, wenn es darum geht, Großbritannien das Butlergeschäft zu verderben. Die seltsame Geschichte des Faculty Office des Erzbischofs von Canterbury begann als Artikel in der Zeitung *Prospect*.

9 »Gerechtigkeit«

Die Geschichte von Argyn Khassenovs Privatklage habe ich zum ersten Mal während einer Präsentation der EMM-Teilhaberin Kate McMahon im Rahmen einer Konferenz gehört. Im Anschluss unterhielt ich mich mit ihr über den Fall. Ich danke ihr und ihren Kollegen, dass sie sich die Zeit genommen haben, mir den Fall in allen Einzelheiten zu schildern. David Clarke vom Fraud Advisory Panel war mir eine große Hilfe, um die Probleme, die bei der Strafverfolgung von Betrugsfällen auftreten, besser zu verstehen, und auch Jamas Hodivala hat sich viel Zeit für mich genommen.

10 Das Ende?

Die Zitate von John Barkshire habe ich dem Zeitzeugenprojekt *City Lives* entnommen. Das Tax Justice Network leistet eine ausgezeichnete Arbeit, um Offshore-Steuerschlupflöcher zu ermitteln und ans Licht zu bringen. Ein besonderer Dank geht an John Christensen. Elise Beans Buch *Financial Exposure* hat mir dabei geholfen zu verstehen, wie US-Parlamentsausschüsse funktionieren, und ich habe es sehr genossen, mich mit ihr über ihre Arbeit zu unterhalten.

DANKSAGUNG

Einige Teile dieses Buches sind aus Artikeln entstanden, die bereits woanders veröffentlicht wurden. Dank den Herausgebern, die sie in Auftrag gegeben haben, insbesondere Natalia Antelava, Sigrid Rausing und Tom Clark.

Wegen des COVID-19-Lockdowns konnte ich nicht so viel reisen, wie ich ursprünglich vorhatte, um für dieses Buch zu recherchieren, aber zum Glück konnte ich Flüge auf die Britischen Jungferninseln und nach Gibraltar organisieren, bevor die Welt ihre Tore schloss. Auf den Britischen Jungferninseln danke ich Aragorn Dick-Read, Frederica und ihrer Familie für ihre Gastfreundschaft und dafür, dass sie mir ihre Hütte überlassen haben, und ich danke Josie Stewart und Nick Shaxson dafür, dass sie mich verschiedenen Leuten vorgestellt haben. In Gibraltar danke ich dem Ehepaar, das mich herumgeführt hat; sie wissen, wer gemeint ist. In Bridgnorth ein Dankeschön an Jeff Malone. Mit verschiedenen Menschen habe ich von meinem Schreibtisch aus gesprochen: ein großes Dankeschön an David Leask, der mir die SLPs erklärt hat, und an Tamlyn Edmonds, die mir die Privatklagen erläutert hat.

Zum Glück habe ich einen großen Freundeskreis, in dem man gern über Korruption und Wirtschaftskriminalität spricht. Ich danke meinen Freunden dafür, dass sie sich meine Ideen angehört haben, insbesondere: Roman Borisovich, Graham Barrow, Richard Smith, Heather Marquette, Liz David-Barrett, Sue Hawley, Peter Geoghegan und Daria Kaleniuk.

Bei Profile Books habe ich das große Glück, mit Ed Lake zusammenzuarbeiten, der ein verständnisvoller und ermutigender Lektor ist. Bei

Curtis Brown ist meine Agentin Karolina Sutton die große Schwester, von der ich nie wusste, dass ich sie brauche.

Der Lockdown war natürlich kein Spaß, aber die Tatsache, dass ich mit zwei großartigen Söhnen und einer fantastischen Frau im Haus festsaß, hat die Situation für mich unvergleichlich viel besser gemacht, als es hätte sein können. Ohne eure Unterstützung, Ermutigung, Toleranz und euren gelegentlichen Spott hätte ich das alles nicht geschafft. Ich schulde euch allen eine Portion Eis/einen Gin Tonic. (Nicht Zutreffendes bitte streichen.) Ich danke euch!

REGISTER

C

D

H

I

J

K

S

T